“十一五”国家重点图书出版规划项目

◉诉讼法学文库2009（6）

总主编　樊崇义

论对抗式刑事审判

On Adversary Criminal Trial

李昌盛　著

中国人民公安大学出版社

·北　京·

图书在版编目（CIP）数据

论对抗式刑事审判/李昌盛著．—北京：中国人民公安大学出版社，2009.6

（诉讼法学文库．2009.6）

“十一五”国家重点图书出版规划项目

ISBN 978-7-81139-594-5

Ⅰ．论…　Ⅱ．李…　Ⅲ．刑事诉讼—审判—对比研究—英国、美国、中国　Ⅳ．D925.218.24

中国版本图书馆 CIP 数据核字（2009）第 092822 号

诉讼法学文库

论对抗式刑事审判

On Adversary Criminal Trial

李昌盛　著

出版发行：中国人民公安大学出版社
地　　址：北京市西城区木樨地南里
邮政编码：100038
经　　销：新华书店
印　　刷：北京市泰锐印刷厂

版　　次：2009 年 6 月第 1 版
印　　次：2009 年 6 月第 1 次
印　　张：11.5
开　　本：880 毫米×1230 毫米　1/32
字　　数：298 千字
印　　数：1～3000 册

书　　号：ISBN 978-7-81139-594-5/D·502
定　　价：28.00 元

网　　址：www.cppsup.com.cn　www.porclub.com.cn
电子邮箱：cpep@public.bta.net.cn　zbs@cppsu.edu.cn

营销中心电话（批销）：（010）83903254
警官读者俱乐部电话（邮购）：（010）83903253
读者服务部电话（书店）：（010）83903257
教材分社电话：（010）83903259
公安图书分社电话：（010）83905672
法律图书分社电话：（010）83905637
公安文艺分社电话：（010）83903973
杂志分社电话：（010）83903239
电子音像分社电话：（010）83905727

“诉讼法学文库” 总序

诉讼法制是现代法治的重要内容和标志之一，也是依法治国的重要保障。我国法制建设的历程已经证明，诉讼制度是否健全与完善，直接决定着实体法律的实际效力：没有相应的诉讼制度作为依托，实体权利只能是“镜中花、水中月”；没有完善的诉讼制度予以保障，实体法律将无法如其所愿地实现其追求的立法目的。更为重要的是，诉讼法制的完善程度如何，还直接反映和体现着一个国家、一个民族进步、文明、民主和法治的程度，是区分进步与落后、民主与专制、法治与人治、文明与野蛮的标志。在现代法治国家，诉讼制度作为法治的一个重要环节，受到了前所未有的重视。美国联邦最高法院法官威廉·道格拉斯曾谈道，“权利法案的大多数规定都是程序性条款，这一事实绝不是无意义的。正是程序决定了法治与恣意的人治之间的基本区别”。①

我国1999年宪法修正案正式确立了“依法治国，建设社会主义法治国家”的治国方略，为推进我国社会主义民主、法制建设，完善我国司法体制，提出了新的纲领和目标。而社会主义市场经济的初步发展则培育了公众的权利观念，并由此对司法公正提出了更高的要求。在此大背景下，通过增设新的诉讼制度以充实公民实体权利的实现途径，通过完善现行诉讼制度以保障实体法律的公正实施，从而推进依法治国，加快社会主义民主与法制建设的步伐，已经成为我国法治建设的关键所在。

诉讼制度的构建，与人们对诉讼原理的认识和把握有着密切的关系。诉讼原理是人类在长期的诉讼实践中，在大量经验教训的基

① 转引自季卫东：《法律程序的意义》，载《比较法研究》总第25期。

础上总结出来的、对有关诉讼活动的规律性认识。诉讼原理在诉讼制度的构建及运作中发挥着高屋建瓴的作用。只有正确认识和准确把握诉讼原理，才能构建较为完善的诉讼制度，才能推动诉讼活动向良性运作的状态发展。我国在改革与完善诉讼法律制度时，对于人类经过长期理论与实践探索获得的原理性认识，不能不予以重视，也不能不认真加以借鉴、吸收。

我国诉讼的立法和实践曾十分严重地受到“左”倾思潮和法律虚无主义的影响，诉讼规律和诉讼原理长期被忽视、被冷落。由此造成的后果之一是：司法机关和诉讼制度的功能被狭隘化。例如，刑事司法机关和刑事诉讼法律仅仅被视为镇压敌人、惩罚犯罪并通过镇压敌人、惩罚犯罪来维护社会秩序的功能单一的工具，忽视了司法机关和诉讼法制所具有的制约国家权力使之不被滥用和保护包括犯罪嫌疑人、被告人在内的公民基本人权的作用，忽视了刑事诉讼所具有的独立品格和价值。对诉讼原理、诉讼规律认识的片面和浅陋，已经严重地制约了我国诉讼法制发展的步伐，而且直接对公正、文明地进行诉讼活动产生了非常消极的影响。要扭转这一局面，必须在宏观法律观念上作一个大的转变，同时大力借鉴、吸收法治发达国家丰富的研究成果和宝贵的实践经验，加强对诉讼原理、诉讼规律的研究。

对诉讼原理的正确认识是诉讼立法科学化的前提条件。正确把握诉讼原理，可以帮助我们全面地认识司法机关的功能，并对各种不同的诉讼模式、规则进行正确的取舍，从而在一定的诉讼原理的指导下构建更为科学和更适合“本土资源”的诉讼模式、规则。由此制定的法律，将具有更强的民主性、文明性和科学性。反之，如果不能正确把握诉讼原理，对于存在着内在价值冲突的各种可供选择的立法方案就可能难以作出正确的选择，立法活动就可能要多走许多弯路，甚至要付出沉重的代价。

对诉讼原理的正确认识对于司法活动同样具有重要的积极价值。对诉讼原理的正确把握可以在一定程度上弥补立法的不足。法律永远是抽象的。要将抽象的法律适用于具体的案件，就必须有科学的观念作为指导。对基本诉讼原理的正确认识，将有利于指导人们对司法活动中必然存在的种种法律适用问题作出科学的解释，从而使法律文本本身存在的不足得到补救。在现代社会，由于法律的稳定性与现实生活千变万化之间的落差只能通过赋予司法人员自由裁量权的途径予以调和，因此，对基本诉讼原理的认识，还直接决定着司法人员在行使法律赋予的自由裁量权时，能否作出符合公正标准的决定或者裁判。

要贯彻"依法治国，建设社会主义法治国家"的治国方略，保障诉讼活动的公正进行，也必须认真研究诉讼原理，把握诉讼规律。当前，我国已有不少学者开始探索一些诉讼原理性的问题，如诉讼法律观、诉讼法哲学、诉讼目的、诉讼职能、诉讼价值、诉讼法律关系等，并已取得了一定的研究成果，这有力地推动了人们法律观念的变化，并对立法和司法活动发挥着积极的影响作用。但总的看来，我国诉讼法学界对诉讼原理问题的研究距离立法、司法实践的需求还有很大差距，还需要继续深入。尤其是现有的研究成果一般只是就诉讼的某一方面进行探讨，缺乏对一般性诉讼原理的全面、系统的探讨。因此，随着我国法治进程的推进，探讨一般性诉讼原理已经成为我国诉讼法学界必须研究的课题。

为吸引更多的诉讼法学者致力于诉讼原理的研究，同时也为了能够促使诉讼原理研究及时对立法、司法、学理研究等多个领域产生积极的影响，并对司法实际工作有所帮助，中国政法大学诉讼法学研究中心特意组织力量进行此项题为"诉讼法学文库"的大型丛书的编辑出版工作。"诉讼法学文库"是中心的一项长期出版项目，面向国内外专家、学者开放，凡以诉讼原理、诉讼规律为内容且有新意、有深度、有分量的专著、译著，以及对公安、司法工作有指导意义，对立法工作有参考价值的其他诉讼法学著作均可入选。

《诉讼法学文库》自 2001 年面世以来，得到了诉讼法学界专家、学者、实务工作者的热情支持，现已出版发行专著 60 多部，这些成果深受广大读者的青睐，已有多部著作获省部级以上的奖励。在这里特向广大读者和作者致以诚恳的谢意！由于编辑工作的需要，该文库从 2006 年起，每年以入选先后，另行排序。特此说明。

中国政法大学诉讼法学研究中心名誉主任

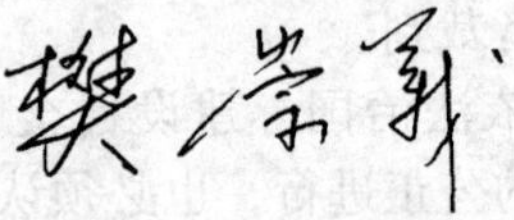

2007 年元月于北京

对抗制的国际影响与中国的继受

（代序）

就历史渊源来说，对抗制（adversary system）最初是指以英美陪审团审判为代表的当事人主义审判模式，以区别于欧洲大陆中世纪后期专制集权制国家盛行的纠问制（inquisitorial system）审判模式。但是，在法国大革命以后，法国人借鉴英国的对抗制，建立了所谓“混合制”（mixed system）审判模式，这种模式在法庭审判阶段不仅导入了陪审制，而且实行了言辞直接原则和自由心证原则，废止了专制时代的书面审理原则和法定证据制度。后来，这种混合制审判模式风靡于欧洲大陆各国，以及远东的日本和法国在海外的殖民地。第二次世界大战以后，大陆法系在《世界人权宣言》和英美法的影响下，先后修改了宪法和刑事诉讼法等法律，刑事诉讼的理念、制度和技术层面进一步吸收了对抗制的因素，日本（1948 年）、意大利（1988 年）、俄罗斯（1993 年）等国甚至在重罪案件的正式审判阶段，基本上转向了对抗制。因而在学理上，对抗制已经不能再简单地对应于英美的陪审团审判模式，尽管后者仍然是对抗制最为典型的代表。

对抗制不仅对大陆法系现代刑事诉讼制度产生了直接的影响，而且成为国际刑事诉讼程序的基本模式。第二次世界大战以后纽伦堡国际军事法庭以及远东国际军事法庭对战争罪犯的审判，采用了英美法的对抗制；20 世纪 90 年代以后，卢旺达及前南斯拉夫国际临时刑事法庭所采用的审判程序，同样是对抗制；根据《国际刑事法院规约》及其《程序与证据规则》，两大法系的法学家联合为常设于罗马的国际刑事法院所设计的审判程序，仍然是一种对抗制模式。尽管在审前调查程序以及上诉程序的设计方面，国际临时刑事法庭以及国际刑事法院的章程和程序规则都吸取了职权主义刑事诉讼的一些因素，但审判的基本模式是对抗制，应当是没有疑问的。

对抗制对中国的影响至少表现在以下三个方面：一是在中国的香港特别行政区，至今仍在适用英国殖民时期留下来的法制，其中包括对抗制；二是在中国的台湾地区，地方当局经过对传统的"职权主义审判模式"的反省，先后多次修改"刑事诉讼法"，诉讼模式逐步向对抗制靠拢，尤其是2003年修法以后，无论是在刑事诉讼的审前阶段还是在审判阶段，中国台湾地区都大幅度地吸收了对抗制的因素，刑事诉讼的理念和基本制度方面越来越接近于日本式的当事人主义；三是中国大陆在1996年修改《刑事诉讼法》时对所谓的"审判方式"进行的改革，其观念显然带有对抗制的影子，尽管在具体制度的设计上没有一处能够体现"对抗制的合理因素"。只不过，在此后的司法实践中，法律人越来越多地倾向于向对抗制学习，例如法袍、法锤乃至律师袍等象征性符号的"引进"以及司法解释中有关"交叉询问"的技术设计，大体都显示出最高司法当局在自觉地、审慎地向对抗制"看齐"。

对抗制为什么能够在近两百多年来横扫全球，威力波及主权国家、地区及国际刑事司法组织？对此，国内学术界很少有人研究过，相信真实的原因恐怕也很复杂。在我看来，对抗制虽然在形式上不过是以一套精密程序公平处理具体刑事案件的一种司法审判模式，但在本质上乃是化解政府与人民之间重大冲突的一种"高科技软件"，即以一种可以个别应用的程序化技术，在民主、法治的平台上以公众可接受的方式彻底解决了人治状态下社会长期不稳定的"官民矛盾"：一方面使得官方的权威得到维持，同时又使得普通民众的权利得到保障，而司法本身真正成为社会正义的最后防线，社会的和谐和持续稳定因而得以维系。至于如何维持官方的权威，如何保障以犯罪嫌疑人、被告人为代表的普通民众的基本权利，如何使司法裁判具有至高无上的约束力，在“系统软件”（法治平台）中早已有框架性的安排（宪政秩序），对抗制只是利用这一平台而运行的“应用程序”而已。

这样一种“高科技软件”能够在中国应用吗？目前国内学术界多数人似乎持肯定态度，本人也曾对此抱有很高的期望。但是，仔细想来，具有大陆法系传统的国家和地区在学习和借鉴对抗制的过程中，普遍对它进行了本土化的改造，这至少表明，对抗制并不像市场经济那样可以同一套规则而通行于天下。在我国现有政治体制不变的条件下，这片处处以“中国特色”自居的古老大地对对抗制的继受，注定只能是极为有限的，其原因很多，但最主要的可能有以下几点：

首先，对抗制的运行需要有民主化的法治（democratic rule of law）平台，就像office或WPS办公软件的应用需要有Windows系统一样。民主化的法治奠基于一些根本性的宪政原则之上，如人民主权、分权制衡、政治多元、司法独立等，它承认有限的政府权力必须受到法律的约束，而人民的自由则必须获得真实的保障。在这种平台上运行的司法机制，必然要对政府权力的有效行使设置种种界线，而为人民寻求权利的适当救济提供种种便利。然而，迄今为止，我国尚缺乏这样一个平台，在可以预见的将来，这一平台究竟能够在多大程度上搭建起来，也还具有诸多的不确定性。

其次，对抗制的基本理念是“正当程序”，侧重于通过符合宪政原则的精致程序，公平合理地解决政府与人民之间的利益冲突。按照比较法学家达马斯卡教授的说法，它属于一种“纠纷解决型”的司法模式。这种司法模式的明显特征是“当事人处分主义”和“当事人推进主义”，无论在案件的实体处理上，还是在诉讼程序的推进上，均赋予控辩双方平等协商和处置的巨大权利；而司法的显在功能仅仅在于维持程序的公平以及最后居中作出公正的裁断，司法运行的过程明显体现出“程序先于实体”的精神。“最后裁断”不仅意味着具体案件诉讼活动的了结，而且意味着具体的官民冲突在司法领域内完全被化解，任何一方无从在司法领域以外寻求更权威的力量改变司法裁判，尤其是官方。显然，上述理念和司法模式与中国的司法传统和司法现实都是不符的。因为中国的司法传统向来“重实体、轻程序”，在传统的司法观念中，“有罪推定心常在，正当程序从来无”。时至今日，刑事诉讼仍然保持一贯的“政策执行型”模式，它必须在全国范围内追求某种既定的“政治效果”和“社会效果”，以服务于“中心任务”的实现。因而在绝大多数刑事案件中，一旦犯罪嫌疑人“归案”，诉讼的结果其实就已经“预定”了，一切所谓的“程序”无非只是“手续”而已，随时可以简化或者变通；倘若某个案件的诉讼结果没有达到统一的刑事政策所欲追求的政治效果和社会效果，官方可以随时通过政治权力或行政化的司法权力指令司法机关“依法纠正”（如刘涌案或许霆案等），而不服司法裁判的被害人或者被判刑人也可以寻求司法以外的力量任意指责“司法不公”（上访、示威等）。既已宣誓“忠诚”而实际上又位居政治权力末端的司法机关即使主观上试图维持某种程序上的公平，往往也难以做到。在一体化的司法体制面前，任何以官方为一方当事人的诉讼程序，本来就已经被预设为权力的工具，何来“正当程序”？

最后，但不是最不重要的，对抗制的有效运转需要独立、自治的律师制度作为保障性的条件，民间律师与政府律师（检察官）至少在法律上享有平等的待遇，他们与法官一起构成法律职业的自治共同体，互相之间有共同的法治追求、共同的交流语言和职业伦理。而在我国现阶段，即使是在最为宽松的经济领域，民营经济的发展仍然受到种种政策限制，民营企业事实上无法与国有企业享有同样的国民待遇。与此相应的是，在政治、法律领域，非政府组织的发展始终处于官方 的严密监控之下。律师职业作为一种民间力量，不仅在组织运营方面受到司法行政部门的严格控制，在立法上受到多方面的限制（如《刑法》第 306 条关于律师妨碍作证罪的特别规定等），而且在依法开展的业务范围内，也受到官方机构的政策性或者习惯性排斥。就全国范围而言，刑事案件的律师辩护率多年在 30% 左右徘徊，辩护律师依法享有的会见交流权、调查取证权、阅卷权、申请取保候审权等，从未得到完全兑现。即使在 2007 年修订后的《律师法》实施以来，这种状况也没有任何积极的实质性改变。在相当一部分检察官、法官尤其是警察眼中，律师简直就是一帮拿了当事人的巨额佣金专门钻法律空子的坏家伙！毫无疑问，在律师制度发展的政策性障碍尚未解除，律师与检察官、法官在政治待遇和社会地位方面尚存在巨大反差的社会条件下，中国司法制度的现代化进程整体上必定是缓慢的，更不用说对对抗制的继受了。

我这样说，并不是要有意贬损对抗制对中国司法改革的借鉴意义。相反，在以审判方式改革为先导的本轮司法改革中，对抗制在理念、制度和技术上都对中国的法律界和学术界产生了一定的影响，这种影响或许将伴随着改革的深入而不断强化。在此过程中，学术界有必要就对抗制的一些基本问题做严肃、认真的研究，以使制度性的改革少走或者不走弯路，同时避免不必要的理论误解以及基于误解而产生的认识分歧。

据我所知，在我国大陆地区，从比较法的视野系统地研究对抗制，本书是第一部专著类成果。在这篇“大题小做”的博士论文中，作者对对抗式刑事审判制度在英国的产生及发展进行了较为详细的考察，并对意大利移植对抗制的艰辛历程进行了简要的评述，对英、美两国的刑事审判制度进行了深入的比较分析；在此基础上，从价值相对论的角度阐述了对抗式刑事审判的优点，从经济、政治和文化基础方面论证对抗式刑事审判的正当性；在最后一章中，作者以40份庭审笔录为基础，辅之以《中国法律年鉴》、新闻报道、访谈记录等资料，对我国“控辩式审判”的运作现状进行了批判性的实证研究；接着，作者在力驳学术界关于对抗制的各种非议之后，论证了按照对抗制方向继续改革刑事审判制度，“建立适合中国的适度对抗制”的必要性和可行性，并提出了配套性的具体改革方案。作者关于对抗制的历史成因、英美对抗制的区别及其原因、对抗制的特殊价值的深入分析以及对中国刑事审判现状的实证研究，体现了作者敏锐的学术观察力和严密的逻辑思维能力；作者对中外文第一手资料的准确消化和选择性应用以及比较研究方法与实证研究方法的有机结合，也反映出一个青年学者扎实的理论功底和严谨的治学态度。其中一些观点，对于澄清国内学术界关于对抗制的误解，深化关于对抗制的认识，乃至指导司法实践中的技术改进，无疑具有相当的理论价值和实践意义。

当然，就我个人而言，作者如果能够在论证对抗制正当性时视野更加宽阔一些（全球化的视野），比如多考察几个转型的大陆法系国家，同时揭示对抗制对国际刑事诉讼程序的强烈影响；在分析中国刑事审判制度改革方向时，如果能够更加深入地透视我国社会自身的背景因素，包括中国社会整体的现代化进程等，则本书的内容将显得更加充实，相关的论证或许更加富有说服力。

我的希望对于一个年轻的博士生来说，可能显得近乎苛求。但是对于昌盛来说，却未必。因为根据我指导他学习、研究法律六年来的经验，我相信他有这个实力和潜力！

我期待着。

西南政法大学研究生部主任、《现代法学》主编

孙长永

2009年2月 重庆北碚·水天花园

目　录

绪论　对抗式刑事审判的多种面孔

一、字面意义上的竞技式司法

从字面上来看，英文中的“adversary”意指“对抗、敌对、对手、敌人或夙敌等”。据此，指称某个诉讼程序为“对抗式的”，就好比把它比喻为一场战斗、竞技或比赛。诉讼中的双方好比是决斗场上剑拔弩张的斗士，其目的就是用尽浑身解数击败另一方；裁判者的功能仅局限于确保双方遵守竞技规则和宣布最终的获胜者是谁。所以，这种意义上的对抗式审判通常又被形象地称为“竞技式司法”（sporting theory of justice）。正如美国学者所言：

由于诉答形式严格，且只包含一般性问题，而且不涉及证据，诉答从来就不是告知法院和律师关于案件为何而争的有效方法……因此，诉讼的任何一方都很容易受到对方所提证据的突然袭击。一位勤奋的律师进入法庭时可能对自己的案件已作好充分准备，但对于对方案件的确切性质却常常一无所知，因此关于如何应对也就毫无准备，突然袭击乃是审判中的合法策略。诉讼被视为一种比赛或比武，每一方律师都竭力为其当事人而奋战。比赛的原理是：当司法战场上尘埃落定时，正义自然会以胜利者的姿态显现。①

---

① M. Green, “The Business of the Trial Courts,” in Jones, *ed. The Court, the Public and the Law Explosion*, 1965, pp. 721 – 722. 转引自孙长永著:《探索正当程序——比较刑事诉讼法专论》,中国法制出版社 2005 年版,第 314 ~ 315 页。

竞技式司法有三个方面的特征：首先，诉讼双方被视为形式上平等的当事人，各自准备即将在法庭上演的战斗，相互之间充斥着敌意的氛围，妥协与合作没有存在的空间；① 其次，审判者并不追问事件的真相，他关注的是双方当事人是否遵守了约定或法定的审判程序规则，并对违反者加以制裁；② 最后，双方当事人所雇用的律师以其委托人为上帝，以“最大限度地实现委托人的利益”（hardball maximization of client interests）为宗旨。③

这种纯竞技式刑事审判只有在早期人类社会普遍存在的原始对抗式刑事审判——决斗审判中才能找寻到它的“古代版”，18 世纪中后期和 19 世纪之初的英美法系④国家的审判是它的“近代版”。现代各国的刑事审判同这种竞技式审判的理念相去甚远。以法官主导并控制诉讼且以发现案件实体真实为目标的法、德等国刑事审判自不待言，即使是当今英美法系诸国的刑事审判也早已扬弃了这种纯粹争斗型的审判方式及其理念。这是因为：

第一，以相互对抗为特征的正式审判已经不再是刑事案件审理的必经步骤，而以控辩双方相互妥协和讨价还价为特征的答辩交易则是化解刑事纠纷的主要渠道，在对抗火焰最为炽热的美国有将近 90% 的案件都是通过答辩交易了结的。

第二，为了防止证据突袭和增强刑事审判发现真实的能力，自 19 世纪中期以后特别是进入 20 世纪以来，英美法系国家的证据开示制度得以建立并不断完善，司法竞技论逐渐被公正程序下的寻求

---

① Stephen G. Coughlan, “The ‘Adversary System’: Rhetoric or Reality?” *Fall Can. J. L. & Soc'y* 139 (1993), p. 143.

② Roscoe Pound, *Criminal Justice in America*, Transaction Publishers, 1998, p. 163.

③ D. Luban, *Lawyers and Justice: An Ethical Study*, Princeton University Press, 1998, p. 12.

④ 本书中如果没有特别注明，“英美法系”系指相对于大陆法系的比较法范畴，“英美”系指英国和美国。

真实论所取代。这种新的理论认为，审判应当针对案件的实质，而不能任当事人自由举证，甚至纠缠于细节问题；公正的裁决应当反映案件的事实真相，而不能仅仅满足于形式上的平等。①

第三，在当今英美法系国家作为控诉方的检察官或控方律师并非如同竞技中的一方当事人，他们出庭参与审判的目的不是为了赢得诉讼，而是为了实现正义。早在1935年，美国联邦最高法院的法官舒瑟兰就在“伯格诉合众国”一案中判示：“合众国检察官并不是代表争议的一方普通当事人，而是国家的代表，国家公正地进行统治的责任同其统治权本身一样重要；因此他进行刑事诉讼的利益并不在于打赢官司，而是为了实现正义。”② 英国著名法官威廉姆斯也早在20世纪60年代就指出，把英国的刑事审判类比为“一场决斗或比赛不能走得太远，因为控辩双方并不受相同规则的约束。对于控方律师来说，获得有罪判决并非他的目标，他的职责是将事实提交于法庭；而对于辩方律师来说，他的职责则是利用一切合法的手段来获得无罪判决”③。

因此，表达略显夸张的竞技式司法只能看做是对古代决斗式审判和近代英国对抗式刑事审判的素描；就当今英美法系国家的刑事审判来说，它只是一种隐喻和修辞。这种比喻手法充斥在美国日常的生活用语之中：如将辩护律师视为“被告人的护卫”（champion of the accused）或“枪手”（hired gun）；把被告人视为刑事诉讼的“靶心”（targot）；自白等于是“投降”（surrender）；把警察在讯问犯罪嫌疑人前的告知比作“宣战”（declaration of war）；法官的角色就是“确保按照法定规则进行战斗”（to see that the battle is

---

① 孙长永：《当事人主义刑事诉讼与证据开示》，载《法律科学》2000年第4期，第85页。

② *Berger v. United States*, 295 U. S. 78, 55 S. Ct. 629, 79 L. Ed. 1314 (1935).

③ Glanville Williams, *The Proof of Guilt*: *A Study of the English Criminal Trial*, Stevens & Sons, 1963, p. 30.

fought according to law），等等。[①] 但是，如果把这种生动的隐喻当成是现实司法的实际运作，很多曲解就会由此产生。[②]

二、比较法意义上的普通法系审判

从比较法的意义上来看，对抗式刑事审判就是普通法系刑事审判的同义语，而与之相对的则是大陆法系的纠问式（inquisition）/审问式（inquiry）审判。对抗式刑事审判是对普通法系所有区别于大陆法系刑事审判共有特征的概括，是普通法系刑事审判制度的最小公分母（the lowest denominator of Anglo－American trial）。[③]

那么，到底是哪些共有的特征使英美法系的刑事审判区别于大陆法系的刑事审判呢？美国联邦最高法院在1949年的一个判例中指出："我国采行的是对抗制，它与纠问制恰成对立。对抗制是盎格鲁—美利坚刑事司法的特征之所在，它已经摆脱了借鉴于欧陆法制的星座法院的羁绊。在对抗制下，国家承担证明指控成立的责任，但它不能寄托于讯问被告人的手段，而必须仰赖于娴熟侦查所独立获得的证据。指控要件的特定性、排除合理怀疑的证明标准、保障被告人的供述免受任何形式的警讯压力、在治安法官前获得迅速听审权、律师帮助权以及必要情形下的指定辩护权、国家对被告人所享有的宪法性权利的告知义务，这些既是对抗制的特征，也是对抗制的要求。为了获取证物或口供，警察对被指控者施以长期的

① John Griffiths, "Ideology in Criminal Procedure or a Third Model of the Criminal Process," 79 *Yale L. J.* 359 (1970), pp. 368－369.

② 不过，由于"如此广泛而一致地使用这些隐喻，许多人都不再注意到它只是比喻而已"，而是作为一种当然的行为模式。参见 Elizabeth G. Thornburg, "Metaphors Matter: How Images of Battle, Sports and Sex Shape the Adversary System," 10 *Wis. Women's L. J.* 225(1995), p. 280.

③ Mirjan R. Damaska, "Adversary System," in Sanford Kadish, ed. *Encyclopedia of Crime and Justice*, The Free Press, 1983, p. 28.

和无节制的讯问，是对对抗制的根本性颠覆，只有纠问制才允许此等无保障的讯问。”①

从这份充满了褒扬自信之词的判决来看，普通法系审判区别于大陆法系审判的共有特征在于：被告人在前一种审判方式下能够得到充分的权利保障。不过，拿早已成为历史的纠问式审判同1949年的美国刑事审判作对比，当然不能使大陆法系学人信服。荷兰学者尼基波尔反驳道：“纠问制只是欧洲中世纪后期产生的一种诉讼制度。就总体特征来说，纠问式审判是一种专制性的制度。被告人的权利几乎并不存在。”“自19世纪开始，大陆法系国家的被告人获得了许多诉讼权利。从历史发展来看，被告人的权利保障几乎是与英国和美国同步发展的。排除合理怀疑的证明标准、无罪推定、对不利证人的质问权、以强制程序要求证人作证权、沉默权、律师辩护权等权利保障在欧洲已经存在多年了。只是两大法系在细微处仍有差异，如同不利证人的质问权。”②

的确，以被告人权利保障的有无作为区分两大法系刑事审判的标准显得过于陈旧了。实际上，两大法系国家的被告人所享有的权利几乎相同，只是在保障的方式和程度上略有差异。特别是在《欧洲人权公约》通过之后，在整合欧洲刑事诉讼起到领头羊角色

---

① *Watts v. State of Ind.*, 338 U.S. 49 (1949).

② Johannes F. Nijboer, “The American Adversarial System in Criminal Cases: Between Ideology and Reality,” 5 *Cardozo J. Intl & Comp. L.* 79 (1997), pp. 90–92.

的欧洲人权法院，以该公约第6条的公正审判条款[①]为依据，逐步确立了已签约的欧洲国家刑事被告人应享有的最低限度人权保障标准。除获得公正陪审团审判的权利外，美国《权利法案》第6条[②]中所列举的被告人的宪法性权利几乎全部都是《欧洲人权公约》第6条的保障对象，有时甚至在措辞上二者都如出一辙。

为了从权利保障的虚荣中走出，英美学者试图从其他的角度来探寻两大法系刑事审判的不同之处。在反思帕卡的犯罪控制模式和正当程序模式之后，戈德斯坦教授认为普通法系刑事审判的特征在于：由外行陪审员担任裁判者、决策过程中的自由裁量以及对言辞证据的偏好；而与之相对的大陆法系审问式审判的特征是：职业化的司法官员、对硬性规则的偏爱和对官方卷宗的依赖。前者是回应性政府理念在刑事审判中的体现，而后者则是积极能动主义政府理

① 《欧洲人权公约》第6条规定："1. 在决定某人的公民权利和义务或者在决定对某人确定任何刑事罪名时，任何人有理由在合理的时间内受到依法设立的独立而公正的法院的公平且公开的审讯。判决应当公开宣布。但是，基于对民主社会中的道德、公共秩序或者国家安全的利益，以及对民主社会中的少年的利益或者是保护当事人的私生活权利的考虑，或者是法院认为，在特殊情况下，如果公开审讯将损害公平利益的话，可以拒绝记者和公众参与旁听全部或者部分审讯。2. 凡受刑事罪指控者在未经依法证明为有罪之前，应当被推定为无罪。3. 凡受刑事罪指控者具有下列最低限度的权利：(1) 以他所了解的语言立即详细地通知他被指控罪名的性质以及被指控的原因；(2) 应当有适当的时间和便利条件为辩护作准备；(3) 由他本人或者由他自己选择的律师协助替自己辩护，或者如果他无力支付法律协助费用的，则基于公平利益考虑，应当免除他的有关费用；(4) 询问不利于他的证人，并在与不利于他的证人具有相同的条件下，让有利于他的证人出庭接受询问；(5) 如果他不懂或者不会讲法院所使用的工作语言，可以请求免费的译员协助翻译。"

② 美国《权利法案》第6条规定："在一切刑事诉讼中，被告有权由犯罪行为发生地的州和地区的公正陪审团予以迅速和公开的审判，该地区应事先由法律确定；得知控告的性质和理由；质问不利于他的证人；以强制程序取得对其有利的证人；并取得律师帮助为其辩护。"

念在刑事审判中的体现。[1]

如果以戈德斯坦的标准来审视当今两大法系的审判，困惑依然会产生。第一，对书面证据的信赖并非大陆法系的共有特征，它只存在于还保留有预审法官制度的大陆法系国家，如法国、比利时等。在德国，直接言辞原则几乎起到了等同于英美法系传闻证据规则的作用，审判的口头性特征非常明显。意大利的刑事审判在1988年完成了对抗式改造，其后改革成果又获得了宪法性确认，严格的传闻证据排除规则使审判的口头性比部分英美法系国家有过之而无不及。第二，英美法系对有罪答辩的普遍依赖，是否也意味着刑事审判高度依赖于审前所制作的书面证据呢？[2] 第三，作为审问制代表性国家之一的西班牙于1995年通过了《陪审团法》，规定从1996年开始，部分刑事案件将由陪审团进行裁判。[3] 第四，隶属于普通法系的以色列从未采用过陪审团审判，而新加坡则通过1969年《刑事诉讼（修正）法》废止了陪审团审判，那么这两国是否因此而不再配称普通法系国家呢？[4]

这些困惑源自于这种方法的根本性缺陷：每一类制度的最小公分母都是不稳定的和不断变化的。对任何一类审判制度共有特征的概括只能具有短暂的实用性，因为现实的司法不可能永远停留在一个静止不变的点上，它必须要随着社会的变化而变化。只要有一个国家的诉讼制度不具备某一项特征，整个法系就不得不把这一特征

---

① 参见 Abraham S. Goldstein, "Reflections on Two Models: Inquisitorial Themes in American Criminal Procedure," 26 *Stan. L. Rev.* 1009 (1974), pp. 1017 – 1019.

② Mireille Delmas – Marty and J. R. Spencer, *European Criminal Procedure*, *Cambridge University* Press, 2002, pp. 21 – 22.

③ Jorge A. Vargas, "Jury Trials in Spain: A Description and Analysis of the 1995 Organic Act and a Preliminary Appraisal of the Barcelona Trial," 18 *N. Y. L. Sch. J. Int'l & Comp. L.* 181 (1999), p. 181.

④ Paul Roberts and Adrian Zuckerman, *Criminal Evidence*, Oxford University Press, 2004, p. 47.

排除在外。对于那些受到两大法系影响所产生的"混合式审判"、国际刑事审判机构的审理程序以及超出两大法系之外的刑事审判，最小公分母方法更是显得有些力不从心。①

三、技术意义上的对审式（adversary principle）审判和控辩主导式（party－dominated）审判

为了抹掉对抗制所带有的浓厚的价值色彩，避免陷入最小公分母方法的尴尬，有人把对抗制解释为一种价值中立的技术性装置。对抗式方法只是人类审判制度中用来发现案件事实的一种技术。这种技术意义上的对抗式刑事审判有广义和狭义之分。

广义上的对抗制，是指整个审判过程应当赋予控辩双方进行法庭举证和辩论的参与机会。这也就是说，法官在审判中是被动听审还是主动调查并不重要，重要的是法庭活动不能变成法官的一言堂，完全剥夺控辩双方有意义的对抗性质证的机会。美国著名学者富勒就认为，对抗制的要义"即当事人每一方面都有机会参加协助获致一项判决，而此种'参加'是采取提供证据和辩论的方式"②。

如果以这种方式来理解对抗式刑事审判的核心，那么不仅两大法系甚至所有以控辩审三方组合为基本构造的现代国家刑事审判都

① Maximo Langer, "From Legal Transplants to Legal Translations: The Globalization of Plea Bargaining and the Americanization Thesis in Criminal Procedure," 45 *Harv. Int'l L. J.* 1 (2004), p. 8.

② ［美］朗. L. 富勒：《相对制度》，载哈罗德·伯曼主编：《美国法律讲话》，三联书店 1988 年版，第 33 页。

可以被称为对抗式刑事审判。[①] 因为，完全不给予控辩方参与机会的审判只能是纠问式审判的特征，现代国家刑事审判只是在赋予控辩双方参与机会的大小上有区别。如果撇开裁判者在审判中所承担的义务和扮演的角色不谈，有时大陆法系某些国家刑事审判的对抗性并不逊色于美国。

皮兹教授曾描述过一起他在德国亲历的强奸案的审判过程：

我回忆起了德国的一起强奸案审判，在该案中，控辩双方对被害人的盘问丝毫不逊色于美国的律师。在审判中，由法官出示证据并进行了大量的讯问。当辩护律师要求传唤证人证明被害人是为了吸毒而卖淫时，被害人被三次带入法庭。当辩护律师对被害人提出难以启齿的问题要求被害人回答，以攻击她的品格和可信性时，我似乎感觉到是在家乡的法庭里观看审判。在我看来，这起审判就像在美国的那样，"受审的"是被强奸的被害人而不是被告人。这看起来确实是一起对抗式审判，还带有一丝苦涩的滋味。[②]

单纯从控辩双方的对抗性举证和辩论出发来界定对抗式刑事审判，就无法为我们分析当今各国刑事审判提供一个有意义的参数。为此，多数学者在定义技术意义上的对抗式刑事审判时，都采用了一种更为狭义的标准。他们主要是以谁在事实认定机制中起主导性

---

① 作为整合欧洲刑事诉讼的火车头，欧洲人权法院依据公正审判权下的武器对等原则（equality of arms），已经把"对审式"（in general adversarial，adversarial argument）程序作为询问（讯问）证人的必经程序。可见，"对审式审判"已是国际公认的最低限度程序保障，具有超越刑事诉讼形态的意义。See Stefan Trechsel, *Human Rights in Criminal Proceedings*, Oxford University Press, 2005, pp. 89～94. 我国台湾大学教授林钰雄也认为："对审式并不等于'对抗制（即中国台湾地区所称当事人进行主义）'，欧洲人权法院从来没有'钦定'过特定的刑事诉讼形态……对等、对审或对辩，在质问权脉络里是指讯问证人时的对等关系。"林钰雄：《对质诘问与上级审——欧洲法发展与台湾地区法走向之评析》，载《月旦法学杂志》2007 年第 4 期，第 13 页。

② William T. Pizzi, "The American Adversary System," 147 *New Law Journal* 986 (1997).

作用为尺度，认为控辩双方起支配性作用的是对抗式刑事审判，而裁判者起支配性作用的是审问式审判。正如文瑞博教授所言：“所谓对抗制，仅指由代表国家和被告人的双方律师承担推进和主导审判的首要责任的制度。双方律师代表利益相对的双方当事人，在此种意义上，可以称他们是‘对手’（adversaries）。所谓审问制，是指由一名国家司法官员承担推进和主导审判的首要责任的制度。该司法官员并不偏向于任何一方，但是他处于诉讼的核心位置。”①达玛什卡教授也认为，对抗式诉讼的核心含义是“诉辩双方在一位相对被动的裁决者面前展开竞争，而后者的主要任务就是要作出一项判决。”在该种制度下，“双方当事人主导着大部分的程序性活动”。②

据此，第二种技术意义上的对抗式刑事审判具有以下特征：首先，裁判者并不主动调查案件的事实，他在事实认定机制中的角色是被动的、消极的和沉默的，他的职责主要局限于确保双方遵守法庭审理的规则，并根据控辩双方的举证质证来判定胜负。其次，控辩双方在法庭上积极主动地展现各自的“事实”，为了获得一个最有利于己方的判决，双方在法庭上唇枪舌剑，在法律许可的限度内尽最大努力质疑对方所提出证据的真实性和合理性，控辩双方你来我往的交叉询问被视为最为有效的揭示事实真相的技术。最后，为了保证裁判者的中立无偏和控辩双方进行公平的对抗，审判活动是高度结构化的（structured），大量的证据规则和程序规则应运而生。

只要对英美法系刑事审判稍有一些感性认识的人就不难发现，

---

① Lloyd L. Weinreb, “The Adversary Process Is not an End in Itself,” 2 *J. Inst. for Study Legal Ethics* 59 (1999).

② ［美］米尔伊安.R. 达玛什卡著：《司法和国家权力的多种面孔》，郑戈译，中国政法大学出版社 2004 年版，第 5 页。

第二种技术意义上的对抗式刑事审判是以英美法系正式审判程序为蓝本而抽象得出的。但是，我们不要简单地使用代入法，将其与英美法系刑事审判画等号，否则，我们就会再次陷入普通法系/大陆法系刑事审判二分法的陷阱。即使是在美国，刑事审判中的法官也不是完全消极被动的，他有权制止控辩双方过火的对抗行为，有权要求控辩双方展示各自收集的证据，甚至在例外情形下有权向证人发问或传唤双方未曾传唤的证人出庭作证。所以美国权威的刑事法学者认为，美国的刑事审判并非上述“纯对抗式审判”，而是一种“改良的”（modified）或“有节制的”（regulated）对抗式审判。①

第二种技术意义上的对抗式刑事审判以价值中立的姿态除去了笼罩在对抗制上的神话色彩，同时作为一种分析的模型也摆脱了法系的纠缠。这是它不同于和优越于前两种定义之处。但是，由于它将视角仅仅局限于正式审判程序，它的解释力就显得微弱了。毕竟在英美法系国家通过正式审判结案的案件数仅占极小的一部分，绝大部分案件都是通过有罪答辩绕过正式审判而了结的。这一难题正是下一个模型所要致力解决的。

四、理想类型意义上的纠纷解决式（conflict - resolving）审判

理想类型（ideal type）方法论最早由德国著名社会学家韦伯所提出，被视为一种对社会科学进行“科学”研究的典范。所谓理想类型，是对历史社会经验事实进行精心整理后的结果，并不是历史社会经验事实的本身与全貌，它只是人为的概念建构下的产物。对抗式刑事审判的第四种含义就是把对抗制看做一个理论模型，其目标是为了解决纠纷。对抗式刑事审判是一种能够最大限度

① 参见 Wayne R. LaFave, Jerold H. Israel and Nancy J. King, *Criminal Procedure* (3*rd ed.*), West Group, 2000, p. 31.

地化解当事人之间纷争的审判程序。[①]“纠纷”就是控辩双方关于被告人是否构成被指控犯罪的争议，控诉方的目的是为了证明罪行，如果他排除合理怀疑地完成了证明任务，他就是纠纷的胜利者，否则，被告人就赢得胜利。按照这种模型所构建的审判具有如下特征。

首先，该模式遵循的是实体上的当事人处分主义，控辩双方当事人不仅控制着事实认定的范围，还可以决定最终的法律适用。被告人对指控的自愿承认意味着控辩双方存在的纠纷已经不复存在，用以解决纠纷的审判活动也就失去了具体的对象，所以法官可以径直认定指控被告人的罪名成立。控方虽然代表国家的利益，但是它并不高于辩护方的个人利益，理论上控辩双方均被看成犹如民事诉讼当中的当事人。控诉方在程序中拥有极大的自由裁量权，他可以随时从审理中撤回自己的指控。作为纠纷中的一方，只要他认为纷争消失，当然就没有继续诉讼的必要。控辩双方就指控事实或量刑相互认可不予争执的事项会获得法庭的直接确认，以充分尊重双方当事人的自主处分权。

其次，该模式遵循程序上的当事人推进主义。作为纠纷仲裁者的审判人员在诉讼中必须要保持一种绝对中立的姿态，除非当事人在审判中发生了附带争议（如要求制止不适当的询问、排除证据），他不得主动介入纷争，否则就会被看做是一种偏袒一方当事人的行为。根据实验心理学的研究成果，由纠纷双方当事人控制诉讼的进程最有利于他们接受最终的裁判结果，因为他们会将失败的原因归咎于自己，这对于彻底解决纠纷来说是非常重要的。[②]

---

① Mirjan R. Damaska, “Adversary System,” in Sanford Kadish, ed. *Encyclopedia of Crime and Justice*, The Free Press, 1983, p. 26.

② 参见 Larry Heuer, “What’s Just about the Criminal Justice System? A Psychological Perspective,” 13 *J. L. & Pol’y* 209(2005), p. 210.

最后，该模式将案件人为地分割成两个。纠纷通常意味着两造之间的利益冲突，因此审判中的案件会被人为地分割成控方案件(prosecution's case)和辩方案件(defense's case)。控辩双方为了打赢官司，双方各有助手帮他们在审判前收集证据，控诉方依靠的是警察，而辩护方依靠的则是私人侦探。不仅如此，就连参与审判活动中的证人和鉴定人也会被称为"控方的"或"辩方的"。控辩双方所聘请的律师更是双方利益的忠实维护者，即使辩护律师明知他的委托人有罪，他依然可以积极地为他进行辩护。

如果以上述模式作为基准来考察当今英美法系国家的刑事审判，不仅当事人主导式的审判可以获得强有力的理论支点，而且像有罪答辩或答辩交易等似乎在颠覆对抗式刑事审判的法律现象也有它存在的坚实基础。

在英美法系国家，历史上侵权行为和犯罪行为长期混同的法律观和缺乏追诉犯罪的组织机构的私人追诉制，为刑事审判纠纷解决提供了深厚的文化和制度土壤；而自由放任型政府观则为其提供了坚实的意识形态基础。但是，我们仍然不要将这种理论模型简单地等同于英美法系国家的刑事审判，一个完全弃社会利益于不顾的刑事审判不仅在当今世界上不存在，就连在历史上也很难寻找。例如，在英美法系国家，对于被告人的有罪答辩，法官有权以它缺乏自愿性或事实基础为由而拒绝接受，此时虽然控辩双方已经没有了纠纷，但是审判仍然要进行下去。在量刑程序中，英美法系国家的法官为了能够将刑罚平等而准确地适用于被告人，可以拒绝控辩双方就量刑达成的协议，他有权委托缓刑官或亲自调查所有有助于量刑的事实。"在刑事诉讼的量刑阶段，英美法系国家的法官在履行事实调查任务时，已经与大陆法系的法官非常近似：他们不仅依靠官方卷宗所记载的证据，如果需要的话，也是刨根问底的讯问者。”① 弗里德曼教授进一步指出：“在刑事审判方面，用纠纷解决来概括英美法系的特征是一个相当糟糕的方法。有时候直到律师参与诉讼之前，并不存在任何真实的纠纷：被告人知道他做了坏事理应受到惩罚。或许更为重要的是，即使控辩双方就某个争议达成了协议，他们通常也不能完全避开法官。如果需要判处刑罚，法官并不受当事人双方之间协议的约束，这是法官的职责之所在。”②

视审判为一场解决纠纷活动的观念在大陆法系国家也有着悠久的历史，12 世纪的罗马天主教经院学者就曾在其著述中试图建构一种纠纷解决的理想诉讼模式。在 19 世纪，随着理性主义和自然法的勃兴，这一模式被欧洲大陆（特别是德国）学者进一步发扬光大。欧陆学者认为，这一模式仅适用于牵涉个人利益纠纷的民事诉讼，由于在刑事诉讼中需要贯彻国家的刑事政策和涉及更为重要的社会利益和国家利益，这种模式并无适用空间。此外，如果将掌握强大国家资源的检察官视为审判中的一方当事人，那么就会使被告人处于一种极为不利的境地，大量的误判会因控辩失衡和法官的被动而产生。一名精神失常的被告人由于未能提出精神病辩护而被定罪在欧陆学者看来是极不公正的。因此，欧洲大陆在 19 世纪废除了纠问式审判后，取而代之的是致力于发现实体真实的审问式审判。③

如果将对抗式刑事审判等同于纠纷解决式审判，那么在移植了对抗制后的大陆法系国家的刑事审判（如意大利、日本等）是何

---

① Mirjan Damaska, “The Uncertain Fate of Evidentiary Transplants: Anglo – American and Continental Experiments,”45 *Am. J. Comp. L.* 839(1997), footnote29.

② Richard D. Friedman, “Anchors and Flotsam: Is Evidence Law ‘Adrift’?”107 *Yale L. J.* 1921(1998), p.1959.

③ Mirjan R. Damaska, “Adversary System,” in Sanford Kadish, ed. *Encyclopedia of Crime and Justice*, The Free Press, 1983, p.27.

种审判呢？学者们习惯于将其归纳为“混合式审判”[①]。单纯从技术上来看，意大利、日本甚至中国的刑事审判都与对抗式刑事审判较为接近，但是如果从程序的价值目标来看，两者就貌似神离了。如果以纠纷解决为衡量基准，意大利、日本和中国的刑事审判就离对抗式刑事审判相去甚远了，还谈得上什么混合？事实上，任何一项技术都可以服务于不同的价值目标，而同样的价值目标也可以采取不同的方式加以实现。对抗式刑事审判形式与纠纷解决的价值目标并无必然联系。对于解决纠纷来说，不仅对抗式刑事审判不是它的必然选择，而且就连审判是否是它的必然选择都尚存疑问。用审判的形式解决纠纷只是当事人无奈的最后选择，如果能够通过谈判、斡旋、调解或仲裁的手段化解相互之间的仇怨，没有人会选择对簿公堂。[②]

五、对抗式刑事审判的界定

从上述的分析可以看出，对抗式刑事审判至少包括以下四种不同的内涵：字面意义上的竞技式司法、比较法意义上的普通法系审判、技术意义上的对审式审判和控辩主导式审判、理想类型意义上的纠纷解决式审判。对抗式刑事审判运用在不同的语境下往往具有不同的内涵，但是各自又有不足之处。字面意义上的竞技式司法是对对抗式刑事审判的生动比喻，给人以一目了然的直观感，但是以其作为学术分析和研究的工具缺乏严谨性且容易产生误导。把对抗式刑事审判等同于比较法意义上的普通法系刑事审判，是目前国内

---

① 实在是找不到几个比“混合式审判”更具含混性和误导性的词汇了。现实中的司法制度有哪个符合纯正型的审判模式呢？模型本是理论建构的产物，任何一个现实国家的司法制度都是复杂的若干种特征的组合，所以我们可以说当今所有国家的刑事诉讼都是混合型的，而且可能是多种模式混合后的产物。

② 参见［美］马丁·夏皮罗著：《法院——比较法上和政治学上的分析》，张生、李彤译，中国政法大学出版社2005年版，第4～10页。

学者中较为流行的观点，西方学者也曾如此理解对抗式刑事审判，但是由于区别于两大法系刑事审判的特征因各自法制的不断演进而无法再加以准确地概括，这种理解显得过于陈旧且缺乏准确性。把对抗式刑事审判理解为技术意义上的对审式审判和控辩主导式审判，能够与历史上的纠问式诉讼形成对比，也是对当今世界各法治国家刑事审判共有特征的揭示，正是由于它具有超越于法系的普适性，所以它不仅无法作为比较研究的工具，而且忽视了英美法系刑事审判与部分大陆法系国家刑事审判的不同之处。控辩主导式审判和纠纷解决式审判是两个理想的审判模型，它们都借鉴了社会科学研究中的理想类型方法，摆脱了法系的纠缠，具有逻辑严密性和科学性。之所以得出两种不同的理想型审判，是因为二者的标准不同，前者是以正式的法庭审判活动中的权力配置为标准，凡是由控辩双方占主导性地位的是对抗式刑事审判；后者则以刑事审判的目的为标准，凡是以解决纠纷为目标的则是对抗式刑事审判。控辩主导式审判是对当今英美法系正式的陪审团审判技术进行高度概括后而得出的，具有一定的合理性，但是它无法合理地解释英美法系占绝对多数的有罪答辩式审判或答辩交易式审判。纠纷解决式审判能够弥补上述缺陷，不过由于它把制度与目的的关系单一化，难以合理地解释其他制度在化解纠纷时能够起到等价于甚至优越于对抗式刑事审判的作用。

参酌上述第三种定义的狭义界定和第四种界定，本书将对抗式刑事审判界定为由控辩双方当事人及其律师主导且在严格规则规范下的审判，裁判者在该程序中通过理性的方法（经验和逻辑）判断指控的犯罪事实是否成立。

第一，对抗式刑事审判是由控辩双方所主导下的审判。控辩双方在审判中的主导性地位不仅体现在他有权决定证据调查的范围、顺序及方法等程序性事项，而且还体现在有权自由决定是否提出指控或自愿认罪等实体性事项。正是在这个意义上，它与上述的当事人推进主义和当事人处分主义等同，所以对抗式刑事审判也可被称为当事人主义刑事审判。

第二，裁判者在对抗式刑事审判下是被动的裁判者，而非负有真相澄清义务的调查者。他的职责是判断控方所指控的犯罪事实是否成立，或者说，是判断控方是否排除合理怀疑地证明了被告人的罪行。裁判者的具体构成并不是判断是否是对抗式刑事审判的决定性特征。不过，由于陪审团审判下的二元式法庭卸除了职业法官认定事实的责任，对于确保裁判者的被动性来说具有促进作用。

第三，对抗式刑事审判主要适用于被告人犯罪事实是否成立的定罪程序，并不完全适用于确定被告人刑罚轻重的量刑程序。

第四，为了确保对抗式刑事审判双方当事人之间的公平竞技，审判是在严格规范约束下的活动。对抗式刑事审判是由双方当事人占主导地位的程序，为防止各方当事人为获得最大利益而采取不正当手段，审判程序是高度结构化的（structured）。审判程序规则及证据规则的设计目的在于确保程序的形式公平，各方在平等的地位上均有同等的机会向裁判者施加各自的影响。由于程序和证据规则的复杂性，普通人难以掌握和运用，所以发达的律师辩护是对抗式刑事审判的必要条件；否则，对抗式刑事审判将沦为外行的争吵或弱肉强食的代号。

第五，裁判者对犯罪事实是否成立的判断诉诸人的理性，而非其他非理性因素。裁判者在审判中并没有法律上的义务澄清案件的真相，但是他对被告人是否构成犯罪的判断不是依靠神判、决斗等非理性方法，而是根据证据运用经验和逻辑加以判断。这是其区别于古老的弹劾式审判的主要特征。

第六，对抗式刑事审判只是一种理想模型，而非现实的司法制度，不可将其视为当今英美法系刑事审判的代名词。但是，任何一种理想模型不可能完全来自于理论家的空想，而是在对现实进行深刻洞察和抽象后的产物。从历史渊源来看，对抗式刑事审判缘起于18世纪的英国，并在其殖民铁蹄的挞伐下波及当今的英美法系国家，且被当今部分大陆法系国家所移植。正是这个缘故，相对于大陆法系国家来说，当今的英美法系国家（尤其是美国）刑事审判仍然是最为接近对抗制理想型的现实制度。

第一章 对抗式刑事审判的产生与发展

引言

对抗式刑事审判并非学者坐在书桌前的奇思妙想，而是有其现实依据的。从历史渊源上来看，对抗式刑事审判诞生于 18 ~ 19 世纪的英格兰。正是这个缘故，我们现在一提到对抗式刑事审判，立马就联想到英美法系国家的刑事审判。虽然这种认识对 18 ~ 19 世纪的人们来说是“真理”，但是随着英美法系国家和大陆法系国家刑事审判制度的不断演化，用对抗式刑事审判指称英美法系刑事审判已经有以偏赅全的局限。尽管如此，我们仍然不能否认对抗式刑事审判的历史原型诞生于英格兰的现实，不过有关对抗式刑事审判的历史渊源在英美法系学者之间还有不同的认识。

以兰茨曼（Stephan Landsman）、贝蒂（John M. Beattie）和郎本（John H. Langbein）为代表的现代法学家均以丰富的历史史料为依据，认为普通法系对抗式刑事审判的诞生是 18 世纪中后期司法实践自发演进的结果，它不是立法者自觉建构的产物，而是司法者解决现实司法控辩失衡的产物。在其形成过程中，法官是始作俑者，律师才是对抗式刑事审判的真正“助产婆”。对抗式刑事审判的产生只有一个大概的时间段，而无准确的时间点。不过凯尔恩斯教授认为，对抗式刑事审判的确立应以1836年的《囚犯律师法》(Prisoner's Counsel Act) 为分水岭，此后的刑事审判即为对抗式刑事审判，此前的刑事审判不能归为对抗式刑事审判之列，但这一看法难以获得英美法系主流学者的认可。① 正是这个缘故，本章主要以前面三位学者的论述为基础，运用丰富的史料考察对抗式刑事审判在英国的确立过程，揭示其与古代的决斗式审判的关联（第一部分）以及陪审团在其确立过程中的作用（第二部分），考证其诞生的历史过程、原因和条件（第三、四、五、六、七部分）。自20世纪中期以后，随着诸多因素的综合作用，英国的刑事司法改革在不断地偏离古典时期确立的对抗式刑事审判。那么其衰落的具体表现有哪些？有哪些因素导致对抗式刑事审判在英国呈现出衰落的迹象？我们又该如何评价这种现象？这是本章第八部分所要研究的内容。

对抗式刑事审判诞生于“日不落帝国”时期的英国，随着英国的殖民过程，英国的对抗式刑事审判方式也迅速地波及它的殖民地。正是这个缘故，我们传统上往往把英美法系的刑事审判等同于对抗式刑事审判。不仅如此，法国大革命之后，欧洲大陆为了对中世纪盛行的纠问式诉讼进行革新，也曾一度效仿英国进行了诉讼模式的重塑，从而形成了“混合式”诉讼，改变了纠问式审判下书面的秘密审理方式，使庭审方式实现了公开化、言辞化和对审化。不过欧洲大陆仅止行于此，所以这次改革还难以称得上是对对抗式刑事审判的真正移植。真正体现欧洲大陆刑事诉讼“革命性”变化的事件，当属意大利在20世纪80年代末期对刑事诉讼的彻底革

① 参见 David J. A. Cairns, *Advocacy and the Making of the Adversarial Criminal Trial*: 1800－1865, Oxford University Press, 1998. 对该书观点的批评性文献，参见 N. May, "Book Review," 19 *Law & Hist. Rev.* 675 (2001); Michael Lobban., "Publication Review," (1999) *Crim. L. R.* 924－926.

新，它以美国的刑事诉讼为样板，对其传统的诉讼结构进行了较为彻底的当事人主义化改造。意大利的改革历程充满了曲折和艰辛，详细地考察意大利移植对抗式诉讼的历史，分析其成败得失，对我国具有重大的启发意义（本章第九部分）。①

一、决斗式审判——原始的对抗式审判

决斗式审判（trial by battle），又称司法决斗（judicial duel），是指以双方当事人之间肉体搏斗的结果来判定胜负解决纠纷的审判方式。学者们普遍认为，司法决斗是在中世纪早期北欧所盛行的一种裁判方法，它在英国的生根发芽则应归功于1066年的诺曼征服，诺曼人在占领了英格兰后，也将欧洲大陆的决斗式审判带入了英格兰。决斗式审判既可适用于民事案件，也可适用于刑事案件。在英格兰，如果在民事案件中诉诸决斗式审判，那么它的标的额必须在10先令以上；如果在刑事案件中采用决斗式审判，那么审理的犯罪必须是情节恶劣的重罪。在通常情况下，民事决斗主要适用于涉及土地占有权或所有权之争的案件，刑事决斗则适用于叛国罪案件。②

决斗式刑事审判的启动程序为：一位私人控诉人指控另一人实施了犯罪行为，陈述涉嫌犯罪的事实，并声称要“以其血肉之躯为据”（prove by his body）来证实他的指控；受指控人否认控诉事实，并同样声称要“以其血肉之躯为证”来表明自己的清白。如果法官认为该案件适宜于采用司法决斗，他就会确定决斗的具体时间和地点。当所有事项准备就绪之后，决斗者就会步入格斗场并站

① 除了意大利外，日本在第二次世界大战后曾在美国的“逼迫”下，对其刑事诉讼进行了对抗式改造。关于日本刑事审判改革的成败得失，可参见汪三毛：《在两个主义之间——日本刑事审判模式研究》，四川大学馆藏博士学位论文2004年12月。

② 参见Robert Bartlett, *Trial by Fire and Water: The Medieval Judicial Ordeal*, Oxford University Press, 1986, pp. 106-108.

立于场地的两侧。然后，双方将走向前场并对神宣誓他是为正义而战。宣誓完毕后，双方分开，决斗开始。普通民众把观看当事人之间的司法决斗当成一种难得的娱乐方式，紧张刺激的格斗场面和悬而未决的格斗结果使司法决斗堪称一出无与伦比的戏剧。

在当时的欧洲大陆，贵族们通常手握长矛盾牌、身披坚实盔甲、脚踏宝马良驹而战；而在英格兰，典型的决斗场面是手握棍棒徒步而战。决斗从黎明时分开始，直到一方决斗者被杀死或高呼“我是懦夫”（craven）并承认失败而告终。如果决斗一直持续到星斗闪耀之时仍然不见分晓，法官将宣布被告人获胜。

从理论上来说，只有控告者本人和被告人本人才是进行司法决斗的法定主体。但是，如果将妇女、老人、小孩或其他没有决斗能力的人置于决斗的境地，他们显然不是那些身强力壮且经过训练的人的对手。为此，必须设计出足以平衡决斗者双方能力差距的规则。例如，如果妇女是参与决斗中的一方当事人，那么按照当时的规定，与其决斗的男子就必须待在齐腰深的洞里，并且要将他的一只手捆绑在背后，而女性决斗者则可以自由地在洞外四周与其展开角逐。不过，对于参与决斗的女性或其他能力欠缺的当事人来说，他们通常都会雇请决斗士代表他们迎战。在司法实践中，司法决斗通常都是在职业化的决斗士间进行的。

在决斗式审判的鼎盛时期，司法决斗非常残酷。英国学者布拉克顿曾经指出，门牙在决斗中是一件非常重要的常备性武器，掉了门牙的人通常被视为没有决斗能力者。在1127年进行的一场司法决斗中，一方贵族骑士将另一方重重地摔在地上，并用他的铁手臂猛烈地击打对方，就在对方被打得快要断气时，对方突然从他的“敌人”手中滑出，并钻入他的“敌人”裆下，抓住其睾丸，用力地撕扯，从而转败为胜。[1] 以今天的眼光来看，这种原始的审判方式显得无比野蛮和愚蠢。但是，在笃信宗教的中世纪的人们看来，神灵会庇佑正义者赢得决斗。决斗的结果就是神灵的启示，它昭示胜者宣誓为真，输者宣誓为假。伪誓不仅是对上帝的亵渎，同时也违背当时的社会道德，所以输者必须要受到严厉的制裁。以心理学的观点来看，在一个自然力强大而理性弱小的古代社会，对神明的信仰是一种十分巨大的精神力量，由于案件的事实真相只有一个，宣誓作战的两方中必有一方是在说谎，说谎者往往要承受极大的心理压力，这会直接影响到他的决斗能力。[2] 这种心理机制是决斗式审判的"理性"基础。

随着社会的不断变迁，决斗式审判逐渐走向了消亡。其原因主要有以下三个方面：首先，教皇英诺森三世在其教皇诏书中谴责司法决斗是一种"令人厌恶的陋俗"，并禁止教会人员参与司法决斗，否则将会受到革除教职的处分；其次，英王亨利二世认为司法决斗有损国家安宁和贵族尊严，于是他制定了许多法令限制司法决斗，并提供了其他的纠纷解决方式供民众选择，如陪审团审判；最后，迅速增长的工商业阶级对司法决斗也非常反感，他们担心手中的巨额财富会丧失，而工商业的发展本身也要求一种更具可预见性的法律规则，而不是双方剑拔弩张、你死我活的司法决斗。到 13

---

① 参见 Edward L. Rubin, "Trial by Battle Trial by Argument," 56 *Ark. L. Rev.* 261 (2003), p. 264.

② 在英国曾流传这样一个有关决斗的故事，由此可以看出对超自然因素的信仰达到何种程度："两个被判令进行决斗的人会面了，其中一个要比另一个高大强壮许多。那个壮汉抓住那个弱小者，把它高高举过头顶，准备狠狠地扔在地上。这个被悬在空中的小个头对着上天振奋起精神，口中发出一句简短的祷告词：'救救我吧，圣明的受难者托马斯。'性命之忧迫在眉睫，祷告的时间仅在须臾之间。有多个证人在场：那个壮汉，就像被那个神圣的名字震慑住了一样，突然在他举着的人下面瘫作烂泥，被击败了。"参见［英］约翰·哈德森著：《英国普通法的形成——从诺曼征服到大宪章时期英格兰的法律与社会》，刘四新译，商务印书馆 2006 年版，第 88 页。

世纪中叶，司法决斗在英国的司法实践中几乎完全终止使用了。

除了以理性的言辞激辩取代肉体的生死搏斗外，当今的对抗式审判同古老的决斗式审判具有惊人的相似性：第一，审判程序的主导者是参与诉讼的控辩双方，双方当事人的相互争斗构成了审判的主旋律。第二，裁判者并不是积极的事实真相的查明者，而是确保公正的程序规则得到遵循的纠纷解决者，他根据双方当事人的输赢来作出是否有罪的判决。第三，为了真正确保审理程序的“武器对等”，实力弱小的当事人会得到一些优惠性待遇，如妇女在决斗式审判下的一些特殊保障，在对抗式审判下则赋予被告人一些特殊的权利；此外，正像决斗式审判下当事人可以雇请职业化的决斗士代为决斗一样，对抗式审判下的当事人则可以聘请专业化的律师代理诉讼。第四，审判活动是一种极具戏剧性效果的活动，观看双方的生死搏斗是中世纪人们为数不多的娱乐消遣方式之一，而当今的对抗式审判也是黄金时段影视剧的热播题材。所以，莱维教授曾说道，对抗式刑事审判“就是控辩双方之间持续性的争辩过程，它就好比是控辩双方在陪审团面前展开的决斗”①。

也正是这种外在表现形式的相似性，有学者认为，“追本溯源，司法决斗可视为对抗制诉讼模式的渊源之一，只不过武力争斗演变为法庭上的和平对抗，诉讼武器有所不同而已”。②但是，从英国对抗式刑事审判的历史演进来看，决斗式审判同当代的对抗式审判并不具有任何历史的必然联系。这从以下两点可以得到说明：一是决斗式审判更为盛行的欧洲大陆在废除了司法决斗后，取而代之的不是对抗式审判，而是纠问式审判；二是英国在以陪审团审判取代决斗式审判后，早期的陪审团审判也是一种“准纠问式”的

---

① Leonard Levy, *The Palladium of Justice*: *Origins of Trial by Jury*, Ivan R. Dee, 1999, p.40.

② 徐昕：《司法决斗考》，载《法制与社会发展》2007 年第 1 期，第 37 页。

审判，对抗式审判则是18、19世纪的英国为解决现实审判制度中的若干问题而不断地发展起来的。所以，对抗式审判并非决斗式审判历史演进的结果，二者之间的联系是“概念上的”而不是“历史上的”，是“修辞上的”而不是“现实的”。

二、陪审团审判的诞生——抵制纠问制入侵的堡垒

1066年诺曼人征服英格兰后，不仅为英国人带来了决斗式审判，同时也带来了欧洲大陆的宣誓调查法。宣誓调查法是近代控诉陪审团的雏形，它是强大的王权用以管理社会的方式。在威廉一世时期，他曾派大臣分赴全国各地，从各百户区分别召集12个忠实可靠的人士组成陪审团，经宣誓后逐一回答当地的人口、土地、牲畜和财产状况。亨利二世时期，陪审团宣誓调查法成为了一种常规性的司法制度。1166年的《克拉伦顿法令》将陪审团宣誓调查法适用于刑事案件的检控，于是作为大陪审团前身的控诉陪审团产生了。根据该法令的规定，当巡回法院到达某郡开庭时，郡长应从各百户区召集12名骑士或“合法自由人”，从各村镇召集4名“合法自由人”出席，经宣誓后检举自亨利二世继位之后本地发生的一切抢劫、谋杀、盗窃、纵火等重大刑事犯罪嫌疑人。直到1215年第四次拉特兰宗教大会（fourth lateran council）禁止教士参与神判之前，经控诉陪审团检举的人仍沿用神判法进行审判。从1216年起，在英国的司法档案中再也找不到一件使用神判法判决的案件记录。随着神判法的消亡，用来填补其空缺的审判陪审团得以逐渐发展起来。审判陪审团则是当今英美法系国家小陪审团的鼻祖，它的任务是就案件的事实问题进行审理，对被告人作出是否有罪的裁决。在陪审团审判的早期，审判陪审团的成员往往直接来自于控诉陪审团，此时的陪审团实际上承担着控诉和审判的双重职责。审判陪审团的成员直接来自于案件发生地的社区，他们在审判之前往往已经掌握了充分的信息，而且陪审员在开庭前两个礼拜还有权就涉

嫌犯罪的事实主动展开调查。所以，早期的陪审团并非一个中立而被动的事实裁判者，而倒更像是一个积极地查明案件真相的调查机构。

虽然早期的陪审团审判离对抗式刑事审判的要求还相去甚远，但是它在早期的一系列的发展为对抗制的最终确立铺平了道路。到14世纪中期，当事人就有权要求即将参与审理的陪审员回避，这就剔除了那些有偏见的陪审员。到14世纪末期，法律已限制陪审员在起诉后私下同当事人接触。15世纪以降，陪审团越来越依赖从法庭审理中所获得的信息作为裁判的基础，陪审团的被动性日益加强。在1670年之前，法官不仅在法律上指示陪审团，而且可以拒绝接受他认为不符合事实真相的判决。为此，法官可以采取罚款、监禁的惩罚措施迫使陪审团就范，作出一个符合他意愿的裁判。1670的布谢尔案（Bushell's case）[①] 使陪审团的独立地位得到了确认，首席法官沃恩（Chief Justice Vaughan）在该案中判示法官不得对持不同意见的陪审员施加制裁。陪审团中立性、被动性和独立性的增加削弱了政府对它的控制，而独立的陪审团则把法官从政治的纷争中解救出来，为法官的司法行为戴上了一层保护膜，这也

① 布谢尔案的经过如下：在1670年，威廉·佩恩由于在一次非法集会上进行演讲而被审判，在这次审判中，4个陪审员在被监禁并饿了4天之后，仍然要坚持对佩恩无罪释放。这些陪审员遭到罚款并被监禁直到他们交出罚款为止。其中一个名叫爱德华·布谢尔的陪审员拒绝缴纳罚款并将案件提交到普通上诉法院。该院首席法官沃恩裁决：陪审员不能因其裁决而遭受惩罚。布谢尔案件是陪审团审判独立性的经典案例，德怀尔曾称赞道："爱德华·布谢尔及其勇敢的同事赢得了胜利……通过该案，一个伟大的原则建立起来：陪审团而非法官决定裁判的结果，他们不受强制，亦不会因为诚实地作出裁决而受到制裁——即使法官在认为其裁决错误时也是如此。……在法庭上从来还没有哪一次正义像这次那样获得伟大的胜利。" 参见 William L. Dwyer, *In the Hands of the People: The Trial Jury's Origins, Triumphs, Troubles, and Future in American Democracy*, Thomas Duune Books St. Martin's Press, 2002, p. 59.

进一步保障和促进了法官在审理中保持一种中立无偏的公正姿态。①

陪审团制度不仅为对抗式审判的产生构筑了有利的环境，而且还有力地阻止了欧洲大陆纠问式审判对英格兰的侵蚀。1215 年的拉特兰宗教大会取缔了神判法之后，英国取而代之的是陪审团审判，而欧洲大陆则建立了罗马——天主教体制下的纠问式审判。在这种审判制度下，法官是整个程序运转的中枢，他有查明案件事实真相的职责和用以查案的广泛的权力。为了防止法官权力的滥用和避免误判，立法者设计出了一整套严格的证据规则。在这种证据制度下，每一种证据的证明力的大小都由法律预先规定，法官不得以“情况证据”定罪，只能以“完全证据”定案。当时法律所规定的完全证据主要有两类：一类是亲眼目睹了犯罪经过的两个目击证人的证言；另一类是被告人出于自愿的有罪供述。通常情况下，两个目击证人的证言的完全证据是极难获得的，因此从 12 世纪到 18 世纪，欧洲大陆的法官们就不得不将重心放在通过刑讯获取的供述上。法定证据制度要求被告人供述必须是自愿的，只有自愿的口供才是具有证据能力的证据，中世纪的法学家们普遍认为通过刑讯所获取的口供是缺乏自愿性的，因此不能直接作为证据使用，除非被告人在被刑讯后的第二天及以后能够在法庭所主持的不受强制的听证下重述以前的口供。当然，通常被告人在被要求确认先前的供述时，都会翻供。但是，翻供往往无济于事，有时反而徒增痛苦，因为随后可能又会有另一轮的刑讯。被告人在刑讯—口供—再刑讯的往复循环中慢慢地可能就会知晓：只有在法庭上老老实实地重述先前的供述才能免去下一轮的皮肉之苦。于是，刑讯逼供成为纠问式

---

① Stephan Landsman, “A Brief Survey of the Development of the Adversary System,” 44 *Ohio St. L. J.* 713(1983), p. 723.

审判的典型特征之一。[①]

在欧洲大陆创建纠问式审判之前，亨利二世刚好完成了一场划时代的司法制度改革，确立了陪审团审判。这也就是说，英国多亏抢先一步，选定了自己未来的审判模式，才摆脱了欧洲其他国家那种不得不接受教会法院纠问制的普遍命运。莱维甚至使用了“狭路逃生”一词来形容历史机遇稍纵即逝的偶然性，他说，亨利二世死于1189年，1198年英诺森三世登上教皇宝座，前后时差仅仅9年，历史提供给英国跳出欧洲法制发展一般轨道的出口是多么的狭窄。在亨利二世的改革中，国王的司法权扩展到哪里，陪审团审判的方法就扩散到哪里。其发展是如此迅速，以至于在罗马法和教会法学家尚未获得时间对其实体规则施加压倒性影响之前，普通法就形成了一套固定的规则。[②]

陪审团审判制的确立为英国开辟了一条不同于大陆法系国家的法制发展道路，为对抗式刑事审判制度的产生提供了可能性。仅就此点而论，我们可得出如下结论：“没有陪审团审判就没有对抗式诉讼。”[③] 但需注意的是，对抗式刑事审判与陪审团并无逻辑上的必然联系，因为对抗式刑事审判强调的是控辩双方对程序的主导性，至于审判的主体是职业法官还是外行的陪审团则在所不问。不过，由于陪审团和法官职能的分离、陪审团裁判的不可预测性、陪审团对言辞口头证据的偏好以及陪审团审判对集中审理的依赖，使陪审团制成为对抗式刑事审判最具血缘亲近性的制度之一。[④] 但

---

① 参见 John H. Langbein, “Torture”, in Sanford Kadish, ed. *Encyclopedia of Crime and Justice*, The Free Press, 1983, p. 1554.

② 程汉大、李培峰著：《英国司法制度史》，清华大学出版社2007年版，第278页。

③ 易延友著：《陪审团审判与对抗式诉讼》，中国台湾地区三民书局2004年版，第231页。

④ 参见 Paul Roberts and Adrian Zuckerman, *Criminal Evidence*, Oxford University Press, 2004, p. 46.

是，真正使英国最终走上对抗式刑事审判之路的并不是陪审团，而是法庭审理的“律师化”（lawyerization）。

三、英国近代早期的争吵式审判：无律师的被告人“说话式审判”

英国的刑事诉讼数个世纪以来一直保持着私人追诉的传统，即使起诉书是以国王的名义提起的，但是诉讼的启动权却掌握在私人控诉者手中。直到17世纪末期和18世纪初期，叛国罪（treason）和重罪（felony）[①]案件中的被告人是无权雇请辩护律师的。整个审判就好比是被害人及其证人和被告人之间的争吵。史密斯勋爵（Sir Tomas Smith）于1565年曾描述过都铎王朝时期一起重罪案件的审理方式：被害人宣誓作证说，“你在案发地对我实施了抢劫和殴打，你抢走了我的马和钱包，你当时穿的就是这件上衣，你就是当时那伙人中的一个。”随后，其他证明被告人罪行的证人也跟着宣誓作证。被告人只能作不经宣誓的回答，面对被害人和其他证人的指控，“那些贼会予以否认，于是他们即刻争吵了起来……”史密斯勋爵曾将这种审判描述为自由的“争吵式审判”（altercation trial）。[②] 这种无律师的争吵式审判是一种非常快捷的审判。在伊丽莎白女王一世至詹姆士一世时代（1558—1625）的英国地方巡回法院可判处死刑的重罪审判中，包括陪审团的评议在内，平均一起审判的持续时间在15—20分钟。这种“争吵式审判”在英国一直持续到17世纪末期《叛国罪审判法》的出台，其主要特征如下。

（一）拒绝辩护律师的参与

18世纪以前的英国主流法学理论认为，事实与法律是两样完

---

① 重罪是指除叛国罪外可判处死刑的案件，其范围十分广泛，如盗窃价值达1先令的财物即可被处死。

② John H. Langbein, *The Origins of Adversary Criminal Trial*, Oxford University Press, 2003, p. 13.

全不同的事情，律师只是精通法律和辩论技巧的专家，他并不是案件的当事人，并不知晓案件的来龙去脉，所以他不能参与认定案件事实的审判程序。柯克勋爵（Sir Edward Coke）写道："当涉及被告人最为知悉的事实问题时，他不应让律师来为其提供证据，或者为其证明任何事项。"① 律师是"法律专家"，但被告人则是"事实专家"，而事实问题并无技巧可言，知道就知道，不知道就不知道，所以被告人有能力就涉嫌的犯罪事实展开自我辩护。霍金斯（Hawkins）于1721年《王室令状》（Pleas of the Crown）中写道："所有的正常人都能妥当地表述事实问题，就好像他是最好的律师。作出一个清楚而诚实的辩护并不需要任何技巧，因为一个人真诚、单纯、自然和坦率的行为会让他的良心宽恕他的罪行，比起由他人所进行的即使是最伟大的雄辩，这种行为要更为动人和更有说服力。"② 以这种观点来看，由被告人自行辩护不仅不会给其带来不利，反而可能为其带来好处。这也就是说，如果由律师代行事实方面的辩护，对被告人可能更为不利。

由被告人亲自进行辩护也更有利于法庭准确及时地认定案件的事实，这是拒绝辩护律师参与审判的第二个理由。正如普尔顿（Pulton）所言："如果允许律师代被告人进行答辩和辩护，由于他们的语言是如此的矫揉造作，他们的词汇是如此的朦胧晦涩，他们的证据是如此的微弱稀薄，所以法庭将难以或要花费很长时间才能查明真相。"③ 拒绝辩护律师的第三个理由是当时已经存在"存疑有利于被告人"的证明标准，这一高标准能够给予被告人充分的

---

① John H. Langbein, *The Origins of Adversary Criminal Trial*, Oxford University Press, 2003, p.26.

② John H. Langbein, *The Origins of Adversary Criminal Trial*, Oxford University Press, 2003, p.34.

③ John H. Langbein, *The Origins of Adversary Criminal Trial*, Oxford University Press, 2003, p.35.

保护。首席法官思科如克斯（Chief Justice Scroggs）在1768年审理天主教徒密谋案中的第一个被告人时说："王室的证据必须要清楚地证明你的阴谋；你并不需要律师为你辩护，因为控方必须要将案件证明到清楚明白的地步，至此你即使不接受也徒劳无益。"①

从理论上来说，18世纪以前的英国刑事审判并非绝对禁止辩护律师参与诉讼，它只是禁止辩护律师就事实问题展开辩护，被告人可以聘请律师就法律问题为其提供帮助。在1681年审判菲茨哈里斯（Edward Fitzharris）叛国案时，被告人在律师的帮助下在罪状认否程序中对管辖权提出了异议，但被法庭驳回。到了审判阶段时，法官告诉被告人："现在我们讨论的仅仅是事实问题，根据法律规定我们不能允许你聘请辩护律师。"② 在司法实践中，由于大部分被告人都是身无分文的穷人，他们也没有能力享受有限的律师服务。更何况起诉书是用拉丁文写成的，通常只有等到罪状认否程序由书记官将其口译成英文，被告人才能知晓起诉书的内容，所以被告人及其律师几乎难以提出有针对性的法律上的异议。③

（二）法官的双重职能

由于缺乏律师的参与，推进和主导重罪和叛国罪案件审理程序的责任自然就落在了法官的肩上。证据的提出和组织、对证人和被告人的询问，以及法庭审理结束后证据的总结评论都由法官来承担。在有些情况下，法庭的书记官会帮助法官从事传唤和询问证人的工作。有时，法官还会在审前从事调查核实的工作，询问证人和被告人，以获得被害人和证人的宣誓作证书（depositions）。通过

---

① John H. Langbein, *The Origins of Adversary Criminal Trial*, Oxford University Press, 2003, p. 33.

② John H. Langbein, *The Origins of Adversary Criminal Trial*, Oxford University Press, 2003, p. 28.

③ John H. Langbein, *The Origins of Adversary Criminal Trial*, Oxford University Press, 2003, p. 27.

这些材料，法官在审判时可以提示控诉人，帮助他尽可能简明扼要地陈述案情，并能有针对性地向被告人发问，以让其供出能证明其罪行的最有力的证据。

法官除了直接调查案件，在某种程度上成为控诉者的助手外，有时他会对被告人伸出援助之手，用当时的话来说，即充当被告人的辩护人，以弥补其因无律师辩护和缺乏法律知识的缺憾。1613年，著名的首席法官柯克曾言："法官应当代表国王，也应当平等地代表被告。"可能因为意犹未尽，他接着又补充道："对于嫌犯来说，有一个法官的帮助，比之有许多个辩护律师的帮助还要好。"① 在1663年的一宗叛国罪案中，首席法官海德（Chief Justice Hyde）对因为不准聘请律师而深感忧虑的被告人约翰·特怀恩说："法庭会关照你的，你不会因为不懂法律而遭受损失。我说的是，我们就是你的辩护律师。"② 在司法实践中，当被告人显得能力十分有限时，法官有时会帮其交叉询问控诉人或者在指示陪审团时强调控方案件的不足之处。在控方由律师代理的案件中，法官甚至感到有责任帮助被告人。但是，没有被告人会把辩护的重担完全寄托在由国王派出巡审各地的法官身上，法官只在偶尔的场合才会积极地充当辩护人的角色。用约翰·贝蒂的话来说，所谓法官充当被告人辩护律师的说法，不过是对被告人不应有律师帮助的一种美妙表述而已。③

（三）被告人"说话式审判"

由于被告人没有职业律师为其从事法庭辩护工作，被告人的辩

---

① 程汉大、李培峰著：《英国司法制度史》，清华大学出版社2007年版，第320页。

② John H. Langbein, *The Origins of Adversary Criminal Trial*, Oxford University Press, 2003, p. 29.

③ John M. Beattie, "Scales of Justice: Defense Counsel and the English Criminal Trial in the Eighteenth and Nineteenth Centuries," 9 *Law and History Review* 221 (1991), p. 223.

护角色和（未经宣誓的）证人角色就无法分开，一方面被告人面对控诉方的指控要亲自进行辩护，另一方面他作为证人又必须如实回答法庭的询问。无论如何，被告人在法庭上是不敢和无法保持沉默的，他必须开口说话。促使被告人在法庭上开口说话的因素并不仅仅是因为他没有辩护律师，还有其他的因素也给被告人带来极大的压力或动力驱使他不要保持沉默。

首先，控方有权依照强制程序要求控方证人出庭作证，但是被告人无此权利。即使为被告人出庭作证的辩方证人，也会受到歧视性的待遇。因为辩方证人出庭作证是禁止其宣誓的，① 而控方证人则必须要宣誓作证，这就使控方证人的证词具有更大的可信性。其次，重罪案件中的被告人在审前通常是无法获得保释的，他们必须被羁押在拥挤、潮湿、肮脏和疾患肆虐的监狱里等候每年两次的巡回审判。当时的著述和法律中直接称等候审判的重罪被告人为“囚犯”（prisoner），足见审前羁押是一种常见现象。由于自由受到剥夺，被告人无法获知指控的性质，也无法为自己收集证据和寻找证人，进而影响到他进行积极的辩护准备。被告人自己无法在审前展开有意义的准备活动，加之他无权强制证人出庭和辩方证人证言的效力低下，所以他不得不在法庭上依赖自己的知识进行辩护。再次，被告人承担证明自己无罪的证明责任是迫使其说话的又一因素。贝蒂根据18世纪的史料指出：“如果说在审判中有任何针对被告人的推定，那倒不是在控方排除合理怀疑的证明犯罪事实之前他被推定为无罪，而是假定他是无罪的，他就应当针对控方的证据向陪审团证明他的无辜。”② 1739年的萨瑞郡审理过一起盗窃案，

---

① 英国禁止辩方证人宣誓作证的规定直到1696年的《叛国罪审判法》出台才在叛国罪案件中取消，重罪案件则于1702年取消这种限制；美国的佐治亚州直到1961年才取消这种限制。

② J. M. Beattie, *Crime and the Courts in England* 1660 - 1800, Princeton University Press, 1986, p. 341.

被告人针对控方的案件说道:“我不是盗贼。”法官回答说:“你必须要证明它。”最后，被告人想获得较轻的量刑或赦免是刺激他在法庭上开口说话的动力。在近代早期的英国刑事审判中，陪审团有权作出所谓“偏袒的判决”（partial verdict），即通过作出一个量刑较轻的有罪判决来减少死刑案件的数量。到了18世纪以后，英国的殖民地不断扩张，一种用以惩罚重罪的“流放刑”（transportation）应运而生，即将那些本可判处死刑的罪犯运送到殖民地为英国服务。这样，陪审团在根据同一事实选择作出不同判决的余地进一步增大，它所作出的“偏袒的判决”的数量也如雨后春笋般猛增。例如，根据相同的事实，陪审团认定被告人犯的是夜盗罪则被判死刑，而认定为盗窃罪则被判流放刑。如果陪审团认定盗窃的金额不足1先令，只是轻微盗窃，被告人的刑罚则为鞭刑。郎本教授曾以老贝利法院18世纪50年代所审理的案件为样本，发现陪审团作出的判决中有近四分之一是“偏袒的判决”。[①]陪审团偏袒的判决为被告人在法庭上积极申辩提供了动力，而法官的赦免建议进一步刺激了被告人在法庭上努力地表现自我。无论是巡回法院还是老贝利法院的法官，他们都有权在定罪后向王室建议赦免被告人的罪行。赦免建议的提出主要是根据被告人在法庭上的表现，被告人的沉默不语有可能导致他丧失获得赦免的机会。

在18世纪以前的英国重罪案件审判中，被告人处于极为不利的地位。他不受无罪推定原则的保护，反之却要承担证明自己无罪的责任；他没有沉默权，在法庭上他必须为了获得宽大处理而进行积极的申辩；被告人通常是在羁押状态下等候审判，他无法要求法庭依照强制程序强制己方证人出庭，辩方证人因未经宣誓程序的保障证明力也低于控方证人；他无法获得律师的帮助，因为当时的理

① John H. Langbein, “Shaping the Eighteenth – Century Criminal Trial: A View from the Ryder Sources,”50 *U. Chi. L. Rev.* 1(1983), p. 52.

论认为被告人自己辩护不仅有利于他获得无罪判决，还有助于法庭查明案件的真相。整个审判过程简单快捷，法官不仅积极地介入证据调查活动，还可以对陪审团的裁判施加有力的影响。审判程序并不是审查控方的指控是否成立的对抗式刑事审判，而是法官主导下的积极查明案件事实的被告人“说话式审判”。

需要指出的是，虽然在叛国罪和重罪案件中，审判程序是绝对禁止辩护律师介入的，但是在轻罪案件中，至少在17世纪早期，律师为被告人出庭辩护就已是常见的现象了。这主要是因为轻罪大多是民事和行政违法行为，其主要的刑罚措施就是罚款，这在形式上与民事赔偿有些类似。因此，轻罪案件比较容易效法早已确立对抗制的民事审判，允许律师为被告人辩护。允许被告人在轻罪案件中获得辩护人协助，而在被告人可能面临丧失生命的叛国罪和重罪案件中却拒绝律师介入，其理由何在呢？这主要是因为在叛国罪和重罪案件中，国家查明真相和惩罚犯罪的利益更为迫切，而在当时的法律学者们看来，拒绝律师介入，让被告人自己开口说话是获知真相的捷径。但是，他们没有意识到这种做法的潜在危险，17世纪末期的几起叛国罪审判将它的缺陷暴露无遗。

四、1696年《叛国罪审判法》：辩护律师在叛国罪审判中的出现

因禁止律师为被告人辩护而导致司法不公的弊端，在1678—1688年间的几个重大叛国罪案件的审判中暴露得淋漓尽致。第一个是1678年的“天主教徒密谋案”（Popish Plot case），第二个是1683年的“面包馆密谋案”（Rye House Plot case），第三个是波及面最广的“蒙默思叛乱案”（Monmouth’s Rebellion case）。我们以最为瞩目的“蒙默思叛乱案”为例来透视一下17世纪晚期的叛国罪审判。

1685年2月6日查理二世病逝，他身后无嗣，一场王位之争

因之展开。事出突然，王位空缺，英国的统治集团为了避免造成混乱，未经充分酝酿，就匆匆忙忙地把查理二世的弟弟詹姆士拥上了王位，史称詹姆士二世。蒙默思公爵声称其是查理二世国王的儿子，他才是王位的合法继承人。1685 年 7 月 6 日，詹姆士二世的部队在布里奇沃特附近的塞特杰蒙沼地大败蒙默思叛军，大约有 1400 人受到了叛国罪的指控。1685 年 9 月，由杰弗里斯（Jeffreys）担任首席法官的裁判所成立后，巡回西南部各郡，对在押和不在押的起义者进行审判，就地镇压，因其手段无比凶残，被人们称之为“血腥巡回审判”（the bloody assizes）。

英国史学家麦考莱写道：

在每两条道路的交叉点上，在每个村民赶集的广场上，在每个为蒙默思提供过战士的村落的草地上，铁链紧裹着尸体，在阵风吹动中相互碰撞，咯咯作响；牢插在木竿上的头颅和肢体，散布出毒化苍穹的气味，过往行人，无不感到恐惧和战栗。许多教区的村民，前往上帝的圣殿祈祷，经过教堂门口时，无可避免地看到高悬着的被害的邻居，苍白的脸孔对视着他们——肝肠断裂，惨绝人寰，以致在这个恐怖年代以后的半个世纪里，那里的人们在太阳下山后，还不敢走近曾挂过黑尸块的地方，杰弗里斯的名字后来也成了专横和残暴的同义语。①

在血腥的巡回审判中，最为著名的受害者当为艾利斯·里斯勒女士，她在受审时已是一位双耳失聪并年逾古稀的老妪。她被指控的罪名是包庇名为希克斯的潜逃叛乱分子。在审判时，里斯勒说，虽然她认识希克斯，并知道他是一位持不同政见的大臣，但是她并不知晓他参与了蒙默思叛乱活动，而且从他的穿着打扮或行为举止上也看不出他是从战场中逃出的叛乱分子。杰弗里斯直接对此加以

① 顾学杰等编著：《英国革命史话》，上海人民出版社 1986 年版，第 292 ~ 293 页。

驳斥，向陪审团说道：所有“这些不讲实话的、假装可怜的、伪善的长老会恶棍……或多或少都参与了后期令人恐怖的密谋和叛乱活动”。虽然陪审团一开始拒绝定里斯勒的罪，但是迫于杰弗里斯的淫威，最终判处其有罪。她一开始被处以火刑，后被詹姆士二世改为斩首刑。①

在这几个全国瞩目的“国家审判”（state trial）中，由于控方有经验丰富的优秀律师协助起诉，而被告人缺乏辩护律师的帮助，并几乎全部在审前被羁押在监牢里，加之像杰弗里斯这样以维护国王利益为至上宗旨的忠实而野蛮的法官从事审判工作，数以百计的无辜者被以莫须有的罪名判处死刑，其中包括不少政界精英人物。如此集中和大批量冤狱的产生昭示出改革叛国罪审判制度，强化被告人的权利保障已刻不容缓。于是，议会于“光荣革命”后的1696年制定了具有里程碑意义的《叛国罪审判法》（Treason Trials Act）。

《叛国罪审判法》开宗明义地写道：“没有什么比不阻止被指控为严重叛国罪的嫌犯采取一切正当和对等的手段为自己的无辜进行辩护更为公正合理的了。”为实现这一原则，《叛国罪审判法》规定了若干具体的措施加以保障：第一，被告人至少应在开庭前5日得到“完整”、“真实”的起诉书副本，以便提前知晓被指控的罪名，为法庭辩护作好准备。第二，允许被告人聘请律师为其展开“全面的辩护”（full defense），每名被告人所聘辩护律师的数量不得超过两名。第三，允许事务律师（solicitor）于开庭前得到起诉状，以便有针对性地协助被告人提前完成收集证据、起草答辩状等准备性工作。第四，被告人有权在开庭前两天得到陪审团成员的名单，以便有时间对陪审员的社会背景进行调查，从而能有效地行使

① John H. Langbein, *The Origins of Adversary Criminal Trial*, Oxford University Press, 2003, p.77.

要求陪审团回避的异议权。第五，授予被告人要求法庭强制己方证人出庭作证的权利，允许被告人及其证人进行宣誓作证，以确保控辩双方及其证人的证言具有完全平等的证明力。[①]

通过《叛国罪审判法》，原先只有控告方单方面享有的权利，如强制证人出庭作证权、宣誓作证权、律师帮助权等，扩大到了被告人身上，体现了“平等武装”原则，从而使对抗制得以在叛国罪审判中建立起来。

至此，处于犯罪金字塔两端的轻罪和叛国罪案件，对抗式刑事审判都得到了确立，但是夹于二者之间的重罪案件仍然沿袭古老的无律师的被告人“说话式审判”。1696 年《叛国罪审判法》之所以仅将律师辩护制等权利保障措施适用于叛国罪案件，而非重罪案件，并不仅仅是因为叛国罪案件潜在的误判风险，更是因为在叛国罪审判中牵涉到重大的政治利益，很多王公贵族和国会议员往往会卷入其中，为了维护他们自身的利益，他们迫切地要求一种有效的法律保障。重罪案件的对抗式刑事审判则是 18 世纪英国为解决司法实践中的诸多问题而逐步确立的。

五、18 世纪初期控诉制度的变化：辩护律师在重罪审判中的出现

到 18 世纪以后，随着原始资本积累的加速进行，贫富分化明显加剧，犯罪率不断上升，公共秩序日益恶化。特别是随着工业革命的启动和外来人口大量涌入城市，许多人无以为生，聚集于贫民窟，成为孕育犯罪的温床。在伦敦，盗窃、抢劫犯罪尤为猖獗，连首相和伦敦市长都曾在光天化日之下被人打劫。因缺乏完全感，市民普遍人心惶惶。18 世纪的著名政治家沃尔波在谈到当时的伦敦

---

① 程汉大、李培峰著：《英国司法制度史》，清华大学出版社 2007 年版，第 322 页。

治安状况时写道："即使在正午，一个人出游也被逼得像是要去决斗一样。"①

英国传统上的单纯依靠被害人或其亲属的自诉制度已经越来越难以适应变化了的社会形势。一方面有些犯罪，如制造假币并无直接的受害人，另一方面单个的受害人则无力从事繁重而复杂的证据收集和出庭举证活动，所以在18世纪初期英国的律师开始大规模地介入控诉事务，由于控诉的律师化和控方伪证现象的频繁曝光，英国开始允许被告人的辩护律师出庭从事交叉询问工作，以实现控辩之间的平衡和揭露虚假证词。

（一）控诉的律师化

自17世纪末开始至18世纪初，许多政府部门或准政府部门开始雇请专业的事务律师作为本部门的常年法律顾问，以从事犯罪的侦破和起诉工作。其中，较为典型的为铸币厂、财政部、英国银行和邮政局等。由于针对这些部门的犯罪，如伪造钞票和硬币等并不是针对任何个人的犯罪，属于"无被害人犯罪"类型，个人缺乏追诉这些犯罪的主动性；此外，像伪造或篡改钞票等犯罪在法律上较为复杂，需要有娴熟的法律技巧来撰写起诉书和准备证明犯罪构成要件的必要证人，一般人难以胜任。因此，为了能够有效地打击犯罪和维护本部门的利益，这些部门建立了常设"事务律师秘书处"，以协助或直接从事犯罪的侦查、起诉工作。

英国国王在18世纪初期也开始越来越经常地介入重大恶性案件的起诉工作。虽然这些案件无关王室利益，但是国王认为如果让这些犯罪的制造者逍遥法外，将会大乱"国王安宁"，令社会动荡不安。在1722年，当国王获悉约翰·伍德伯恩和阿荣戴尔·柯克割掉了爱德华·克里斯普的鼻子时，他被这种"野蛮的"行径所震动，因担心罪犯会逃脱法网，他指令总检察长（Attorney Gener-

① T. A. Critchley, *A History of Police in England and Wales*, Constable, 1967, p. 21.

al）以王室财政聘请有能力的出庭律师（barrister）和事务律师从事控诉工作。两名被告人被定罪，律师得到了 85 英镑的酬劳费。[1]

对于普通公民来说，追诉犯罪尤其是重罪是一种花费不菲的经济负担。为了能够维护各阶层民众的利益，分摊追诉的费用，最迟从 17 世纪 90 年代开始，英国出现了各种各样的重罪起诉协会，这种协会在鼎盛时期一度达到将近4000 个。重罪起诉协会是一个自愿性的互助互利的民间组织，入会者只需缴纳少量的费用即可获得会员资格，如果协会中的某个成员遭受犯罪的侵害，协会将会出资聘请律师帮助收集证据、准备起诉和出庭支持起诉。

（二）悬赏和污点证人制度

直到 1829 年《大都市警察法》出台以前，英国并无像大陆法系国家那样由职业的预审法官和专门的警察机构从事犯罪的侦查活动，虽然有治安法官（Justice of Peace）和警官（Constable）协助被害人侦查犯罪，但是他们并不是国家的正式官员，而是由业余人士来担任的，并且没有薪俸。职务的无偿性使任职者不堪重负，因而在 17 世纪末期逃避警官义务蔚然成风，警官的数量呈下滑趋势。于是，为了弥补这一缺陷和增加人们追诉犯罪的主动性，英国议会大约从 1692 年开始陆续制定了一系列法令悬赏缉拿严重的财产犯罪的嫌犯，赏金为 40 英镑。悬赏制（reward system）在英国造就了一种特殊的职业群体——抓贼者（thief - takers），他们大都生活在伦敦的下层社会，像幽灵一样神出鬼没，寻找“猎物”，一旦发现蛛丝马迹，便罗织罪名，伪造证据，信誓旦旦地向法庭作证，悬赏丑闻频频出现。1723 年，外号“抓贼将军”（thieftaker general）的乔纳罕·怀尔德落入法网，他的一个受害人控诉说：“天底下没有比乔纳罕·怀尔德更大的恶棍了。为了赏金，他把宣誓作证剥夺

---

① John H. Langbein, *The Origins of Adversary Criminal Trial*, Oxford University Press, 2003, p. 120.

诚实人的生命作为自己的工作，他就是靠此为生的。”[①] 有学者指出：“如果说中世纪的警官制代表的是封建制下的法律执行方式，那么抓贼者代表的则是市场制下的法律执行方式：抓贼者的首要目标是获利，犯罪控制和捉拿罪犯只是它的副产品而已。”[②] 根据对18世纪40年代中期伦敦抓贼者的研究，露丝·佩里（Ruth Paley）曾有些夸张地说道：“所有的抓贼者都与伦敦市的犯罪团伙紧密相连，几乎全部抓贼者都有前科在身。提供40英镑赏金的重大后果并不是刺激人们去追查犯罪，而是刺激了抓贼者联盟的形成。抓贼者所从事的不是追查犯罪，而是制造犯罪。”[③]

为了更为有效地打击共同犯罪，自17世纪末期开始英国还建立了“污点证人制度”（crown witness system），它是当代英美法系国家证据豁免制度的前身。根据这一制度，如果参与共同犯罪的罪犯同意出庭作证指控他的同伙，政府将豁免他的罪行。污点证人制度存在着同悬赏制一样的风险，因为污点证人为了保全自己的性命同样有巨大的动力去作伪证。在1715年，约翰·腾特被指控犯夜盗罪，证据就是一个名叫摩西·辉特尔的共犯的证词，该共犯宣誓作证说他和被告人曾破门而入窃取财物。腾特在事前已经获悉辉特尔曾在接受治安法官询问时声称他并不认识腾特，为此他要求传唤治安法庭的书记官出庭作证，书记官证实了这一事项，腾特被无罪释放。[④]

---

① 程汉大、李培峰著：《英国司法制度史》，清华大学出版社2007年版，第325页。

② David A. Sklansky, "The Private Police," 46 *UCLA L. Rev.* 1165(1999), pp. 1199-1200.

③ John H. Langbein, *The Origins of Adversary Criminal Trial*, Oxford University Press, 2003, p. 152.

④ John H. Langbein, *The Origins of Adversary Criminal Trial*, Oxford University Press, 2003, pp. 161-162.

（三）辩护律师的出现

进入18世纪以后，英国的重罪刑事审判同以前无律师的被告人与受害人之间相互争吵式的审判已经大为不同，尤其是在伦敦，控诉越来越掌握在下列人的手中：律师、一群为得赏金的抓贼者和为保住脑袋的污点证人。控诉机制的变化使大量虚假证据涌入法庭，同矫正叛国罪审判的缺陷一样，英国的法官开始允许辩护律师参与庭审。从英国伦敦重罪审判庭老贝利法院的历史记载来看，律师真正进入重罪庭的时期大概为18世纪30年代。

兰茨曼教授曾对18世纪老贝利法院由被告人单方聘请律师出庭的案件数量及其在整个年度所有案件中的比例作过统计：①

【表1-1】

年份	1722	1727	1732	1737	1742	1747	1752	1757	1762	1767	1772	1777	1782	1787	1792	1797
数量	0	0	1	10	1	9	9	32	22	12	26	30	109	92	43	107
比例	0.00	0.00	0.56	7.09	0.67	3.41	3.03	10.39	11.58	2.58	7.18	8.15	21.37	17.76	9.23	21.79

为了能够更加形象地显示辩护律师的变化规律，我们以上述16个年份的比例数为参数绘制了一个直观的曲线图：

【图1—1】1722—1797年英国单方聘请律师出庭率变化图

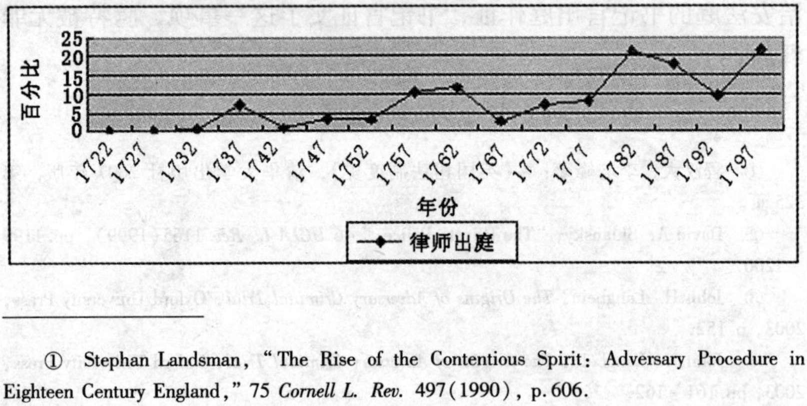

① Stephan Landsman, "The Rise of the Contentious Spirit: Adversary Procedure in Eighteen Century England," 75 *Cornell L. Rev.* 497(1990), p.606.

从这个不平滑的曲线图来看，辩护律师在 18 世纪的增长并不是一路飙升的，而是一个曲线上升的过程。造成这种现象的原因可能是：（1）老贝利法院的审判记录只是一种非官方的材料，其数字的统计学意义只具有参考性的价值，有些案件虽然有律师参与但是因缺乏可读性和轰动性而未予报道；（2）同辩护律师在叛国罪审判中的出现是以明确的法典为依据不同，辩护律师在重罪案件中的出现是司法实践缓慢发展的结果，是法官行使自由裁量权以拉平控辩失衡的结果。因此，整个曲线呈现出巨大的波动而非平滑的上升。但是，从整个图形仍可以看出，无论是波峰还是波谷都呈现出上升的趋势，这已足以说明辩护律师介入刑事审判的数量在整体上是不断递增的。

辩护律师在重罪庭的出现并不意味着对抗式刑事审判在英国已经全面建立。因为法庭仍然坚定地认为只有被告人才能就事实问题展开辩护，向陪审团陈述自己的案情，辩护律师的功能仅限于案件的法律适用和对证人进行询问、交叉询问。直到 1783 年这种限制仍然可以在老贝利法院的审判记录中找到，在审判麦克纳玛若时，辩护律师向他的当事人解释说："虽然我从事务律师的案情陈述书中已经知晓你的遭遇，但是我不能向法庭陈述这些事实。"法官进一步向被告人阐明："麦克纳玛若先生，现在轮到你进行辩护了……你的律师不能直接为你辩护，他只能询问证人和就法律争点发表意见。"①

辩护律师不得向陪审团陈述案情（address the jury）的限制，即不得作开头陈述和总结发言以及不得就证据发表评论，直到 1836 年该限制被取消后，辩护律师才获得了完全辩护权。虽然辩护律师在法庭中的活动能力受到了限制，但是对于那些精于辩护之

① John H. Langbein, *The Origins of Adversary Criminal Trial*, Oxford University Press, 2003, p. 171.

道的老练律师来说，他们可以凭借精湛的询问技术巧妙地规避这些限制。随着律师对法庭程序的控制力的加强、法官和陪审团的功能分化和角色变化、证据规则的形成以及被告人沉默权的确立，英国终于走向了全面的对抗制。

六、对抗式刑事审判的全面确立

18 世纪后半个世纪的审判在总体上已经同以往的争吵式审判判若两种不同形式的审判：律师已经取代了被告人和法官成为法庭戏的主角。到 1820 年，法国观察家科图（Cottu）曾对其观察到的英国审判评论道："英国的法官对于法庭上进行的事始终是一个旁观者。被告人基本上不用开口说话，即使用一根木棒撑上一顶帽子来代替被告人出庭，也不会对审判有任何实质性影响。"①

（一）沉默的被告人

到了 18 世纪后 50 年，被告人在控方举证完毕法官要求其进行答辩时，他们通常都会说："我把它交给我的律师。"（"I leave it to my counsel."）例如，在 1760 年诺丁汉郡巡回法庭审理的一起谋杀案中，被告人说："尊敬的法官阁下，我被以莫须有的罪名指控。起诉我的人心怀鬼胎，他们想要的是我的生命和财产。接下来我将把案件交给我的律师和证人。"虽然被告人有时作出这种选择是在没有充分辩护理由时的无奈之举，但是辩护律师有时会不失时机地提出辩护事由，帮助被告人洗脱罪嫌。据费希尔的研究，在 1715 年，一名被告人主要依靠他自己不经宣誓的无罪陈述获得无罪判决的比例只略高于被告人在法庭上完全保持沉默的比例（26% 比 23%）；到了 1780 年，被告人开口为自己的无罪进行辩护反而对其不利，保持沉默的被告人获得无罪判决的可能性要高出开口为自己

---

① John H. Langbein, *The Origins of Adversary Criminal Trial*, Oxford University Press, 2003, p. 253.

辩护的被告人 10 个百分点（42% 比 32%）。①

对于具有丰富庭审经验的律师来说，他们通过司法实践也慢慢地认识到被告人保持沉默有时更有利于他获得无罪的判决。因此，事务律师往往在庭审前就会告知被告人在法庭上最好不要随意开口说话。在法庭上，出庭律师有时则会直接打消被告人开口进行自我辩护的念头。在 1789 年审理的一起案件中，被告人的辩护律师甘若（Garrow）在控方案件举证结束后，法官询问被告人是否答辩时，甘若答道："不，法官阁下，我不会建议我的当事人在此刻说话。"在 1782 年格雷厄姆伪造票据一案中，当被告人想要对一名证人进行询问时，他的律师立刻打断他说道："格雷厄姆先生，你是否愿意把案件交给我处理？"②

随着律师对程序的控制力逐渐加强，法官也开始鼓励被告人将他的案件交给他的律师。在 1752 年牛津郡巡回法庭里审理的一起谋杀案中，当被告人试图向一名证人问"几个问题"时，法官告诉他："你最好把你要提的问题告诉你的律师；由你自己提问可能会对你带来不利后果。"在 1783 年老贝利法庭审理的一起案件中，法官也告诉被告人："上帝并不禁止你为自己作自我辩护，但是如果你真的有问题要问，我建议你还是把它交给你的律师。"③

不过在 18 世纪末期，被告人的沉默权还没有确立，因为沉默权存在的"核心价值是被告人不说话的权利，其前提是被告人有

① George Fisher, "The Jury's Rise as Lie Detector," 107 *Yale L. J.* 575(1997), p. 640.

② Stephan Landsman, "The Rise of the Contentious Spirit: Adversary Procedure in Eighteen Century England," 75 *Cornell L. Rev.* 497(1990), p. 558.

③ John H. Langbein, *The Origins of Adversary Criminal Trial*, Oxford University Press, 2003, pp. 268 ~ 269.

由另一个人代替他说话的有效权利的存在"[①]。在律师没有获得充分辩护权的前提下，被告人在死刑泛滥的18世纪保持沉默无异于自取灭亡。从19世纪开始，随着律师辩护制和对抗制的确立，被告人的沉默终于有了制度上的保障。沉默权的确立扩大了被告人的选择空间，从而加强了其自身的防御手段和与控方相抗衡的能力。

（二）积极的律师

1. 日臻成熟和严苛的交叉询问

18世纪30年代后，虽然辩护律师已经能够出庭为被告人辩护，但是仍然受到重重限制，他只能作有限的辩护，而不能直接向陪审团陈述案情和评论证据。就案件的事实面来讲，他所能做的工作就是对辩方证人进行主询问和对控方证人进行反询问。由于辩方传唤己方证人的数量极其有限，实际上辩护律师的工作主要集中在对控方证人的反询问上。法官之所以在18世纪初期允许辩护律师出庭，主要是出于对伪证的担忧，他们并不想彻底改变传统的被告人"说话式审判"，辩护律师的交叉询问只是对法庭讯问和被告人亲自询问的一种补充（supplement）而不是替代（supplant）。

随着时间的推移，在有辩护律师出庭的案件中，法官和被告人慢慢地将对证人的询问工作完全交给了律师。在1783年的一起谋杀案中，法官告诉被告人，如果"你认为辩护律师有遗漏的适当问题没有问，将它们写下来并交给你的律师……不要亲自询问，把它交给你的律师就行了"。有时候，辩护律师直接告诫他的当事人不要参与询问。在1784年的一个由大名鼎鼎的甘若担任辩护律师的案件中，他的当事人说："我想要向被害人提另外一个问题。"

① John H. Langbein, "The Historical Origins of the Privilege Against Self – Incrimination at Common Law," 92 *Mich. L. Rev.* 1047(1994), p.1085.

甘若立马打断他说："把那个问题写下来交给我。"①

由于允许律师在重罪案件中担任辩护人之前，他们已经在轻罪案件和民事案件中积累了丰富的实践经验，所以辩护律师能够运用交叉询问的技术充分揭露控方证词的矛盾之处。此外，由于律师辩护仍然受到一定的限制，所以"律师在舞台上的表演时间相对较少；当帷幕拉开时，他会抓住每分每秒"②。在18世纪的后期，交叉询问成为律师手中的一件利器，其激烈程度已经可以同当今的英美法系国家刑事审判中的交叉询问一比高下。

在1782年，威廉·菲利斯被指控骗取托马斯·克拉克的钱。受害人克拉克和菲利斯在街上一道儿"发现了"一个"钻石"戒指，他于是给了菲利斯一笔钱并将"钻戒"据为己有。但是，当克拉克付款之后，菲利斯立刻就不见踪影了，克拉克后来发现这根本不是什么钻戒，而是一个普通的玻璃戒指。在受害人陈述完上述事实后，被告人的辩护律师西尔维斯特开始了交叉询问。

西尔维斯特：你当时认为这个戒指是个好东西，不是吗？

克拉克：我并不知道它是什么东西。

西尔维斯特：你一开始就吵着要分一半，是吗？

克拉克：是的。

西尔维斯特：你知道你并无权占有它，对吗？

克拉克：当然。

西尔维斯特：那么你知道它属于别人，它是别人丢失的，对不对？

克拉克：我知道它不是菲利斯的财产。

---

① John H. Langbein, *The Origins of Adversary Criminal Trial*, Oxford University Press, 2003, p. 292.

② T. P. Gallanis, "The Rise of Modern Evidence Law," 84 *Iowa L. Rev.* 499(1999), p. 546.

西尔维斯特：它是第三人的，是吗？

克拉克：是的。

西尔维斯特：你是出于什么样的良心让你认为可以诈取他人的财物？

克拉克：我不知道它是谁的。

西尔维斯特：但是你本可以刊登广告的，对不对？

克拉克：是的。

西尔维斯特：那么你们两个都是一样的无赖，你们一道来骗取第三人的财产？

克拉克：我真的没有那个意思。

……

西尔维斯特：你是干什么的？

克拉克：一个园艺工。

西尔维斯特：你住在哪儿？

克拉克：埃斯沃斯。

西尔维斯特：那个地方离伦敦并不远，你应该知道像菲利斯所使用的伎俩，对吗？

克拉克：我一周只到伦敦三四次。

西尔维斯特：到考文特园艺市场？

克拉克：到新门市场。

西尔维斯特：去干什么？

克拉克：我卖我的东西。

西尔维斯特：有时也卖其他人的，是不是？

克拉克：这是为了还一个朋友的债。

西尔维斯特：喔！为了偿还一个朋友的债务，你有时就会去售卖别人的东西，你这样有多少年了？

克拉克：40 多年了。

西尔维斯特：啊？40 多年，每周到新门市场三四次，难道你从没有遇到过这种事?

克拉克:他是一个非常狡猾的家伙。

西尔维斯特:难道你不是和他一样狡猾吗?

克拉克:我没有他看起来一半狡猾。

西尔维斯特:如果他把钱还给你,你会把戒指交出来吗?

克拉克:当然,先生……①

西尔维斯特通过诱导性询问,充分地向陪审团展现了被害人的不良品格,强调了他是整个阴谋的共犯而不是受害人,巧妙地论证了被害人的行为是自己一手造成的,从而诱使陪审团得出被告人无罪的结论。结果证明西尔维斯特的努力没有白费,菲利斯被判无罪。

在18世纪20年代后期的老贝利重罪法庭里,像这样激烈对抗的交叉询问大量存在。对于那些为得赏金的"抓贼者"或"污点证人"来说,辩护律师从不手下留情,往往直逼要害,问道:"你是想得到赏金吗?""我想,你是为了得到数额不菲的赏金,才会这么做的,是吧?""难道不是赏金诱使你出庭作证的吗?""你以前就听说过赏金这回事,对吗?"② 辩护律师对证人作证动机的攻击是老贝利法庭的常事,以至于使法庭变成了如边沁所说的"证人声誉的屠宰场"(slaughterhouse of reputations)。③ 18世纪末期的一位观察者曾说:普通公民不愿意举报犯罪和走进法庭,因为他们

---

① Stephan Landsman, "The Rise of the Contentious Spirit: Adversary Procedure in Eighteen Century England," 75 *Cornell L. Rev.* 497(1990), pp. 549 - 550.

② John H. Langbein, *The Origins of Adversary Criminal Trial*, Oxford University Press, 2003, p. 293.

③ Jeremy Bentham, *Rationale of Judicial Evidence*(vol. 2), Garland Publishing Inc., 1978, p. 86.

担心会被卷进（entangled）交叉询问。①

【图 1—2】1809 年老贝利法庭正在审理的一起案件

图解：这是老贝利法庭在 1809 年对一起案件的审理图，此图可以充分体现律师在庭审中的地位不断增强的趋势。自 1674 年至 1834 年，老贝利法庭翻修数次，但法庭的基本格局未曾改变。整个法庭空间设计是为了强调被告人和法庭内其他人员之间的冲突。被告人必须站立在“被告人席”内，直接面对证人席（即该图中正在作证的那名妇女）和与其正对面的法官。被告人席上安装了一个反射镜，从而可以把从窗户投射进来的阳光反射到被告人的脸上。法庭可以借此观察被告人的面部表情并判断被告人证词的可信性。在 18 世纪之初，陪审员分置于被告人的两侧。自 1737 年之后，他们全部被安置于被告人的右侧，从而不仅有利于他们相互讨论案情，而且可以不离庭即可作出判决。在法官席下的那些人主要

① T. P. Gallanis, “The Rise of Modern Evidence Law,” 84 *Iowa L. Rev.* 499(1999), p. 546.

是律师、书记员和记录员，其他人员则为旁听的群众。①

2. 对限制的规避

虽然辩护律师在18世纪30年代能够走进重罪法庭，但是他们的职能被限制在对证人进行询问和交叉询问上，他们不得对证据发表评论，也不得向陪审团进行开头陈述和总结辩论。但是，完全禁止律师作出评论性质的发言常常会被律师巧妙地规避。例如，在1746年的一起盗窃案中，当有证据已经证明被告人没有逃跑时，他的辩护律师评论道："我仅指出这一点，如果这个人在实施犯罪时头脑还清醒，那么他当时一定会逃跑。"② 律师不仅在主询问阶段规避对他的限制，在反询问阶段他也会运用巧妙的问话来引导陪审团。在1743年的一起谋杀案中，被告人被指控在酒馆杀人，虽然辩护律师不能直接向陪审团说被害人有可能是死于意外，但是他通过精心设计的问题达到了同样的目的，他这样问道："如果一个人的怀里揣着一把锋利的刀子，难道不会意外地刺伤自己吗？"③ 对律师作开头陈述的限制在司法实践中也经常被突破。在1783年的一起抢劫案中，辩护律师在辩方案件开始时便说："这个年轻人是一对有钱人的孩子，他一直以来声誉良好。他来到了这个城市，停下来吃些牡蛎，就被卷进了这起案件当中。抢劫案发生的时候他在格兰萨姆。"在被告人生病或者是外国人的情况下，法官则会放弃上述限制，允许律师作"全面的辩护"。④ 到了1836年，议会终

---

① 该图来自于"老贝利诉讼程序网"，这是一个专门研究英国早期老贝利法庭审理程序的专业网站，http://www.hrionline.ac.uk/oldbailey/history/the-old-bailey/#1737，最后访问日期2008年12月10日。

② John H. Langbein, *The Origins of Adversary Criminal Trial*, Oxford University Press, 2003, pp. 297-298.

③ John H. Langbein, *The Origins of Adversary Criminal Trial*, Oxford University Press, 2003, p. 299.

④ John H. Langbein, *The Origins of Adversary Criminal Trial*, Oxford University Press, 2003, pp. 298-299.

于不得不承认这一现实，通过《囚犯律师法》正式授予辩方律师在重罪案件中的“全面辩护权”。

3．对抗式律师伦理规范的形成

规范律师行为的职业伦理规范早在18世纪之前就已经产生，但是符合对抗式刑事审判内在要求的职业伦理规范则形成于18世纪末19世纪初。随着审判程序日趋对抗化，律师也面临着艰难的选择：一方面他被视为法庭的助手有协助法庭发现事实真相的义务；另一方面他作为当事人的委托人又必须以委托人的利益最大化为目标。律师相互冲突的伦理在18世纪末19世纪初的一系列案件中日趋难以协调，其中最为著名的当数1821年女王卡罗林的通奸罪一案。在这起案件中，作为女王辩护律师的布鲁厄姆说道：“一个辩护律师在履行其职责时，心中只想着一个人，那就是他的当事人。利用一切手段和计谋，不顾自己和他人可能面对的所有危险和损失，以拯救自己的当事人，是他的首要和唯一职责。在履行其义务时，他必须无视一切可能给他人带来的惊恐、痛苦和灾难。”①

布鲁厄姆的话后来成为英美法系国家职业律师伦理的经典表述，视委托人为上帝的对抗式伦理得以形成，这为双方律师用尽手段赢取诉讼提供了道德依据。②

4．律师在法庭审理程序中主导性地位的确立

律师而不是被告人或法官控制整个庭审的节奏和进度是对抗式刑事审判的典型特征，这种特征在18世纪80年代的英国刑事审判中已经初见雏形，被告人在庭审中越来越寡言少语。不过，此时的被告人尚未享有近代意义上的沉默权。他们当时之所以保持沉默，

---

① Albert W. Alschuler, “How to Win the Trial of the Century: The Ethics of Lord Brougham and the O. J. Simpson Defense Team,” 29 *McGeorge L. Rev.* 291(1998), p. 291.

② Stephan Landsman, “A Brief Survey of the Development of the Adversary System,” 44 *Ohio St. L. J.* 713(1983), p. 735.

并不是他们享有沉默权的结果，而是律师的积极辩护能够充分实现他们的诉讼目的。用更为实用主义的说法，律师的辩护比起他们自行辩护更有可能让他们获得无罪判决。所以，他们宁愿像科图所说的那样成为“一根撑上一顶帽子的木棒”。

律师不仅开始取代被告人成为法庭上的“发言人”，他们也开始取代法官成为证据调查程序的主导者。在1786年的一起盗窃案中，被告人詹姆士·巴纳德向法庭提供了若干个证明被告人良好品格的证人。在第八名证人作证完毕后，法官宣布：“对于被告人的品格实在是没有必要再说下去了。”尽管法官已经作出了上述发言，辩护律师还是传唤了三名品格证人为被告人出庭作证。① 律师对法庭程序的控制还体现在他们熟练地运用证据规则来排除不具可采性的证据。在1782年的格雷厄姆案件中，控方试图询问被告人格雷厄姆女士曾经采用过同样的伪造票据方法骗取钱财一事，被告人的辩护律师立即向法庭提出异议。

辩护律师：尊敬的法官阁下，这个问题该不该问，应该由您决定。

法官：霍华斯先生，你为何要问这个问题？

霍华斯：她曾经用银行票据骗取过50英镑，我会向您出示证据。

法官：我们已经就此讨论过，这个不能作为证据，本案是以现有的票据是否是伪造的作为审理对象；她或许曾经兑现过其他的伪造票据，但是不能因此认为她也可能兑现现在的票据。②

在此案中，辩护律师通过利用品格证据规则，成功地排除了被

① Stephan Landsman, "The Rise of the Contentious Spirit: Adversary Procedure in Eighteen Century England," 75 *Cornell L. Rev.* 497(1990), pp. 558–559.

② Stephan Landsman, "The Rise of the Contentious Spirit: Adversary Procedure in Eighteen Century England," 75 *Cornell L. Rev.* 497(1990), p. 559.

告人的先前罪行证据。

由于律师在刑事审判中能够对控方证人进行反询问，对辩方证人进行主询问，提出证据适用上的异议，坚持控诉方应该承担的证明责任，所以有效的辩护不再需要被告人的参与即可完成。从此，被告人在说话式审判下的双重角色——既当证人又当辩护人——实现了分离，他们把辩护的责任交给了精于法律和技巧的律师。这个变化使审判的目的发生了实质性的转变：在被告人“说话式审判”下，审判聚焦于被告人，被告人对控方案件的回应是整个审判的焦点；在律师主导下的审判，审判聚焦于控方案件，审查控方的指控是否成立成为整个审判的重心。这正是对抗式刑事审判的精神实质之所在。

(三) 消极的法官和陪审团

1. 趋于被动的法官

在古老的被告人“说话式审判”下，由于缺乏证据规则的约束和律师的参与，法官为了查明案件事实，在审判程序中扮演着积极探知事实真相的角色。他不仅有权决定证据调查的顺序、方法和方式，而且还亲自对证人和被告人展开询问，并可以向陪审团自由评论证据的证明力。直到进入18世纪，这种现象仍未见多大改观，贝蒂写道：“正常情况下，审判是在法官通过有步骤地取证行为而进行的，他既是主询问者又是反询问者。”① 随着18世纪司法实践的显著变化，法官的角色开始发生转变，到19世纪初期，他几乎就变成了如科图所说的法庭上的“旁观者”。

法官角色的转变同英国刑事审判制度在18世纪所发生的重大变化密切相关。

第一，由于律师开始全面地介入刑事审判，以往很多必须由法

---

① J. M. Beattie, *Crime and the Courts in England* 1660 – 1800, Princeton University Press, 1986, p. 342.

官承担的事务可以由律师代劳，如对证人的询问。不仅如此，在双方事务律师调查事实、准备证人和聘请出庭律师的制度下，双方对各自案件的准备都非常充分，由于法官缺乏审前的专业调查机构为其协助调查，准备像大陆法系国家预审法官所制作的详细的“卷宗”，相对于双方律师来说，他可能更像是一位案件的“门外汉”。法官的准备不足使其无法有步骤地调查事实，尤其在律师参与的庭审下，法官的过度询问不仅可能会导致其因幼稚无知而形象受损，而且还会严重挫伤律师的积极性。

第二，随着律师的介入，所谓法官就是被告人的辩护人的说词也越来越难以令人信服。1826 年英国的一位议员曾说道：“法官采取了一切手段来击败指控人和帮助被告人无罪开释了吗？然而，作为一名法官，他背叛了他在职务上的誓言。……作为被告人的辩护人他抛弃了他的委托人。”① 同年的《爱丁堡评论》（Edinburgh Review）曾刊文一针见血地指出：“法官不能担任被告人的律师，也不应该担任，永远不得担任。”② 由于法官对被告人利益的漠视，有人更加风趣地说，法官“总是背叛他的弱势委托人（指被告人），而讨好他心目中的强势委托人（指国王）”。在律师主导下的审判，法官充当辩护人的角色不仅使控方怀疑其行为的公正性，而且也根本无法有效地履行辩护职责。

第三，在 18 世纪末期，法庭已不再是一个自由探知过去所发生事件的调查过程，而是一个审查控方指控是否成立的审查过程。与此紧密相连的是控方案件和辩方案件二分法的形成，以及控方承担通过法官的证据提出责任和说服陪审团的说服责任。在 1771 年

① John H. Langbein, *The Origins of Adversary Criminal Trial*, Oxford University Press, 2003, p. 312.

② John H. Langbein, *The Origins of Adversary Criminal Trial*, Oxford University Press, 2003, p. 312.

的一起伪造硬币案中，法官在控方举证完毕后说道："这里并无任何证据能够促使被告人有必要进行辩护。控诉方试图证明被告人曾伪造了一枚1/4几尼（guinea）的金币。没有一个证人能够证明这件事发生过。"在1774年的一起共同犯罪案件中，法官裁决只需其中一名被告人进行辩护，"我并不要求另一名被告人进行辩护，因为没有对其不利的证据"。这两个案例已经显示出控诉方所承担的提出证据责任，即如果控方没有提出适当的证据以形成合理的争点，法官就有权作出"经指示的无罪判决"（directed acquittal）。与证据提出责任相应的排除合理怀疑的说服责任在18世纪末期也初露端倪，法官在指示陪审团时通常会说诸如此类的话：例如，"如果通过审查证据，你们仍然存有合理的怀疑……他（指被告人）有权被判无罪。""如果你们有任何怀疑，请宣判他无罪。""如果有合理的怀疑，在此情况下，应当作出有利于被告人的判决。"[①] 证明责任机制的形成使法官不再是控方接力棒的下一棒选手，而是审查控方指控是否有足够的证据加以支撑的监督者，他已不再是法庭上的运动员兼裁判员，而仅仅是维持程序公正的裁判员，裁判员角色的确立使得他可以完全卸除身上的查明事实真相的责任，他的被动听审的角色得以确立。

2. 独立而消极的陪审团

在被告人说话式审判中，所谓控方案件和辩方案件的区分并不存在。因此，陪审团关注的焦点不是控方是否完成了证明控方案件是否成立的证明责任，而是被告人是否提出了无罪事由的合理根据。为了能够查清案件的事实，不仅法官有权询问证人及被告人，陪审团也有权对证人进行询问、对证据进行评论以及要求传唤控辩双方未曾要求出庭的证人。陪审团并非今日所见的消极裁判者，而

---

① John H. Langbein, *The Origins of Adversary Criminal Trial*, Oxford University Press, 2003, pp. 263 – 264.

是一个相对积极的调查者。

陪审团的独立性在被告人说话式审判中也远未确立，法官可以对陪审团施加有力的影响。法官对陪审团施加影响的第一种方法是他在陪审团退庭评议之前对案件实体问题的评论权，英国法官对证据进行评论的理论根据在于，为了防止误判和偏见，法官不仅有职责向陪审团提供法律上的帮助，而且应该向陪审团明确地总结整个案情。从总体上来说，陪审团对法官的这一权力也欣然接受，直到18世纪，遵循法官实体性指示的陪审团仍然随处可见。英国法官对证据进行评论的权力至今仍得以保留，不过“法官必须告诫陪审员有权对案件事实问题作出裁决的是陪审团而不是法官，他们可以对法官的评论完全置之不理”①。法官对陪审团施加控制的第二种方法是对“不听话的”陪审员进行罚款（fine），对于那些拒不交款的陪审员还可加以监禁，直至他们缴纳罚款或作出与法官意见一致的裁判才会被释放。这一权力在前述1670年的布谢尔案中被沃恩法官宣布为违法，但在司法实践中仍然有法官采取这种手段逼迫陪审团就范。第三种方法是利用国王的赦免令（clemency）来否定陪审团的有罪判决，即当陪审团作出一个完全没有事实根据或违背法官指示的有罪判决时，法官有权向国王申请赦免令，宽赦被告人的罪行。第四种方法是解散陪审团（terminating a trial short of verdict），即当法官感到陪审团有可能作出与其意见相悖的判决时，法官有权宣布解散正在审理中的陪审团，并重组第二个陪审团进行审理。第五种方法是让陪审团作出特殊裁判（special verdict），这主要适用于煽动叛乱罪案件。特殊裁判不要求陪审团对被告人的行为是否构成犯罪作出判断，它只要求陪审团裁断被告人是否出版了特定的出版物，至于是否构成犯罪则应由法官事后决断，法官的这一权力直到1792年《福克斯煽动叛乱法》（Fox's Libel Act）出台

---

① *R v. Lawrence* (1982) A. C. 510 (Ct. Crim. App.).

才被取消。第六种方法是要求陪审团重新评议（requiring re－deliberation），即当法官认为陪审团的判决与证据相冲突或存在错误时，法官可以拒绝陪审团的判决，并通过进一步指示陪审团，要求他们重新评议。①

到18世纪后期，由于律师承担着越来越重要的提出证据和证明争点的责任，陪审团的询问权受到了限制。在1784年的一起审判中，当甘若大律师对控告人进行交叉询问时，一名陪审员也向控告人提出了一个类似的问题，甘若立马抗议道："尊敬的法官大人，如果陪审员先生们在未弄清本人提问的要旨时，就断然打断证人的回答，并决定亲自询问证人，作为被告人的辩护律师我对此感到失望。"法官回答道："陪审团可以提问。"甘若进一步表态："当然，尊敬的阁下，就该证人证词的真实性来说，唯有陪审团有权考察；但是在我尚未询问完毕之前，除了法官可以介入我的询问外，如果其他人也可以介入我的询问，那将是非常奇怪的事情。"法官最终被说服："那你继续吧。"② 虽然甘若所针对的并非陪审团的主动调查权，而是询问证人的次序，但是它的意义是深刻的。郎本形象地指出："在这一对话中甘若所表达的深层次信息是法庭审理的律师化折断了陪审员的羽翼。"③ 这也就是说，在由律师主导的审判程序中，律师并不期望法庭中的其他参与人随意干扰他们的活动，陪审团的积极询问不符合律师主导下审判的内在精神。

不仅如此，到18世纪末期，随着律师对法庭程序控制力的加强，法官对陪审团的控制也呈现出弱化的趋势。法官虽然依然有权

---

① Sanjeev Anand, "The Origins, Early History and Evolution of the English Criminal Trial Jury," 43 *Alberta L. Rev.* 407(2005), p. 430.

② John H. Langbein, *The Origins of Adversary Criminal Trial*, Oxford University Press, 2003, p. 320.

③ John H. Langbein, *The Origins of Adversary Criminal Trial*, Oxford University Press, 2003, p. 321.

向王室申请赦免令，但是他们已经不再有权惩罚持不同意见的陪审员，他们也开始更为节制地行使证据总结评论权，要求作出特殊裁判的权力已被取消。由于法官手中用以纠正陪审团错误裁决的砝码开始减少，加之上诉机制的欠缺，他们将目光转到了如何有效地预防陪审团的误判。正如达玛什卡教授所言："由于事后不能对陪审团裁判的质量进行审查，英国司法制度不得不对庭审过程采纳的'二流'证据——包括各式各样的派生材料——保持更大的谨慎。"① 预防机制慢慢地成为控制陪审团的主要手段，各种各样的证据规则也应运而生。

（四）趋于完善的证据规则

在18世纪，辩护律师在重罪庭的出现是为了矫正控辩之间的失衡和通过交叉询问检验控方证人证言的可靠性；法官几乎是出于同样的考虑，自18世纪开始创设了大量的证据规则，以防止不可靠的证据误导陪审团得出不公正的判决。这些规则在18世纪是法官基于自发的公正感而创造的司法惯例，并不是固定的法律规范，在适用时存在相互矛盾之处，到18世纪后期与刑事审判密切相关的品格规则、补强规则、自白规则以及刑民审判共享的传闻规则已经慢慢地由司法惯例演变成了法律规则。证据规则的产生和完善使事实问题慢慢地转化成了法律问题，这使律师对程序的控制力较之以前更为增强，从而进一步促进和巩固了对抗式刑事审判。

1. 品格证据规则

至少在17世纪中期之前，品格证据仍然是法庭赖以推定犯罪事实的重要证据。史蒂芬曾就1753年的一起刑事审判评论道："在这个时期，为了推定被告人罪名的成立，传唤证人证实被告人的不

---

① Mirjan Damaska, "Of Hearsay and Its Analogues," 76 *Minn. L. Rev.* 425 (1992), p. 428.

良品格并没有任何不妥之处。”[①] 威格摩尔认为，1684 年的汉普顿案和 1692 年的哈里森案是品格证据规则确立的标杆判例。在汉普顿案中，他被指控犯有煽动性集会罪，辩方律师以控方证人是一个无神论者为由对其证言的可信性提出质疑，法庭宣布质疑无效。在哈里森案中，控方证人提出，被告人哈里森 3 年前曾犯过谋杀罪，以此说明被告人本来就品行不良，首席法官霍尔认为，该证据与在审案件没有实质的关联性，应当拒绝采纳。[②]

郎本根据老贝利法庭的审理记录，找到若干判例显示品格证据仍然在 18 世纪初期的司法实践中扮演着重要的角色，被告人的品格（尤其是先前的罪行）往往成为定罪的重要依据。大约到了 1715 年，品格证据规则才初具雏形。但是，此后仍然有判例显示相反的司法实践。究其原因，是因为在 18 世纪初期，品格证据规则作为法官在司法实践中自然发展的产物，也受到了法官个人素质的影响，不同的法官完全有可能采取不同的态度。律师很少参与刑事审判，因此也没有人能够发现、阻止甚至反对法官的恣意行为。直到 18 世纪末期，随着刑辩律师规模的扩大和律师对庭审控制力的加强，品格证据规则才真正从一种缺乏可预期性的司法惯例变成了严格的法律规范。[③] 郎本之所以得出与威格摩尔不同的结论，是因为在威格摩尔年代老贝利法庭审理记录（old bailey sessions papers）仍然是一块尚未开垦的处女地。从这点来看，郎本教授的观点更符合历史事实。

---

① James Fitzjames Stephen, *A History of the Criminal Law of England*, William S. Hein & Company, 1883, p. 368.

② 程汉大、李培峰著：《英国司法制度史》，清华大学出版社 2007 年版，第 340 页。

③ John H. Langbein, *The Origins of Adversary Criminal Trial*, Oxford University Press, 2003, pp. 192 - 196.

2. 自白证据规则

大约从18世纪30年代开始，法庭对于非自愿的自白开始了严格的审查，但是由于自白规则尚未统一，不同的法官对非自愿的自白处理方式并不一致。有的法官采取严格的排除法（即排除非自愿的自白），有的法官则采取相对宽松的警告法（即警告陪审团非自愿自白可能存在的虚假性），而有的法官则继续沿用传统的接纳法。这种现象一直持续到18世纪60年代，此后，作为法律规则的自白法则才慢慢形成。在1761年的一起盗窃案中，被告人被宣告无罪的理由是“除了被告人的自白，没有任何证据能够证明他的罪行，但是他的自白是在许诺给予好处的前提下作出的”。在1764年的一起盗窃案中，受害人是一名雇主，他在事发后曾向被告人说：“你非常清楚地知道在今天早晨你拿了我4几尼，把它还给我吧，没有人会知晓这件事的。”该雇主还是向法庭告发了被告人，但是“由于他的自白是在许诺不予追究的前提下作出的，他被判无罪”①。

在1783年的沃瑞科肖尔案（Warickshall's case）中，在实践中已经确立的规则终于得到了明确的司法认可，威格摩尔曾就此案评论道，直到沃瑞科肖尔案“现代意义上的自白规则才获得了充分而清晰的表达，通过许诺或威胁而获得的供述根本就不具有可信性，因此不可以采纳为证据”②。自白证据规则在18世纪中后期的形成同辩护律师在重罪庭的出现几乎出于同一原因，都是为了防止过于强大的控方以及追求赏金的抓贼者对被告人施加不当的影响，以充分保证被告人的口供是出于他的真实意愿，从而实现控辩双方

---

① John H. Langbein, *The Origins of Adversary Criminal Trial*, Oxford University Press, 2003, p. 222.

② John H. Wigmore, *A Treatise on the Anglo – American System of Evidence in Trials at Common Law*(3rd ed.),1940, vol. 3, p. 238.

平衡，以实现平等对抗。

3. 补强证据规则

补强证据规则针对的是污点证人的证词，由于污点证人的证词存在伪证的潜在危险，所以补强证据规则要求必须要有其他的证据对污点证人的证词加以补强，才能认定被告人的罪行。该规则大约在18世纪的前期即已产生，1751年的治安法官亨利·菲尔丁在其著作《近来盗贼增多的原因调查》一书中写道："尽管同案犯提供的证据是确定的和清楚的，且与案件密切相关，说明被告人很可能犯了罪，但若没有其他证据补强，仍是不充分的。"① 虽然菲尔丁似乎对补强证据规则有些不满，但他的论述表明对共犯证词的补强已经是实践中一项较为普遍的司法惯例。

补强证据规则在18世纪的英国经历了不同的发展时期，呈现出由强到弱的特点。在1787年之前，补强证据规则的运用方式有以下三种：第一种是完全排除法，即法庭将没有补强证据支持的共犯证言的证词排除，陪审团根本听不到共犯的证言；第二种是在共犯作证之后，对没有补强证据支持的控方案件直接指示陪审团作出无罪判决；第三种是在陪审团退庭评议之前，法官向陪审团作指示时应告知他们忽视没有补强的共犯证词。无论上述哪一种方法，没有补强的污点证人证词要么根本没有可采性，要么根本没有证明力，补强证据规则的执行力度甚为严格。

但是，在1787年的阿特伍德和罗宾斯案（James Atwood and Thomas Robbins case）中，英国的十二法官庭（Twelve Judges）改变了传统的补强证据规则，将补强证据规则解释为仅是一种"警告性规则"（a rule of caution）。在此新规则下，不仅共犯的证词具有可采性，而且陪审团有权对其证明力进行自由衡量，只不过法官要

---

① John H. Langbein, *The Origins of Adversary Criminal Trial*, Oxford University Press, 2003, pp. 206 - 207.

“警告”未经补强的共犯证词可能存在的虚假性。[①] 警告性规则是补强证据规则的一种倒退，它混淆了证人能力和可采性问题，因为为了保证刑事审判真实目标的实现，即使是有作证能力的证人证言也应该排除，这是上述品格证据规则和自白证据规则的共同基础，到 19 世纪以后，补强证据规则重新回归，其作为排除规则的地位重新得以确立。

4. 传闻证据规则

直到 18 世纪前 30 年，传闻证据在刑事审判中的运用仍属司空见惯，法庭无论是对书面传闻还是言辞传闻的规范都甚为宽松。从 18 世纪 30 年代开始，法庭对于传闻证据的态度发生了变化，认为传闻证据是一种未经宣誓的证词，其可信性无法保证，因此“不是证据”（no evidence）。在 1731 年的一起抢劫案中，针对辩方证人就其所听到的事实作证时，法官主动指出：“不管哪个男人或女人在考沃面前曾说过什么，它们都不是任何一方的证据，除非他们亲自出庭宣誓作证。”在 1732 年的弗莱明案（William Flemming case）中，当证人想要复述一个名叫卡特莱特的人的证词时，法官宣布：“他所说的不是证据，他必须亲自出庭宣誓作证。”[②] 可见，此时法庭排除传闻证据的根据主要是这种证言没有宣誓的保障，还没有直接与被告人的交叉询问权联系起来。由于此时律师的出庭辩护仍是罕见的现象，法官对传闻证据的排除主要是一种自发性的行为，所以传闻证据仍然会时不时地进入法庭并成为裁判依据。

---

① 该案的法理依据来自于民事诉讼中的证人能力论，法庭认为，证人的作证能力（competence）和证言的真实性（credit）是两个不同的问题，前者是可采性问题，应由法官裁断，后者则是证明力问题，应由陪审团裁断。共犯是具有作证能力的证人，因此法官无权排除共犯的证词，至于他的证词的真实性应由陪审团来决断，法官只需向陪审团提出警告即可。

② Stephan Landsman, “The Rise of the Contentious Spirit: Adversary Procedure in Eighteen Century England,” 75 *Cornell L. Rev.* 497(1990), p. 568.

随着律师出庭辩护的增加，以及律师对交叉询问的高度依赖，传闻证据规则在18世纪末期终于由法官的裁量规则转变为一种法定规则。① 排除传闻证据的理论根据也由宣誓保障论转变为宣誓与交叉询问双重保障论。正如19世纪初期的证据学家匹克所言："法律从来不认可任何人单纯的断言有可信性，无论他的地位高低或品德优劣；但是法律却要求以宣誓作为制裁的手段。法律进一步要求作证的人应亲自出庭，以接受双方的主询问和反询问。"② 由于传闻证据规则同交叉询问的直接联系，传闻证据规则本身的变化可以作为对抗式刑事审判的试金石。在其他条件不变的前提下，传闻证据规则执行得越严格，审判的对抗性程度就越强。

证据规则的形成过程既是不断将事实问题转化为法律问题的过程，也是不断将司法惯例转变为法律规则的过程。在这一过程中，证据规则的形成不仅剥夺了法官对待证据问题的自由裁量权，同时也抑制了陪审团自由评价事实问题的权力。正如18世纪的法官允许律师在重罪庭中出庭为被告人辩护的理由一样，法官创造的证据规则也是基于同样的考虑：由于控辩的失衡和控方伪证的泛滥，法律应该给予被告人更坚实的保障。虽然证据规则的诞生是法官的杰作，但是其一旦成形之后，就成为律师的富矿，成为律师手中对抗攻防的有力武器。

七、对抗式刑事审判确立的历史条件

对抗式刑事审判在英国的确立并不是一项一蹴而就的事业，它是司法实践缓慢发展的结果；它也并不是法学家根据某种既定的理

---

① T. P. Gallanis, "The Rise of Modern Evidence Law," 84 *Iowa L. Rev.* 499(1999), p. 533, p. 546.

② Stephan Landsman, "The Rise of the Contentious Spirit: Adversary Procedure in Eighteen Century England," 75 *Cornell L. Rev.* 497(1990), p. 598.

论自觉构建的产物，而是为了解决控辩失衡所造成的司法不公所采取的一系列实用主义应对措施逐步累积的结果。对抗式刑事审判的产生历程再一次印证了大法官霍姆斯的名言：“法律的生命从来都不是逻辑，而是经验。”从上述的分析中可以看出，英国对抗式刑事审判的产生和确立是英国不断矫正控辩双方不平衡的诉讼关系的结果，但是为何英国采取的是不断加强被告人的权利保障的消极司法形式，而不采取像大陆法系国家那样设立专门的司法机关以客观地查明案件事实的积极司法形式。对这一问题的解答必须要联系对抗式刑事审判在英国确立时独特的历史条件。

（一）“生而自由”的英国人

19世纪的功利主义思想家约翰·密尔对英国式的自由曾有精辟的解释，他说：

> 自由与权威之间的斗争，远在我们所最早熟知的部分历史中，特别在希腊、罗马和英国的历史中，就是最为显著的特色。但是在旧日，这个斗争乃是臣民或者某些阶级的臣民与政府之间的斗争。那时所谓自由，是指对于政治统治者的暴虐的防御。在人们意想中……统治者必然处于与其所统治的人民相敌对的地位……其权威系得自继承或征服……他们的权力被看做是必要的，但也是高度危险的；……因此，爱国者的目标就在于，对于统治者所施用于群体的权力要划定一些他所应当受到的限制，而这个限制就是他们所谓的自由。[1]

翻译成历史的语言就是王的权力“是必要的”，因为它始终具有某种历史功能；但它又是高度“危险的”，因为它“试图用以对付臣民”。所以，必须对王权加以限制，“而这个限制就是他们所谓的自由”。英国人的自由传统也不是天赐的，它是在若干次王权

① ［英］约翰·密尔著：《论自由》，程崇华译，商务印书馆1996年版，第1～2页。

与贵族、国家与个人之间的斗争中逐步形成的，并潜移默化为英国人的一种精神品质和生活方式。从盎格鲁—撒克逊时期的国王与贵族之间各自分享权利和承担义务的封建制，到1215年由约翰王签署的被奉为英国宪政之基础的《大宪章》；再到1258年的《牛律条例》和1259年的《威斯敏斯特条例》所建立的国民自治的议会政治，等等，英国的自由主义传统得以形成并完善。[①]

到13世纪中叶，英国著名的百科全书编纂者巴塞洛缪·安格李克斯（Bartholomaeus Anglicus）就宣称英国人民为“生而自由的人”（ free men of herte and with tongue）。此时，英国的法律制度已经“演变成为一种保障个人权利和所有权”的法制。英国人不断地高歌他们的法律制度优越于大陆法系国家罗马天主教法制，其中最为典型的当属福特斯鸠（Fortescue）于1470年所撰写的《英国法礼赞》（De Laudibus Legum Anglie），福特斯鸠以当时的法国专制体制为比较对象，抨击了法国专制君主的无上权力和国民的从属地位，而在英国，他所看到的则是在国民自愿默认下的有限君主制，一个通过自由民相互缔约而保障自身的社会。[②]

英国的自由主义政治传统在对抗式刑事审判确立时的18～19世纪已经根深蒂固，布莱克斯通在18世纪的著述中曾将英国的对抗式刑事审判归结为英国的自由传统。依靠当事人主导下的对抗式陪审制，而非法官主导下的纠问制，是因为即使是最优秀的法官也经常有“一种偏向于与他们具有相同等级和尊严的人的自然倾向：我们无法从人性中推导出这个结论，即少数人总是能够关注于多数人的福利。”由于在罗马天主教的纠问制下缺乏对抗式刑事审判，

① 钱乘旦、陈晓律著：《英国文化模式溯源》，上海社会科学出版社2003年版，第21～36页。

② Richard D. Friedman, “Anchors and Flotsam: Is Evidence Law ‘Adrift’?” 107 *Yale L. J.* 1921(1998), p. 1936.

“自由的精神”遭受了侵蚀。① 正是由于对权力的不信任和对个人自由的珍视，英国一直到19世纪20年代才诞生了现代警察制度，国家公诉制度的全面建立则延迟到了20世纪80年代，而法官从未获得像大陆法系国家那样为查明事实真相所必需的强大调查手段。国家权力的弱小必然带来打击犯罪的不力，随着工业化进程的加速发展所带来的犯罪率的居高不下，英国不得不面临这样的选择：建立一个像法国式的“公正而全面地”调查事实真相的预审法官体制，还是不断地吸收社会力量以增强国家预防和侦查犯罪的能力。英国在18世纪的司法实践证明了它选择了后者，这使审判的公平竞争机制发生了严重的倾斜，英国再一次面临着抉择：赋予法官追查事实真相和保障被告人权利的客观义务还是强化被告人的权利保障以实现控辩平等对抗。英国依然选择了后者，其背后深刻的政治基础只能由英国的自由主义传统才能作出合理的解释。

（二）程序优先

英国早期法制发展的显著特色就是它的程序性，这充分体现在其民事诉讼中的令状制度中。每一种令状都与一定的诉讼形式和诉讼程序相对应，原告在申请发出令状时，必须认真选择哪种令状最适合自己打算在法庭上证明的案件事实。案件事实必须符合原告所选择的那类令状所对应的诉讼形式与诉讼程序，如果不适合，不管原告主张如何正当，他都必然会败诉。因此，不论是原告还是法院都十分重视诉讼形式与诉讼程序，因为错误的令状选择会使原告正当的主张败诉。由于令状意味着诉讼形式，诉讼形式意味着救济方法，救济方法又意味着权利的实现，所以普通法对程序的关注远远超过对实体权利的确定。令状制在19世纪被废除后，英国著名的法制史学家梅特兰说道：“我们已葬送了（中世纪）的民事诉讼形

---

① Stephan Landsman, “The Rise of the Contentious Spirit: Adversary Procedure in Eighteen Century England,” 75 *Cornell L. Rev.* 497(1990), p.591.

式，但它们仍从坟墓中统治着我们。”① 可见，程序法治的影响深远。程序优先的法治理念直接影响到审判的目标设定是以追究客观真实为主还是以保障程序公正为主。显而易见的是，以程序优先的法治传统所塑造出来的必定是以正当程序为优位目标的审判制度，而强调当事人及其律师之间的相互平等对抗的审判方式更加吻合于程序优先的法治传统。

此外，17～18 世纪英国重大的社会转型也需要一个强调公正解决纠纷的审判机制。17～18 世纪是英国走向现代化的历史时期，其率先在全世界完成了工业革命。工业革命的完成和殖民地的开拓为英国带来了空前的经济繁荣，同时也深刻地改变了传统的社会结构，整个社会处于一种急剧转变和空前动荡的状态。社会结构的快速转型带来的不仅是繁荣，同时也刺激了矛盾的增长和诉讼率的居高不下。对抗式刑事审判对程序公正的推崇为双方当事人提供了各展才华的舞台，双方当事人为了捍卫各自权利可以尽其所能，从而能充分吸收当事人的不满，化解纠纷。②

对抗式刑事审判的程序优先观是以在部分案件中实体真实的损失为代价的，但是当时的英国法律人并不认为绝对的真实就是一件好事。因为直到 1815 年，英国的死刑罪名共有 225 个，当时极力倡导刑法改革的赛缪尔·罗米利爵士在议会中说：“可能世界上再没有其他国家如英国这样，有如此多的人类行为要被处以丢掉性命的刑罚。”③ 无论是陪审团“偏袒的判决”，还是法官的“宽宥建议权”以及由其创造的证据排除规则和证明标准，其中一个重要

---

① ［德］K. 茨威格特、H. 克茨著：《比较法总论》，潘汉典译，贵州人民出版社 1992 年版，第 361～362 页。

② Stephan Landsman，“A Brief Survey of the Development of the Adversary System，”44 *Ohio St. L. J.* 713(1983)，pp. 736－738.

③ 程汉大、李培峰著：《英国司法制度史》，清华大学出版社 2007 年版，第 473 页。

因素就是尽量降低死刑的适用，因为在刑事审判领域过度地关注事实会带来更多人死亡的后果。所以英国人不但推崇程序优先，而且欣然接受由此导致的轻纵犯罪的结果。不仅如此，由于直到 19 世纪欧洲大陆刑事诉讼改革之前，刑事审判一直是以刑讯为特征的纠问式审判。此种竭力发现事实真相的制度非但没有为英国提供一个效仿的榜样，反倒成为英国拒绝绝对真实观的反面教材，于是英国人便心安理得地享受对抗式刑事审判为其所提供的程序保障。

（三）成熟的律师制度

在西方国家，真正意义上的职业律师制度是伴随着司法独立制度和现代审判制度的确立而产生的，如德国律师产生于 16 世纪末 17 世纪初，法国律师产生于 18 世纪的大革命之后。与此不同，英国早在司法独立确立之前的 13 世纪就产生了这一阶层。在律师制度诞生之初，英国存在着法律代理人和法律辩护人两种不同类型的律师。14 世纪时，一套专门培养辩护律师的法律教育制度开始成形，四大律师会馆（Inns of Court）出现。从 1441 年起，专门从事出庭辩护事宜的出庭律师（barrister）产生，它是由以前的法律辩护人逐渐演化而来的。随着出庭辩护权逐渐为出庭律师所垄断，法律代理人只能从事庭审前的某些常规性、事务性工作，到 16 世纪时，法律代理人慢慢地与事务律师（solicitor）融合，成为连接当事人和出庭律师之间的桥梁，英国的二元制律师制度得以形成。英国之所以在职业律师制度方面走在西方国家的前面，是与英国早期法律讲究诉讼的严格程式有关，正如埃尔曼所言："英国法律诉讼的严格形式使得原告与被告在法庭上都必须由受过法律训练者帮助他们提出请求与辩护，如果在法庭中出庭代理的人没有受过良好的训练，复杂的法律机器便会陷入停顿。"①

---

① ［美］H. W. 埃尔曼著：《比较法律文化》，贺卫方、高鸿钧译，清华大学出版社 2002 年版，第 90 页。

成熟的职业律师制度为律师逐步主导审判程序提供了制度条件。到中世纪末期，民事审判就实现了对抗式庭审方式，17 世纪初，律师辩护在轻罪审判中已经相当普遍。到 18 世纪 30 年代，辩护律师走入了重罪法庭。辩护律师在重罪法庭的出现虽然是法官的“恩赐”，而且起初还受到了重重限制，但是由于他们已经在民事审判和轻罪审判中积累了丰富的诉讼经验和技巧，法律上的限制被他们巧妙地加以规避，更为重要的是，法官的行为在律师的监督下也日趋规范统一，松散的证据惯例慢慢地演变为严格的证据规范。律师对法庭程序的主导性地位的确立彻底改变了传统的审判构造，一个以被告人为中心的积极调查事实真相的“说话式审判”演化为以律师为中心的审查控方主张是否成立的对抗式刑事审判。

八、对抗式刑事审判在英国的衰落

（一）衰落的表现

1. 有罪答辩制度的盛行和对抗式刑事审判的边缘化

据英国皇家检控署的统计数据，英国治安法院（Magistrates' Court）在 2002—2003 年度所进行的对抗式刑事审判仅占所审案件的 5.8%，有罪答辩率超过 90%；同期的刑事法院（Crown Court）有罪答辩率也高达 73.5%。[①] 对抗式刑事审判在数量上呈现出下滑的趋势，已经被有罪答辩边缘化了。英国似乎并不止步于此，为了节省有限的司法资源，除了通过类似于美国的控辩双方的指控交易（charge bargain）和事实交易（fact bargain）促使被告人进行有罪答辩外，还通过大量的制度性激励措施进一步鼓励被告人在刑事诉讼中尽早地进行有罪答辩。

第一，量刑折扣的法定化。根据 2003 年《刑事司法法》

---

① Andrew Ashworth and Mike Redmayne, *The Criminal Process*(3rd), Oxford University Press, 2005, pp. 266-267.

（Criminal Justice Act 2003）第144条的规定，法官在对被告人进行量刑时必须考虑以下两个因素：一是被告人明确表示愿意进行有罪答辩的诉讼阶段；二是该意思表示作出时的具体情境。该条虽然没有明确指出进行有罪答辩的量刑折扣为多少，但根据以往的判例，至少可以得到原刑罚1/3的折扣；而且该条还隐约地暗示，被告人进行有罪答辩的时段越早，折扣可能会越大。①

第二，创立两可罪（triable - either - way offence）移交案件前的答辩程序（plea before venue）。为了促使被告人尽早地作出有罪答辩，英国于1997年建立了两可罪移交案件前的有罪答辩制度。根据该制度，如果被告人在治安法院直接就两可罪案件进行有罪答辩，那么将受到更大的实惠。一方面，如果该案在治安法院的量刑权限范围内，根据司法惯例，治安法院通常都会判处一个比刑事法院更轻的刑罚，而且也免去了候审的痛苦；另一方面，即使该案被移交给刑事法院量刑，刑事法院也不受传统上所形成的1/3量刑折扣的限制，可以采取更大幅度的折扣。②

第三，建立量刑提示制（indication of sentence）。为了使被告人减少不必要的忧虑，鼓励其作有罪答辩，2003年《刑事司法法》还建立了量刑提示制度，实际上就是法官同被告人之间的答辩交易。根据该制度，如果被告人受到两可罪的追诉，他可以请求治安法官提示其如果答辩有罪是会被判处非监禁性刑罚还是监禁性刑罚，如果法官提示其将判处非监禁性刑罚，被告人随后答辩有罪，那么法官受到先前提示的约束，必须要按照提示进行量刑。

第四，建立辩护律师的提醒制。为了使被告人真正了解进行有罪答辩可能给其带来的好处，在审前准备性程序中的法官问卷中

---

① 这一点已经清楚地规定在英国2004年量刑指南委员会的量刑指南之中，参见Sentencing Guidelines Council, *Reduction in Sentence for a Guilty Plea*: *Guildline*(2004).

② [2002] 1 Cr App R (S) 548.

(judge' s questionnaire 1b)，辩护律师要回答这样的问题：他是否已经明确地提醒被告人进行有罪答辩可能给其带来的利益。这实际上是促使那些原本打算进行无罪答辩的被告人改变初衷。

2. 审判中心主义的衰退

传统的英美法系刑事诉讼是一种审判中心主义的程序构造，它与对抗式刑事审判具有密切的联系，因为审判的准备工作并非由司法系统的一个专门机构或官员来承担，而是委派给涉案的当事人各方，加之初审判决的终局性，"'开庭日'审判方式可能充满着激动和剧场效果……意外和无从预料的事件转折是家常便饭……没有人会为了在上级权威面前展开程序性战略而留一手。"[①] 但是，如今英国的"审判中心主义"可谓"腹背受敌"。

(1) 证据开示制度的完善。英国 1967 年的《刑事司法法》(Criminal Justice Act 1967) 首次确认控方有开示证据的法定义务，控方必须就每一项指控事先向被告人开示足以证明案件"表面上成立"的证据；被告人仅有义务事先通知控方证明其不在犯罪现场的证人证言。此后，控方的开示义务进一步加强，它不仅要展示准备在庭审中使用的证据，而且还要向被告人展示"不使用的材料"(unused material)。[②] 英国检察官和警察认为要求展示"不使用的材料"为他们的工作带来了巨大的负担，强烈要求被告方的证据开示范围应予以扩大，以解决审判中的"突袭式辩护"问题。

1996 年通过的《刑事诉讼和侦查法》作出了适当的妥协，规定了检察官对"不使用的材料"的二步式展示法。控方首次开示的内容是尚未向被告人出示的、并且起诉人认为可能削弱控方案件

① [美] 米尔伊安 . R. 达玛什卡著：《司法和国家权力的多种面孔》，郑戈译，中国政法大学出版社 2004 年版，第 93 ~ 94 页。

② Patrick O'Connor, "Prosecution Disclosure: Principle, Practice and Justice," (1992) *Crim. L. R.* 464 - 477.

的一切控方资料。被告方则必须向控方出示证据清单。控方在被告方的要求下将展示“可以合理地期待会有助于被告人进行辩护陈述书所预定的辩护”的资料。[①] 英国学者普遍认为二步式展示法使证据开示变成了一种有条件的开示，被告人获得有助于辩护的资料不是他法定的权利，而是在其履行了对应的开示义务及请求后才取得的，这有违背《欧洲人权公约》的公正审判权之嫌。为此，英国2003年《刑事司法法》对此进一步予以改进。首先，根据该法第32条的规定，控方在首次向辩方展示的材料为“可能削弱控方案件或帮助辩方案件的一切控方材料”时，将帮助辩方案件的材料的开示时间提前，不再是辩护方履行对应开示后的有条件开示。其次，该法第7条A还要求控方应对其展示的内容进行持续性的审查，尤其是在辩方已经开示案件之后。“这有效地根除了首次/二次展示之间的区分，从而难以据此认定该法所设定的控方证据开示是有条件的。”[②]

证据开示制度的建立和完善标志着对抗式刑事审判已经扬弃了传统的“竞技式司法”理念，有效地杜绝了“突袭式审判”现象的发生，在理念上逐步强调案件的实体真实而非形式真实；此外，控辩双方在审前充分而及时地相互开示证据，可以起到整理庭审焦点、加快审判步伐的效果，从而有助于提升审判的效率。

（2）庭审准备性程序的兴起。英国传统上的预审程序有两种，一种是在治安法院所进行的预审，另一种则是由大陪审团所进行的预审。大陪审团制度已经于1930年废除，取而代之的是由治安法院统一进行的案件“移交程序”（committal proceedings）。但是，英国的各种委员会都建议废除案件移交程序，原因在于书面移交程

---

① ［英］詹妮·麦克埃文著：《现代证据法与对抗式程序》，蔡巍译，法律出版社2006年版，第25~27页。

② Mike Redmayne, “Disclosure and Its Discontents,” (2004) *Crim. L. R.* 444-445.

序根本实现不了预定的目的，而言辞移交程序又使受害人、证人承受两次出庭的压力。此外，皇家检控署的设立已经起到了过滤证据微弱案件的作用，而专门的证据开示制度也使预审开示证据的作用越来越小。因此，英国于2001年废除了可诉罪的案件移交程序，[①] 2003年《刑事司法法》则废除了两可罪的案件移交程序。[②] 至此，英国传统意义上的预审已不复存在，当前英国治安法院所进行的案件移交程序只是在法官主持下的相对简洁的行政化程序。其运作模式为：首先治安法院会在初次听证中决定被告人的保释问题，如果是两可罪案件，治安法官将顺带解决审判方式问题；如果是可诉罪案件，治安法官将不经预审直接将案件移交给刑事法院。

与预审程序的衰落相反的是，在刑事法院审理前兴起的各种准备性程序，设立准备性程序的目的并不是对控方案件进行预先审查，而是为了使法院的审理在有充分准备的条件下进行，以提升审判的效率。目前英国的准备性程序共有三种：答辩和指示听证程序（plea and directions hearing）、审前听证程序（pre-trial hearing）与准备性听证程序（preparatory hearing）。

答辩和指示听证程序是由主持审判之外的一名法官主持进行的，它的目的在于确定被告人是否作有罪答辩，并在被告人答辩无罪时，协助法官提前知悉案件争议点，并为正式审判作好充分的准备。[③] 例如，如果被告人答辩无罪时，控辩双方均至少应通知法院以下事项：①案件的争议点；②传唤出庭作证的证人数；③任何证据或时间表；④可能被传唤的控方证人的顺序；⑤任何预期的法律问题和证据可采性问题及其理由；⑥应当已经披露的不在犯罪现场

---

① 英国1998年《犯罪和治安妨害法》第51条。

② 英国2003年《刑事司法法》第41条和附件3。

③ Robin Auld, "*Review of the Criminal Courts of England and Wales*," The Auld Report, 2001, p. 483.

的证据；⑦任何通过直播的电视连接或以录像会谈的方式提供儿童证人证言的申请；⑧审判可能持续的时间；⑨证人和律师有空的时间。[①] 由于答辩和指示听证程序是依据《实践指南》创立的，所以法官依此程序所作出的裁决并无事后的拘束力，这导致该程序在实践中的价值不大。

为了充分发挥准备性程序的作用，1996 年的《刑事程序与侦查法》所创立的“审前听证程序”赋予了审前听证法官裁决的事后拘束力，除非案件发生了实质性的变化，否则控辩双方都必须遵守法官在审前所作出的有关决定，违反者将受到排除证据或违反职业纪律的制裁。

准备性听证程序是依据 1987 年的《刑事司法法》所创立的，起初仅适用于严重欺诈案，后经 1996 年《刑事程序与侦查法》将其扩大适用于所有复杂或审判时间长的案件。在该程序中，法官除可以就证据的可采性等法律问题作出裁定以外，还有一项重要权力，即命令控方向法院和被告人提供一份“控方案件陈述书”（the prosecution's case statement）和命令辩方向法庭和起诉人提交一份“辩护陈述书”（the defense's case statement）。[②]

（3）常规上诉机制的完善和非常救济机制的建立。1907 年英国通过《刑事上诉法》创设了刑事上诉法院，正式建立刑事上诉制度。刑事上诉法院有权审理以不服定罪以及以判刑畸重为理由而提出的上诉。1968 年《刑事上诉法》废除了刑事上诉法院，其管辖权被转授给上诉法院增设的刑事审判庭。自 1970 年以后，英国通过一系列制定法使“上诉法院刑事审判庭的管辖权不断扩大，

---

① ［英］约翰·斯普莱克著：《英国刑事诉讼程序》，徐美君、杨立涛译，中国人民大学出版社 2006 年版，第 349 页。

② 有关“控方案件陈述书”和“辩护陈述书”的具体内容，参见孙长永著：《探索正当程序——比较刑事诉讼法专论》，中国法制出版社 2005 年版，第 356～357 页。

英国的刑事上诉制度在一定程度上向大陆法系的刑事上诉制度靠拢”①。至此，被告人不仅有权就定罪或量刑不当提出上诉，而且可以在穷尽上诉程序后向刑事案件审查委员会（the criminal cases review commission）提出申请。该委员会是一个独立的司法机构，有权采取包括调动警察在内的调查措施调查事实真相，如果认为申请成立，可以直接将案件移交给相应的上诉法院进行审理。

除了常规救济措施以外，英国2003年《刑事司法法》还建立了一种非常救济措施，普通法的“禁止双重危险原则”被撕开了一个大大的口子。根据该法的规定，只要在判决确定以后发现了“符合条件的令人信服的新证据”，那么就可以对20多种法定最高刑为无期徒刑的犯罪，包括谋杀罪、绑架罪、强奸罪等启动再审程序。只要具备启动再审的证据要求，并且属于上述列举的案件范围，那么无论无罪宣告是否是在《刑事司法法》生效前作出的，都可以对被宣告无罪的公民启动再审，也就是说，这一“禁止双重危险原则的例外”具有“溯及既往”的效力。②

准备性程序的建立使法官由一个完全被动接受控辩双方所有证据的消极裁判者，变成了一个积极参与庭审准备的积极管理者。为此，大量的争议得以在审判开始前即得以解决，这就使庭审中的对抗仅集中于关键性的争议。即使是关键性的争议，控辩双方也须在审前告知法官争议的实质及其理由，而且应该将其他庭审事宜（如证人数量及举证次序、庭审时间等）告知法官，法官控制庭审的权力扩大，与之相应的则是控辩双方对庭审程序控制力的减弱。一审后的各种救济制度的建立和完善证明了英国开始迈向一个更加

---

① 孙长永著：《探索正当程序——比较刑事诉讼法专论》，中国法制出版社2005年版，第551页。

② 参见李昌盛：《禁止双重危险原则在英国的发展》，载《人民检察》2006年第23期，第56页。

注重实体真实的诉讼模式,[①] 这无疑削弱了一审裁判的终局性地位，如果控辩双方即使尽了最大的努力获得胜诉后，仍然可以通过上诉或“抗诉”来否定以前的判决，对抗式刑事审判的内在激励机制必然会受到挫伤，进而影响控辩双方庭审积极性的发挥。

3. 证据规则的宽松化

在传统的对抗式刑事审判方式下，证据规则的创立除了具有防止陪审团受到误导的作用外，还为被告人提供了法律上的屏障，防止无辜的被告人被认定有罪。但是，“在定罪之途上设置较高的证据障碍，不仅降低了无辜者被定罪的可能性——也许是在同等程度上——也增加了有罪之人逃脱惩罚的机会。”[②]

正是担心过于繁杂的证据规则会使有罪者逃脱法网，英国政府在其白皮书《所有人的正义》中阐述了其试图改革普通法证据规则的意图：“现有的证据规则不仅难以理解，而且也复杂得难以在司法中适用。公众越来越关注那些有助于发现真实的证据是否被错误地排除了……我们建议应该让事实认定者接受尽可能多的相关信息。”[③] 为此，英国2003年《刑事司法法》对传统的普通法证据规则进行了史无前例的改革，突出表现在品格证据规则和传闻证据规则两个方面。

该法第99条第1款大胆地宣称：“普通法刑事诉讼中有关不良品格证据的可采性规则现予废除。”该法第101条第1款将被告人品格证据的可采性明确地规定为7项：（1）各方当事人同意采用

---

① 最为明显的近期例证就是2007年《刑事司法和移民法（议案）》(Criminal Justice and Immigration Bill 2007),英国政府在该议案提出，只要被告人事实上有罪，那么上诉法院就不得以程序违法为由撤销下级法院的有罪判决。参见 J. R. Spencer, “Quashing Convictions for Procedural Irregularities,” (2007) *Crim. L. R.* 835 – 848.

② Mirjan Damaska, “Evidentiary Barriers to Conviction and Two Models of Criminal Procedure: A Comparative Study,” 121 *U. Pa. L. Rev.* 506(1973), p. 507.

③ CJS, *Justice for All*, *Cm.* 5563(TSO,2002), paras. 4.52, 4.56.

该证据的；（2）该证据是被告人自己提出的，或者该证据是被告人为了回答交叉询问所提的问题而提出的；（3）该证据具有重大的推论性价值的；（4）该证据与控辩双方争议的某个重要问题相关的；（5）该证据对解决被告人与其他共同被告人之间的重要争议具有重大的证明力；（6）该证据有助于纠正被告人留下的错误印象；（7）被告人已经对其他人的品格进行了攻击。

至此，普通法品格证据规则实现了成文法化，上述第101条所列7项内容成为法庭采纳被告人不良品格证据的唯一法律基础。在传统的品格证据规则下，品格证据的使用主要局限于被告人作为辩方证人作证时控方对其进行的交叉询问阶段，通过攻击被告人的不良品格以向陪审团揭示其证词的不可信性，但是控方举证阶段是不允许运用品格证据的。这一区分在现有的法律下已经显得较为模糊。依据《刑事司法法》第101条第（5）、（6）、（7）项的规定，即使被告人选择在辩方举证阶段不作证，他的不良品格问题仍有可能被提出。[①] 第（3）、（4）项内容原先属于普通法所规范的"相似事实规则"（similar fact evidence rule），根据英国上议院在DPP v. P案所作出的经典判例，相似事实证据的可采性取决于法官对两个因素的衡量，即相似事实证据的证明力（probative value）和它可能造成的不利于被告人的偏见（prejudicial effect），如果前者大于后者（PV > PE），那么该证据才具有可采性。[②] 但是根据第（3）、（4）项的规定，只要品格证据具有"推论性价值"或者"与控辩双方争议的重要问题相关"，即具有可采性，据此，"哪怕是仅能证明被告人有暴力倾向的微弱证据——一个被告人被指控任

① Paul Roberts and Adrian Zuckerman, *Criminal Evidence*, Oxford University Press, 2004, pp. 514 – 515.

② *DPP v. P* [1991] 2 AC 447.

何暴力犯罪所无法回避的重要问题——也具有了可采性。”[①]

传闻证据规则是普通法中特征最为鲜明的证据规则，它要求证人必须就其所感知的任何事实都应亲自出庭作证，不得以书面陈述或以他人的转述取代证人的口头证词。传闻证据规则与对抗式庭审中的交叉询问权之间具有荣辱与共的关系，传闻证据规则执行得越严格，庭审的对抗性也就越强，因此有学者认为“传闻证据规则本身的变化可以作为对抗式审判的试金石”。[②] 英国的传闻证据规则并非一概地排除传闻信息，普通法和制定法为其创设了大量的例外，但即使如此，英国诸多法律界人士仍然认为传统的传闻证据规则使大量的证据流失，损害了审判的实质正义。

2003 年《刑事司法法》第 11 编第 2 章就审判外的证人陈述的可采性予以明确规定，其旨在简化法律并为在何种情形下采纳传闻证据提供一个更为明确的法律依据。其核心条款（第 114 条和第 115 条）实质上取消了普通法中传闻证据排除法则，规定只要满足法定的条件，无论是控方的传闻证据还是辩方的传闻证据，都具有可采性。这些条件包括：（1）该证据在证明审理中的争议事项方面的关联程度；（2）该陈述作出的具体情形；（3）该陈述能够补强其他证据的程度；（4）陈述者的可信性；（5）不能亲自出庭作证的原因；（6）对方当事人能够反驳该陈述的程度，以及不公正的风险。法官在决定是否采纳证人的庭外陈述时，只要根据上述条件综合考量，认为该陈述的作出有充分的可靠性保障，且“符合司法的利益”，即使该证人未经对方当事人的交叉询问，其陈述依然是可采的。

---

① Paul Roberts and Adrian Zuckerman, *Criminal Evidence*, Oxford University Press, 2004, p. 517.

② Stephan Landsman, “The Rise of the Contentious Spirit: Adversary Procedure in Eighteen Century England,”75 *Cornell L. Rev.* 497(1990), p. 565.

普通法品格证据规则的废除意味着被告人的不良品格证据将会越来越多地涌入法庭，这会使被告人在庭审中处于一种更为不利的地位，因为无论是陪审团还是职业法官，如果“受到被告人过去经历所包含的负面信息的影响；他会因此倾向于假定被告人有罪，并因此对有罪的材料（而非无罪的材料）更加敏感”①。传闻证据规则的放松意味着原先无法进入庭审的书面陈述或他人的转述等证据可以进入法庭，由于原始的证人不出庭作证，对方当事人就失去了对其进行交叉询问的机会。交叉询问是控辩双方在法庭上相互对抗并揭示案件真相的一件利器，由传闻规则的放松所带来的交叉询问的衰落，即意味着对抗式刑事审判的衰落。

4．限制陪审团审判的适用范围

陪审团审判并非对抗式刑事审判的本质特征，但是陪审团审判的确有助于对抗式刑事审判的运作，一个单纯由职业法官担任裁判者的对抗式刑事审判在对抗性上要弱于由陪审团担任事实认定者的对抗式刑事审判。首先，陪审团是由临时挑选的普通社会民众组成的，并非一直担任审判工作的职业官员，所以他们往往将从事审判工作看做一次难得的机遇，能够始终在庭审中保持一种新鲜和开放的心态，而长期的审判实践会使法官产生一种官僚化的“麻木”心态，视审判工作仅为例行公事而已，所以陪审团的心态能够充分刺激控辩双方在庭审中积极地表现自我，对抗的强度会更大。其次，陪审团审判下的法庭二分式结构使普通法下的证据排除规则真正得以贯彻，因为先前排除证据的法官并不是最后的事实认定者，所以即使先前排除的证据已经使法官产生了某种偏见，也无法影响到陪审团的中立性。最后，陪审团判决不给出任何理由的特点，使控辩双方往往会用尽浑身解数在法庭上一决高低，因为结果的不可

① Mirjan R. Damaska, “Propensity Evidence in Continental Legal Systems,” 70 *Chi.-Kent L. Rev.* 55(1994), p. 66.

知性迫使任何一方都不敢掉以轻心。正是由于这些原因，陪审团审判虽不是对抗式刑事审判的本质特征，却是对抗式刑事审判最具血缘亲近性的制度之一，所以陪审团审判的兴衰必然会影响到法庭审判对抗性的强弱。

为了提高刑事审判的效率，英国自 20 世纪后期就开始找寻限制陪审团审判的道路。除了有罪答辩制度从根本上使陪审团审判边缘化外，英国还采取了以下手段来限制陪审团审判的数量。

第一，通过修改刑法将两可罪（either way offences）转化为简易罪（summary offences）。两可罪的审理方式取决于被告人的程序选择，被告人如果选择两可罪由刑事法院审理，那么治安法院必须将案件移交给由陪审团担任事实裁判者的刑事法院。为了提高审判效率，加快审判节奏，英国已经将许多本属于两可罪范围内的犯罪通过重新立法转化为简易罪，如普通的伤害罪、无证驾驶罪和损坏价值达 5000 英镑的财物罪等。①

第二，建立“移交审判前的答辩程序”（plea before venue）和量刑提示制（indication of sentence），鼓励被告人在治安法院对两可罪进行有罪答辩。

第三，赋予刑事法院的法官在特殊案件中排除陪审团参与审理的裁量权。传统上所有由刑事法院所审理的案件都由法官和陪审团所组成的二元式法庭进行审判，但是根据 2003 年《刑事司法法》第 43 条的规定，控方可以申请在严重的或复杂的欺诈案件中，在没有陪审团参加的情况下进行审理。如果法庭认为该案审理时间过长或相当复杂（或者二者兼有），那么法庭可以裁量该案不由陪审团审理。此外，根据该法第 44 条和第 46 条的规定，在陪审团有被伤害、威胁、恐吓或贿赂的危险时，控方也可申请不由陪审团审理

---

① Andrew Ashworth and Mike Redmayne, *The Criminal Process* (*3rd*), Oxford University Press, 2005, p. 300.

或者申请解散陪审团。

鼓励被告人对两可罪进行有罪答辩，治安法院量刑权的扩大，刑事法院法官的裁量权等措施都会减少陪审团审判的数量。英国对陪审团审判所进行的限制性措施将使本来就为数不多的陪审团审判的数量进一步减少，这会在许多方面降低刑事审判对抗的程度。①

5. 有限度的沉默权和对质诘问权

在对抗式刑事审判下，沉默权是实现被告人同强大的国家公诉机关进行平等对抗的基本武器，它迫使国家不得不通过自己所独立获得的证据，而不是依靠被告人的口供来证明控方的案件。加之被告人的律师帮助权，沉默权的确立使被告人的证人角色和辩护角色实现了分离，被告人作为被追诉者可以理性地选择是否为自己作证，即使他选择保持沉默，也不会因此而招致不利的后果。正是由于沉默权在对抗制中的重要地位，美国联邦最高法院曾在著名的米兰达案中宣称："沉默权是对抗制的根基之所在。"②

在1988年，英国以打击恐怖主义犯罪为由，制定了仅仅适用于北爱尔兰的《刑事证据（北爱尔兰）令》，对沉默权作出了具体的限制。1994年，英国又通过《刑事审判与公共秩序法》将上述有关北爱尔兰的规定略加修改后推广适用于不列颠本土。1998年9

① 英国学者杰克逊和多拉恩通过对北爱尔兰迪普洛克法庭的刑事审判进行长期的实证考察后发现，同陪审团审判相比，迪普洛克法庭下的法官不仅在主动询问证人的频率上要更为频繁，而且在询问证人的持续时间上也为时更长；此外，就询问证人的问题属性而言，迪普洛克法庭下的法官更喜欢采用探知性的问题（inquisitorial questioning），而不仅仅是阐明性的问题（clarificatory questioning）；更为关键的是，从询问的方式和对象上来看，迪普洛克法庭下的法官更倾向于向辩方证人采取反询问的方式来进行。从总体上来看，迪普洛克法庭下的法官在行使询问权时并未完全放弃其中立裁判者的角色，但是相对于陪审团审判下的法官，他们更具有纠问性。参见 John Jackson and Sean Doran, *Judge without Jury: Diplock Trial in the Adversary System*, Clarendon Press, 1995, pp. 159 – 161.

② *Miranda v. Arizona*, 384 U. S. 436 (1966), p. 460.

月通过的《刑事审判（恐怖与密谋）法》对于恐怖犯罪案件中的沉默权作出了更为严厉的限制性规定。①

根据《刑事审判与公共秩序法》的规定，如果被告人在接受审判时保持沉默，法官和陪审团都可以对被告人保持沉默的行为作出适当的不利推论。英国对沉默权所进行的限制曾在学界掀起轩然大波，奥瑞利将其视为迈向纠问制的体现："虽然运用不利推论的收益尚不明晰，但其代价是真实的。不利推论的使用将会侵蚀或取消沉默权，进而在某些情形下将证明责任转嫁给被告人，降低了控方的证明责任，削弱了无罪推定。这些变化将会颠覆对抗式司法制度，将把其带入一个纠问式的刑事司法模式。"②

奥瑞利的推论未免过于武断，被告人在庭审中并非一旦选择保持沉默，就注定会受到不利推论，因为控方如果没有将案件证明到"表明上成立"的程度，即通过法官的中间审查，就说明控方的案件"无辩可答"，被告人完全可以直接申请法官驳回控方的指控。因为"被告人的沉默不能被用于支持控方无力的指控，不能因为害怕得出不利的推论，就强迫不足以让人相信的被告人去作证，用他在交叉询问中的灾难性表现，来掩饰控方证据的内在缺陷"③。此外，英国上议院一再申明不得将被告人保持沉默的行为直接作为推论被告人有罪的唯一证据，而且对被告人的不利推论必须满足一个前提，即在现有的证据下被告人无法为其当时保持沉默的行为进行合理的解释；反过来说，如果被告人能够合理地解释其当时的行为，不利推论是被禁止的。

不容否认的是，英国限制沉默权的举措将会对英国的刑事司法

---

① 参见孙长永著：《沉默权制度研究》，法律出版社 2001 年版，第 59 ~ 62 页。

② Gregory W. O' Reilly, "England Limits the Right to Silence and Moves towards an Inquisitorial System of Justice," 85 *J. Crim. L. & Criminology* 402(1994), p. 444.

③ ［英］詹妮·麦克埃文著：《现代证据法与对抗式程序》，蔡巍译，法律出版社 2006 年版，第 234 页。

产生一定的影响。对英格兰及北爱尔兰的实证研究显示，1994 年《刑事审判与公共秩序法》确实对被追诉人的沉默权产生了一定的影响：犯罪嫌疑人在警察局保持沉默的数量开始下降，被告人在法庭上则更愿意选择出庭作证。① 被告人选择在法庭上亲自作证将给其带来一定的风险：如果其说真话，将面临着被定罪的风险，说假话，则将面临着伪证罪的指控；而且一旦其登上证人席，那么许多本可享受到的保障将会失去，他将会像其他证人一样不得不面对控方对其先前犯罪行为和不良品格的交叉询问。

除了沉默权受到限制外，被告人的对质诘问权同样也受到了范围和方式的限制。为了能够充分保护弱势证人的正当权益，英国法律规定，对于易受伤害的证人可以通过在审前制作录像带的方法代替其亲自出庭作证。即使这些证人出庭作证，法律也为其提供了其他的保护措施，如采用闭路电视视听系统的方法，让儿童证人在法院的边室内通过闭路电视作证。法官、陪审团、律师和被告人都可以在法庭上通过屏幕看到儿童，但儿童只能看到提问者的脸，以减轻其心理压力。此外，根据 1991 年《刑事司法法》的规定，被告人本人无权亲自对受到性侵害或暴力犯罪的儿童被害人进行反询问。在被告人没有聘请辩护人的案件中，为了使被告人的公正审判权不致受到侵犯，法官将代替被告人进行交叉询问，但是这种措施明显背离了对抗式刑事审判的内在精神，于是 1999 年《青少年司法和刑事证据法》规定为没有请辩护人的被告人强制指定辩护人，法官不再越俎代庖。

不仅对质诘问的方式受到了上述限制，就连它的内容也受到了限制。传统上对反询问内容的限制主要采取争点相关性标准和证人可信性标准，即反询问所提出的问题必须与案件的争议点或附带争

---

① Paul Roberts and Adrian Zuckerman, *Criminal Evidence*, Oxford University Press, 2004, p. 463.

点（可信性）相关。为了避免辩方在交叉询问时漫无边际的羞辱性询问，1976年《性犯罪法（修正）》第2条规定，在强奸案审判中，除非当法官认为确实会对被告人造成不公平时，否则不允许被告人及其律师在交叉询问中，引入或提出任何有关被害人同被告人以外的其他人的性经验的证据或问题。该条规定实质上取消了被告人就性犯罪受害人的可信性提出弹劾性问题，而只能就案件争点进行发问。被告人面对面质疑挑战不利证人的对质诘问权是对抗式刑事审判的核心权利之一，交叉询问的减损必然带来对抗式刑事审判被削弱的后果。

（二）衰落的原因

1. 日益增长的犯罪率、恐怖主义犯罪的隐忧和有限的司法资源

自20世纪50年代起，英国的犯罪率呈现出居高不下的趋势（参见下图）。据泰勒的统计，警察局登记的暴力犯罪案件数从1958年的32000件增长到1997年351000件，年平均增长率达到6.3%。[①] 除了普通刑事案件日益增长外，英国还一直经受着恐怖主义犯罪的威胁。从20世纪70年代起，北爱尔兰的共和军组织就在英国本土（英格兰和威尔士）及北爱尔兰策划了多起恐怖主义犯罪活动；而美国的“9·11事件”更使英国看到了恐怖主义犯罪的严重性。

为了能够遏制普通犯罪持续增长的势头和增强打击恐怖主义犯罪的能力，英国政府的态度逐渐变得强硬起来，通过了多项立法来扩大国家机关的权力和加快审理的节奏。英国政府对1994年《刑事审判和公共秩序法》中限制沉默权的解释就是一个例证：“沉默权是一个毫不掩饰的愚蠢的权利，它已被恐怖主义分子疯狂地滥

① Ricky Taylor, “*Forty Years of Crime and Criminal Justice Statistics*, 1958 *to* 1997”, Home Office Statistical Bulletin, 1998, p. 11.

用。……将被告人保持沉默的行为视为一份证据并没有侵犯被告人的自由，改革的目的就是让罪犯打消保持沉默而使追诉失败的念头。"[①] 除了限制沉默权外，英国还于 20 世纪 70 年代根据迪普洛克勋爵的建议在北爱尔兰取消了针对恐怖主义犯罪的陪审团审判，因为政府担心普通公民可能会放纵恐怖分子；之后英国在其本土持续进行的限制陪审团审判范围的措施也是这种担忧的体现。上诉机制的常规化和非常救济的诞生，使犯罪分子难以利用程序上的便利逃脱法网。

在 18 世纪，英国老贝利法庭每天可审结 12 ~ 20 宗重罪案件。到 19 世纪末期，美国的奥克兰州和加利福尼亚州陪审团审判的平均时间是半小时左右；到 1968 年，洛杉矶的重罪庭审平均时间为 7.2 天。由美国州法院信息中心对 20 世纪 80 年代中期 9 个县的法院所作的调查表明，重罪审判（不包括可能判处死刑的案件）的平均持续时间超过 14 小时。对抗式刑事审判不仅费时，而且耗资巨大。据调查，1991 年北卡罗来纳州平均每起可判处死刑的谋杀案审判耗费国家 8 万美元，其中有些案件甚至超过 15 万美元。[②] 英国的情况也不容乐观，根据英国官方的调查，20 世纪 90 年代初英国刑事法院陪审团听证审理的每个案件，所需时间平均为 7 小时，所花费用平均为 12088 英镑，而在无陪审团参审的情况下，案件的处理所需时间平均为 54 分钟，所需费用仅为 1400 英镑。[③] 审判的低效、耗时、耗资和现实对司法快速处理刑事案件的需要极不相称，因此为了使刑事司法免于瘫痪，英国采取了各种措施来鼓励

---

① Gregory W. O' Reilly, "England Limits the Right to Silence and Moves towards an Inquisitorial System of Justice," 85 *J. Crim. L. & Criminology* 402(1994), pp. 402 – 403.

② Robert A. Kagan, *Adversarial Legalism*: *The American Way of Law*(2ed.), Harvard University Press, 2003, p. 82.

③ 牟军:《理念、事实与证明标准——以英美国家刑事司法审判为中心》，载《西南民族大学学报》2002 年第 8 期，第 89 页。

被告人作有罪答辩，[①] 增设了检察官附条件不起诉权，并建立了各种审前准备性制度以提高审判的效率。

【图 1—3】英国警察局登记的暴力犯罪增长图[②]

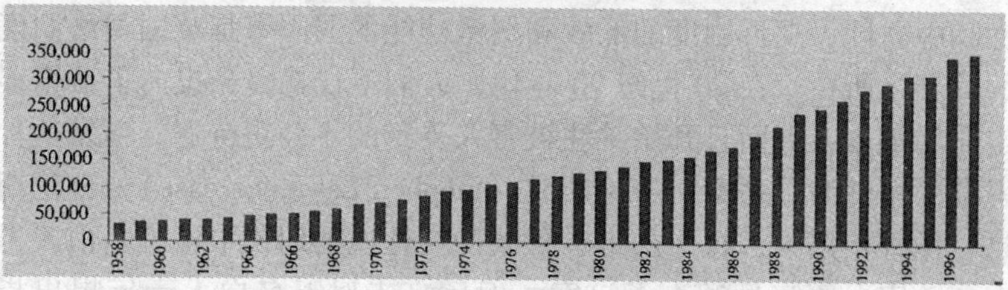

2. 司法不公（miscarriages of justice）案件的频发

从 20 世纪 70 年代开始，英国刑事司法中的冤案屡次被媒体曝光，[③] 一些重大案件直接成为改革司法制度的导火线。1977 年的肯菲特案（Confait case）中，三个年轻人因虚假的自白而被定罪。由菲利普斯领导的皇家委员会（Philips Royal Commission）对该案进行了详查，并在其报告中指出，警察权力的滥用是冤案发生的直接原因。20 世纪 80 年代和 90 年代，英国的冤案呈不断上升趋势，其中以伯明翰六人案（Birmingham Six case）、吉尔福特四人案（Guildford Four case）、玛格艾尔家人案（Maguire Family case）和朱迪斯·华德案（Judith Ward case）等案件最为引人注目。冤案频

---

① 根据英国内政部 1997—1998 年度所进行的委托调查，有罪答辩和正式审判之间的耗费悬殊：在治安法院以有罪答辩结案的耗资平均为 450 英镑，正式审判则为 1700 英镑；在刑事法院以有罪答辩结案的耗资平均为 2600 英镑，正式审判则为 17550 英镑。参见 Richard Harries, *The Cost of Criminal Justice*, Home Office, Research Findings no. 103, p. 2.

② Ricky Taylor, "*Forty Years of Crime and Criminal Justice Statistics*, 1958 *to* 1997," Home Office Statistical Bulletin, 1998, p. 11.

③ 据英国官方网站"无辜者"（innocent）提供的案件和笔者的统计，截至目前共发生并纠正了 216 起司法冤案。参见 http://www.innocent.org.uk/，最后访问日期 2007 年 12 月 11 日。

发的现实再次促使英国组成了由朗西曼领导的皇家委员会（Runciman Royal Commission），该委员会的调查报告认为，警察侦查活动的单方面性和党派性、控方对无罪证据的隐匿、专家证人缺乏独立性和中立性、上诉制度的低效和纠错功能的弱小等是英国司法制度的弊端之所在。在20世纪90年代，人们不仅将目光投向了被错误定罪的被告人，而且开始关注被害人受到的不公正待遇。引发这种思潮的案件为史蒂芬·劳伦斯案（Stephen Lawrence case），劳伦斯是一位青年黑人，在一次带有种族冲突性质的纠纷中被五名白人男青年杀害。警察虽调查了该案，但后来未对五名白人青年提出指控。于是受害人的母亲提起自诉，但被法院以证据不足为由驳回。由麦克弗森（Sir William Macpherson）领导的调查小组对该案进行了调查，他在报告中着重指出了两点：一是“制度性的种族歧视”（institutional racism）；二是普通法中的“禁止双重危险原则”给有效打击犯罪带来了不必要的障碍。

不断涌现的司法不公案件使英国司法制度的公信力日趋下降，为了重新树立民众对刑事司法体制的信心，英国政府不断地通过修改或制定法律来挽救其司法制度。在上述各委员会所进行的调查报告出台之后，英国都相应地出台了一系列法律。鉴于司法不公的根源在于司法制度发现事实真相能力的不足，发现案件的事实真相成为刑事司法改革的核心目标，既不能冤枉无辜者，也不能让有罪之人逍遥法外。例如，菲利普斯的报告成为1985年《犯罪起诉法》设立皇家检控署的理论依据，英国专业化的检控机构得以产生，这不仅有利于抵消警察的党派性倾向，而且也有助于有力地打击犯罪。朗西曼报告的内容体现在1995年《刑事上诉法》和1996年《刑事诉讼和侦查法》中。前者改革了普通法中的上诉制度，建立了专门的“刑事案件审查委员会”（Criminal Case Review Commission），该委员会具有包括调动警察力量在内的强大调查权；后者改革了证据开示制度，建立了双向证据开示制度，这不仅解决了

“突袭控诉”问题，同时也解决了“突袭辩护”问题，使判决真正建立在符合事实真相的基础之上。麦克弗森的报告成为2003年《刑事司法法》改革普通法“禁止双重危险原则”的依据。

3. 受害人和证人在对抗式刑事审判中的冷遇

在英美法系国家的刑事审判中，被害人并非审判中可以独立于控方的当事人，而是作为控方的证人来对待的。所以，被告人同被害人及其他控方证人的接触主要发生在对证人的交叉询问阶段。为了充分保障被告人面对面质问不利证人的权利，贯彻传闻规则的要求和使陪审团能够亲自观察证人的言谈举止，普通法要求证人原则上必须出庭作证，且必须接受被告人及其辩护律师的反询问。

交叉询问不仅是对抗式刑事审判中发现真相的利器，而且也是“证人声誉的屠宰场”（边沁语）。在交叉询问中，证人的品格等个人隐私会被对方无情地揭露，证人在选择作证时会面临沉重的心理压力和窘迫。这在弱势证人（vulnerable witness，即儿童证人/被害人、性犯罪被害人）作证的场合，表现得尤为明显，被害人在法庭上的作证等于是在忍受“二次伤害”的折磨。

强奸案中的交叉询问是造成受害人痛苦的主要原因。用对待儿童的方式向她们提问似乎是合法的，强奸发生时穿了什么样的内衣，是否化了妆，是否费心思整理了头发，月经的细节，这些问题除了羞辱她们，使她们尴尬外，毫无意义。①

儿童受害人/证人可能要承受更大的心理压力：

面对被告人而可能产生的痛苦；拥挤的法庭中难忘的气氛；在有陪审团参与的审判中，必须大声作证以使在一定距离之外的人也能听到；如果案件涉及性虐待，要涉及隐私和令人尴尬的细节；在某些案件中，如果以前有过威胁，就会对被告人产生名副其实的恐

① ［英］詹妮·麦克埃文著：《现代证据法与对抗式程序》，蔡巍译，法律出版社2006年版，第164页。

惧；如果了解揭发至爱亲人的后果，则在道德和情感上处于两难境地。①

对抗制下受害人和证人在刑事审判中所受到的冷遇令普通法的学者感叹，与其说审判是针对被告人的，还不如说审判是针对受害人和证人的。因此，为了使“守法公民应成为刑事司法关注的核心”，②实现刑事审判中的权利均衡，而不是仅仅关注被告人的权利，英国不仅限制了对性犯罪受害人的询问内容，而且还限制了对儿童证人的询问方式和内容。

4. 欧洲人权法院的外部压力

英国于1998年通过了《人权法》(The Human Rights Act)，该法于2000年正式生效，《欧洲人权公约》和欧洲人权法院的判决对英国产生了直接的约束力。根据该法第6条的规定，英国所有的法院和政府部门（包括皇家检控署和警察机关）的判决和政策都必须遵守公约的要求。截至目前，英国已有40多起案件被位于斯特拉斯堡的法院宣布为违反公约，欧洲人权法院的判决给英国政府带来了相当大的压力。从形式上看，《欧洲人权公约》第6条的公正审判权条款与美国《权利法案》中的诸多规定是相近的甚至是完全相同的，二者都是以对抗式理念为基本导向的，③ 这是因为英国曾是公约的主要起草国之一。具有讽刺意味的是，英国至今在欧洲人权法院所吃的败仗倒不是因为它的诉讼对抗性过度，而是对抗

---

① ［英］詹妮·麦克埃文著：《现代证据法与对抗式程序》，蔡巍译，法律出版社2006年版，第175～176页。

② Tony Blair, Foreword, *in Home Office*, *Cutting Crimes*, *Delivering Justice*: *A Strategic Plan for Criminal Justice* 2004–08, p. 5.

③ 法国反对《欧洲人权公约》的右派政党和部分学者至今还认为，该公约第5条和第6条的规定是对抗式诉讼下的产物，它们不适宜于整合在具有职权主义诉讼传统的法国刑事诉讼法中。参见 Jacqueline Hodgson, *French Criminal Justice*: *A Comparative Account of the Investigation and Prosecution of Crime in France*, Hart Publishing, 2005, p. 32.

性不足。但是，即使英国保留传统的对抗式诉讼，挑战依然存在。最为明显的例证就是陪审团审判制度，因为根据《欧洲人权公约》第 6 条公正审判条款的规定，所有刑事案件的裁决都应当是说理充分的裁决。欧洲人权法院迄今为止对所接受的有关英国的申诉案件，还没有采取一种积极的态度要求英国的陪审团裁决进行理由充分的论证，而是保持了一种相对谦恭和不干涉的态度。但是，正如英国学者所言："经由欧洲人权法院的法官对《欧洲人权公约》第 6 条的解释，公正审判所必需的理由充分的裁决是公理性的原则，可以预见的是，这一要求迟早会使英国难以承受。"① 英国政府目前所进行的限制陪审团审判范围的立法或许是其积极应对的措施之一。

5. 以"法律和秩序"为导向的刑事政策和议会至上的宪政体制

英国传统的刑事政策可以称之为"被告人为中心"的政策模式，它吻合于对抗式刑事司法的内在要求。从 20 世纪 70 年代末开始，英国的刑事政策发生了转变。保守党在 1979 年竞选活动中的胜利在于它打出了"法律和秩序"的漂亮牌，不仅获得了民众的强烈支持，而且得到了警察机构的拥护。保守党登台后，为了兑现政治诺言，进行了大规模的司法改革运动，加强了打击犯罪的力度和措施，时任内政部长的米歇尔·霍华德（Michael Howard）在 1993 年保守党年会的发言中列举了包括限制沉默权在内的 27 项打击犯罪的新措施。工党在一连串的挫败之后，也开始反思自己竞选失利的原因，出现了一个以秩序而非权利为导向的"新工党"（New Labour），新工党的口号为"打击犯罪和遏制犯罪的发生"（tough on crimes, tough on the causes of crime）。至此，两大政党的

① Paul Roberts and Adrian Zuckerman, *Criminal Evidence*, Oxford University Press, 2004, p. 94.

刑事政策目标趋于一致。同保守党不同的是，新工党不仅在打击犯罪上态度坚决，而且提出了要全面保障诉讼参与人，尤其是受害人在刑事审判中的利益。前任首相布莱尔不无夸张地说道，应该以受害人为中心的司法制度取代现有的以被告人为中心的司法制度。①

政党政策的转变为英国的刑事司法带来了一场近似“革命性的变革”（revolutionary reform），因为执政党强大的政治影响力为政党把政策转变为法律提供了条件。如果是在美国，立法机关如此大规模地限制被告人的权利或许早已被联邦最高法院判定为无效，但是在英国却完全可以实现，因为英国的最高法院本身就是议会的一个有机组成部分（上议院），他不可能搬起石头砸自己的脚。法院违宪审查权的缺失和遵循形式法治的理念，为英国改革的最终成功铺平了道路。正如一个美国学者所言：

在英国，没有人会对带有压制性的法律提起诉讼，没有法院签发的阻止非法政府行为的禁止令（injunctions），没有以保护民权为目的的集团诉讼，英国的法律还没有发展出从马伯里诉麦迪逊案件中所产生的原则……即一个良好的法制需要赋予法院宣布容易滥用权力的立法机关或行政机关的行为违法的权力。②

（三）对衰落的评价

对抗式刑事审判是一种由控辩双方主导下的审判，如果控辩双方通过磋商就某个案件的处理方式已经达成了一致意见，争议已不复存在，法庭如果不顾双方的协议强行进行审判，由于没有控辩双方的有力参与，审判将难以进行下去，所以法官通常会直接确认被告人的有罪答辩，甚少进行实质性的审查，“虽然今日刑事法院的法官在被告人作出有罪答辩后会在量刑前迅速地浏览书面材料，但

① “*Victims Now Priority of Justice Systems*”, The Guardian, 14 November 2002.

② Monroe H. Freedman, “Our Constitutionalized Adversary System,” 1 *Chap. L. Rev.* 57(1998), p.65.

是通常情况下法院就连这一形式审查都省略了”[①]，因为“对抗式诉讼程序关注的不是案件其他事实的真相，而是被告人有争议的事实的真相。有罪答辩，如果是自愿作出的，就不会受到调查”[②]。更为重要的是，通过快速结案的答辩交易，国家节省了大量的司法资源，这反过来将保证那些控辩双方无法达成一致意见的有争议案件得到更为公正的处理。可见，有罪答辩和辩诉交易是当今对抗式刑事审判的孪生兄弟，二者共同脱胎于英美强调个人自治的法治传统，并相互扶持、相得益彰。这也可以从辩诉交易在英国的诞生历程中得到印证，美国加州大学法学院的菲利教授以老贝利法院所审理的案件为实证素材，抽选了自1687年至1912年的3500个案件详尽地阐述了辩诉交易的诞生历程。该实证研究成果证明，辩诉交易并不是对抗制费时、费力、效率低下等因素造成的，也不能把辩诉交易看做是“对抗制的黄昏”（twilight of adversary system）。从辩诉交易的诞生历史来看，律师主导型的对抗式刑事审判在18世纪确立以后，由于律师实际参与审判的数量有限，大部分审判还是很少受证据规则和程序规则约束的法官主导型审判。从19世纪末期开始，律师的参与普遍化，使证据规则和程序规则进一步精致化。律师对审判结果的控制力度加大，在对抗式刑事审判日趋成熟之际，辩诉交易也随之发展起来。因此，“从历史的观点来看，辩诉交易代表的非但不是普通刑事案件审判对抗性的削弱，而是对抗性的增强；代表的不是限制了被告人的权利，而是扩大了被告人的权利”[③]。这也就是说，辩诉交易同对抗式刑事审判的产生源于同

---

① Andrew Ashworth & Mike Redmayne, *The Criminal Process*(*3rd*), Oxford University Press, 2005, p.265.

② ［英］詹妮·麦克埃文著：《现代证据法与对抗式程序》，蔡巍译，法律出版社2006年版，第7页。

③ Malcolm M. Feeley, “Legal Complexity and The Transformation of Criminal Process: The Origins of Plea Bargaining,” 31 *Isr. L. Rev.* 183(1997).

样的原因：刑事审判的律师化。

在大陆法系国家，即使是移植了对抗制的国家，对辩诉交易也是要么限制适用（如意大利），要么完全拒绝（如日本）。而那些仍然保留传统审问式审判方式的国家（如法国）则对辩诉交易保持了保留态度，因为它不符合审问式审判强调国家依职权主动查明犯罪的理念。正如法国学者比尔格林所言：

在对抗式审判中，国家在裁判中缺位或远离，审判属于当事人个人间直接的事务，因此，相当自然地，当事人之间可进行交易。……法国的理论认为，犯罪的第一个受害人便是法律受违反的国家。因此，从这个角度看，难以想象犯罪嫌疑人与作为社会代表的检察官进行交易。①

同对抗制在某些方面的衰落呈现出巨大反差的是，被告人的法律援助权呈现出不断加强的趋势。英国现代刑事法律援助制度的建立开始于20世纪中期，1945年斯拉克利夫委员会（The Rushcliffe Committee）报告建议设立一个薪酬制的法律援助制，以取代以前主要出自辩护律师个人善举的法律援助制。该委员会虽然对民事法律援助制度提出了大胆的改革建议，但是对刑事法律援助制度他们仍坚持1930年《贫穷囚犯辩护法》的规定：法律援助的条件为就严重的可诉罪来说提供法律援助是否有助于实现司法公正；就简易审判而言主要取决于犯罪的严重性或特殊情节。在斯拉克利夫委员会所提供建议的基础上，英国于1949年通过了《法律援助与法律咨询法》（Legal Aid and Advice Act），该法标志着现代英国法律援助制度的建立，被当时的总检察长称作是保证“小人物到达英国正义法庭的宪章”。该法所确立的法律援助模式——法院指定模式——一直持续到2001年，由于法院指定模式存在适用中的不统

① Burgelin Jean - François, “Un faux problème: accusatoire contre inquisitoire,” *Regards sur l'actualité* 2004, n° 300, p. 55.

一，2001年英国根据1999年《接近正义法》（Access to Justice Act 1999）的要求建立了公设辩护人署（Public Defender Service），该署专门从事刑事法律援助事宜，并且直接受法律服务委员会（Legal Services Commission）领导，由该委员会根据当事人的申请为符合条件的被告人指定辩护律师。①

根据1999年《接近正义法》附件3第5条的规定，"授予法律援助应以实现司法公正的利益为准"并"在确定为个人提供法律援助是否是司法公正所必需的利益时"应综合考量下列因素：个人丧失自由、生计的可能性，遭受声誉巨大损害的可能性，诉讼是否牵涉到复杂而重大的法律问题，对程序和其案件的理解能力，等等。这一标准是根据维基瑞的建议而设定的，所以又被称为"维基瑞标准"（Widgery criteria）。在该标准中，被告人的财产状况如何并不影响到他是否会得到法律援助，换句话说，即使是富有的被告人，如果他不愿自行聘请辩护人，并且符合上述标准，法律服务委员会也必须为其指定律师。维基瑞标准在司法实践中执行得较为宽松，几乎绝大部分的被告人一经申请即可获得免费法律援助，这导致法律援助费用的暴增。1997年英国用于法律援助的费用即高达15亿英镑，到2005年则增至20亿英镑。2001—2002年度用于刑事法律援助的费用占到整个刑事司法国家开支中的7%，高出用于法院和皇家检控署的费用总和。②

如果说有罪答辩和辩诉交易的盛行只是对抗式刑事审判内在精神的体现，法律援助制度的建立和完善则体现了加强对抗制的理念，那么审判中心主义的衰落、陪审团审判范围的限制只是对抗式

---

① Ed Cape, "The Rise (and Fall?) of A Criminal Defence Profession," (2004) *Crim. L. R.* 74–75.

② 其中用于警察机构的占62%，监狱的占15%，缓刑处的占4%，刑事法院和治安法院的占5%，皇家检控署和SFO的占3%，刑事国家赔偿和受害人补偿的占2%。参见 Robin Auld, *Review of the Criminal Courts of England and Wales*, 2001, p. 400.

刑事审判的外围衰落，而不是对抗式刑事审判内在结构的变化。当今英国刑事法院的陪审团审判依然严格地遵循由长期的司法实践所形成的程序规则，控辩双方在法庭调查程序中的主导性地位并未有多大的松动。

传统的普通法虽然禁止陪审团就被告人保持沉默的行为进行不利于被告人的推论，但是在事实上并无有效的制度保障来预防或纠正陪审团进行符合常识常情的推论。从这种意义上来说，对沉默权所进行的限制只不过是将普通法下的潜规则上升为法律规则而已。欧洲人权法院在审理英国的一起案件时也强调，沉默权并非绝对的权利，《欧洲人权公约》并不禁止事实认定者在有罪的事实已经非常确凿，要求被告人进行相应的解释而其却保持沉默时，从其保持沉默的行为中进行符合常识的推论，甚至是“非常强烈的推论”。①被告人的对质诘问权所受到的限制也只能看做是对抗式刑事审判的局部衰落，因为不仅对质诘问权只是对抗式刑事审判下的诸多权利的一种，而且也不是在所有的案件中被告人都无法行使该权利，大多数的案件并不会牵涉到弱势证人的特殊保障问题。

如果把控辩双方对程序的控制、裁判者的被动性和严格的证据规则视为对抗式刑事审判的三根支柱，那么英国对抗式刑事审判的衰落充其量只能看做是它的一根支柱和其他旁柱的坍塌。

九、对抗式刑事审判在意大利的移植

意大利于 1988 年通过了新刑事诉讼法典，这部法典被学者称赞为“革命性的”转折。新法典之所以被称为“革命性的”，是因为它同传统的大陆法系国家审问式诉讼划清了界限，转为一种意大利式对抗制。该法的施行虽不到 20 年，却经历了一系列的变化。

---

① Paul Roberts and Adrian Zuckerman, *Criminal Evidence*, Oxford University Press, 2004, p. 445.

它的曲折历程可以为具有大陆法系传统的国家移植对抗式刑事审判提供若干值得反思的经验和教训。

（一）1988 年新法典下对抗制的引进

意大利 1930 年的旧法典是以法国的刑事诉讼为样本制定的，在旧法典下，刑事程序分为两个连续进行的阶段：预审和审判。前者是在预审法官主持下的有步骤的侦查活动，检察官仅是预审法官的助手。在预审程序中，预审法官有权进行一切有助于查明案件事实真相的调查活动，如讯问犯罪嫌疑人、询问证人、进行搜查和扣押等，预审所得到的所有证据资料都被收集在一份侦查卷宗之中，该卷宗是审判的基础。①

被告人在接受审判时有权反驳控方的指控，并有权举证支持自己的主张。但是，辩护律师不得对证人进行交叉询问，控辩双方的所有问题都必须通过审判长来提出。虽然被告人有权在审判中对控方的指控予以反驳，但审判并不是一个审查控方指控是否成立的程序，而是一个对侦查结果进行书面确认的过程。因为侦查活动所形成的卷宗是法庭审理和判决的直接依据，所有预审阶段所收集的证据都可以畅通无阻地进入审判阶段，即使是未经被告人质证的卷宗材料也可以作为定罪判刑的依据。被告人的主体性地位得不到确认，“法庭中只能听到主审法官的庄严宣判，被审人在他面前静静等待，顶礼膜拜”②。

意大利刑事诉讼的效率低下一直是困扰司法机关的难题，普通案件的审理达到甚至超过 10 年的并不少见。欧洲人权法院反复地指责意大利的诉讼迟延严重地侵犯了被告人的公正审判权，议会不

---

① Illuminati Giulio, “The Frustrated Turn to Adversarial Procedure in Italy (Italian Criminal Procedure Code of 1988),” *Washington University Global Studies Law Review*, http://ssrn.com/abstract = 827964.

② ［意］皮罗·克拉玛德雷著：《程序与民主》，翟小波、刘刚译，高等教育出版社 2005 年版，第 59 页。

得不动用大赦来赦免被告人的罪行。但是时过不久，积案问题又重新出现。[①]“审判持续时间过长，不仅一再地受到欧洲人权法院的谴责，而且还造成了一系列灾难性的后果，严重损害了公民对其司法体制的合理期望。”[②]

为了能够实现向“自由民主型社会”的转型和摆脱积案成山的现实困境，意大利以美国的刑事诉讼为蓝本，借鉴英美法系国家刑事诉讼中的一系列程序和技术，对其传统的审问式程序进行了对抗制改造，成为意大利甚至大陆法系国家“20 世纪最为重大的事件”。[③]

1. 废除预审法官制并确立了检察官的当事人地位和对席调查原则

在旧法典下，无论是预审法官还是庭审法官，都应该公正客观地收集所有证据。1988 年新法典的起草者对法官的客观性义务是否能够发挥约束作用产生了怀疑，他们认为没有任何调查活动是完全中立无偏的；所有的调查活动都受到了调查者个人观点和背景的影响。此外，他们认为，调查犯罪这一行为本身就会使调查者产生偏见。[④] 为了实现法官的裁判职能与侦查职能的分离，意大利废除了预审法官制，代之以侦查法官制（giudice per le indagini preliminari，GIP）。侦查法官不再从事起诉前的侦查，其职能是对整个侦

---

① 意大利曾于改革前的 1978 年、1981 年、1982 年、1983 年和 1986 年先后进行过 5 次大赦，但积案问题在改革后仍然相当严重，意大利于 1990 年又进行过两次大赦。参见 Nicola Boari，“On the Efficiency of Penal Systems：Several Lessons from the Italian Experience，” 17 *Intl Rev. L. & Econ.* 115（1997），p. 120.

② Macro Fabri，“Theory Versus Practice of Italian Criminal Justice Reform，” 77 *Judicature* 211（1994），p. 211.

③ Ennio Amodio and Eugenio Selvaggi，“An Accusatorial System in a Civil Law Country：The 1988 Italian Code of Criminal Procedure，” 62 *Temp. L. Rev.* 1211（1989），p. 1211.

④ Michele Panzavolta，“Reforms and Counter – Reforms in the Italian Struggle for an Accusatorial Criminal Law System，” 30 *N. C. J. Intl L. & Com. Reg.* 577（2005），p. 585.

查活动进行司法控制，以监督侦查程序的合法性，保障犯罪嫌疑人的合法权益不受任意侵犯。检察官进行的侵犯自由或隐私权的行为（如审前羁押、窃听、监听等）必须获得侦查法官事先批准的令状，否则即是违法侦查行为，所得证据将予以排除。

在旧法典下，检察官只是预审法官正式侦查活动的助手，调查事实的主要义务由预审法官承担。预审法官制的废除使检察官从助手一跃而成为侦查程序的主导者。但是，新法典并未要求检察官在履行侦查活动时有义务客观公正地收集一切有利或不利于犯罪嫌疑人的一切证据，而是将其视为刑事诉讼中的一方当事人。检察官从事侦查活动的目的不再是判断犯罪嫌疑人是否真正实施了犯罪行为，而是是否能够收集到足够的证据将犯罪嫌疑人交付审判。① 根据新法典第358条的规定，公诉人为达到起诉的证据标准不仅应"开展一切必要的活动，而且也核实对被调查人有利的事实和情节"。意大利学者认为，该条规定并不是要求检察官履行客观性义务的法律规范，而是要求检察官从公诉的视角审查是否有否定犯罪成立的事实或情节，以决定是否提起公诉。换句话说，在决定是否对犯罪嫌疑人提起指控时，公诉人不应忽视对犯罪嫌疑人有利的事实或情节，因为"如果检察官忽视有利于犯罪嫌疑人的证据，仅从一个视角审查案件，他将冒着在审判甚至初步庭审程序中失败的风险，即检察官应该考虑对犯罪嫌疑人有利的证据是他作为当事人的基本职责，而不是职权主义下的客观性义务"②。

检察官的当事人化要求被告人辩护权的扩展，否则控辩平等对抗的原则就无法得到贯彻。为此，新法典加强了被告人的辩护权。根据意大利刑事诉讼法中的对席调查原则（the principle of adver-

① 《意大利刑事诉讼法典》第326条。

② Elisabetta Grande, "Italian Criminal Justice: Borrowing and Resistance," 48 *Am. J. Comp. L.* 227(2000), p.235.

sariality)，由检察官或司法警察所进行的侦查活动，辩护律师有权在场。该原则分为两种：一种为事先通知在场权原则，另一种为任意在场权原则。前者是指，检察官或司法警察在实施某种侦查行为之前必须事先告知辩护律师，且辩护律师有权参与调查的规范；后者是指，检察官或司法警察无义务事先告知，但辩护律师可以"突袭参与"（acts of surprise）的规范。[①] 辩护律师有权在场且必须事先通知的场合为司法警察讯问犯罪嫌疑人时，[②] 检察官对犯罪嫌疑人进行讯问、检查或对质时；[③] 辩护律师有权在场但不必事先通知的场合为司法警察进行搜查、紧急核查或扣押时，[④] 检察官所进行的搜查或扣押时。[⑤]

2. 建立双重卷宗制以阻断侦审之间的流水线关系

在理想状态下，对抗式刑事审判的"决策者必须毫无准备地进入案件，对具体关系到案件争点的一切事项一无所知。他应当拥有一片'心智的处女地'，等待着举证和论辩这一双向过程的开发"[⑥]。新法典为实现侦查与审判之间的分离，建立了独特的卷宗移送制度：双重卷宗制（double dossier system）。之所以如此命名是为了同旧程序下单一的侦查卷宗制相区别。在1930年的法典中，预审法官所收集的所有证据都被置于卷宗之中。该卷宗直接移送法院，并可以附加在审判中出现的其他新证据中，如果当事人上诉，该卷宗将被逐级添加和审查。新法典的起草者试图限制审前书面证

---

① Mireille Delmas - Marty and J. R. Spencer, European *Criminal Procedure*, Cambridge University Press, 2002, p. 362.

② 《意大利刑事诉讼法典》第350条第3款。

③ 《意大利刑事诉讼法典》第364条。

④ 《意大利刑事诉讼法典》第356条。

⑤ 《意大利刑事诉讼法典》第365条。

⑥ ［美］米尔伊安. R. 达玛什卡著：《司法和国家权力的多种面孔》，郑戈译，中国政法大学出版社2004年版，第206页。

据的使用，保障主审法官免受侦查卷宗所含资料的影响，以防止出现预断和偏见。用来防止法官看见侦查卷宗的方法很简单。在审前阶段，所有的证据都被收集在侦查卷宗之中。侦查结束后，只有当事人有权利用该卷宗准备庭审或弹劾证人的可信性。主审法官将无法看见侦查卷宗。主审法官只能看见一种全新的卷宗：审判卷宗（trial dossier）。审判卷宗只包含在审判中所收集的证据。

从理论上来说，审判卷宗一开始移送给法官时应该是空无一物的。但是，新法典规定了一些例外，侦查卷宗的部分证据在审前可以转入审判卷宗之中。这些例外包括：无法在庭审中重复进行某一行为所获得的证据，依照附带证明程序（incidente probatorio）所收集的证据，[①] 犯罪消息登记簿和被告人的先前定罪记录。换言之，侦查法官可以将侦查卷宗的部分证据在审前转移到审判卷宗之中，法官可以在审前接触到部分证据。

审判卷宗和侦查卷宗的功效不同，前者可直接作为法官认定案件事实的依据，后者则不得作为认定案件事实的实质性证据，而只能作为弹劾证据使用。为了能够保障双重卷宗制所欲实现的侦审分离的目的，新法典效仿英美法系国家的证据排除规则，严格限制审前所得证据的证据能力。

3. 建立严格的证据排除规则以实现审判中心主义

英美法系国家传统上仅将正式的审判视为司法程序，控辩双方在审前所展开的调查活动只是各自为审判所进行的准备性活动，几乎所有证据都必须在公开的法庭上经过面对面的调查质证才能作为最终定案的依据。这就是审判中心主义的理念，它区别于大陆法系

① 附带证明程序是意大利刑事诉讼法中所确立的一种审前证据保全制度，它是指如果存在一些特殊情况，审判时提供证据会导致难以取证的危险或者将导致审判过分延长，经检察官或被调查人的请求，侦查法官可以在审前对证据进行“保全”（frozen）。该证据可直接在法庭上使用，不再履行调查程序，因为附带证明程序本身就是一个由法官主持控辩双方相互对质的三方参加下的“准审判”程序。

国家将司法活动视为官方有步骤的调查活动的传统，整个司法过程是一种“渐进式的审判”，审判活动“看起来似乎是对以前所做工作的审计或者是对预先调查程序中的事实发现所作的审核”[①]。为了使审判独立于侦查，实现庭审的实质化，贯彻审判中心主义，加强当事人对审判程序的控制力，意大利新法典确立了严密的证据规则以防止审前所得证据直接进入法庭。

首先，仿照英美法系国家的传闻证据规则，除法定例外情况外，当事人尤其是公诉人，不得通过宣读证人证言或其他侦查笔录取代证人的亲自出庭。[②] 其次，司法警察不得就其在侦查中所收集的证人证言出庭作证。[③] 这两条规则被意大利学者称为“对抗制下的黄金规则”：庭外陈述只能用于确认证人的可信性，不得作为认定案件事实的直接根据，即不得作为裁判的合理根据。[④] 最后，分离审判的共犯被告人出庭后以行使沉默权为由拒绝提供证词，那么其审前的供述将不具有证据能力。

为了防止过于严苛的证据规则会导致审判低效，新法典同样确立了一些例外。第一，当由于不可预见的事实（如证人突然死亡）而不可能重复进行某一调查行为时，当事人有权请求法官允许其宣读侦查卷宗中的文书。第二，用以弹劾被告人可信性的先前供述[⑤]可以作为实质性证据使用；如果被告人在审判中缺席或行使沉默权，法官有权决定宣读被告人向公诉人或侦查法官所作的供述。第三，如果无法使分离审判的共犯被告人出庭，法官有权决定宣读其

① ［美］米尔伊安．R. 达玛什卡著：《司法和国家权力的多种面孔》，郑戈译，中国政法大学出版社 2004 年版，第 80 页。

② 该规则相当于英美法系国家的书面传闻排除规则，即禁止朗读规则。

③ 该规则相当于英美法系国家的言辞传闻排除规则，即禁止转述规则。

④ Michele Panzavolta, "Reforms and Counter - Reforms in the Italian Struggle for an Accusatorial Criminal Law System," 30 *N. C. J. Intl L. & Com. Reg.* 577(2005), p. 589.

⑤ 该供述必须是在律师在场的前提下，且经检察官讯问所得的供述。

向公诉人或侦查法官所作的供述。第四，类似于传闻证据规则中的“当场印象例外”（present sense impressions）和“激动言辞的例外”（excited utterances），司法警察就其在搜查期间或紧急情况下所获取的陈述，可以出庭作证弹劾证人的可信性。

4. 以交叉询问作为法庭调查的主要技术，赋予控辩双方对庭审的主导权

为了使法庭调查中的主导权转移给控辩双方当事人，新法典借鉴英美国家的法庭调查技术改变了传统的庭审权力配置。在旧法典下，审判长是整个法庭调查中的核心角色。他首先讯问被告人、民事当事人，然后依职权询问证人、调查卷宗所载证据和询问鉴定人，最后调查由控辩双方所提交的证据。新法典第190条第1款明确规定：“证据根据当事人的请求而获采纳。”

各方当事人向法庭展示各自的案件，传唤各自的证人并对其进行询问。同美国的刑事审判一样，检察官先向法庭作开头陈述。不同的是，由于被害人在刑事审判中并非只是一个证人，而是作为具有独立请求权的一方当事人，受害人（或者其他民事当事人）有权在公诉人之后作开头陈述。被告人是最后作开头陈述的一方。调查证据的顺序为公诉人在先，其他当事人在后，不过由于法庭并非二元式的陪审制结构，并无英美法系国家的中间审查程序。

法庭调查以对人证的交叉询问为主线，首先由传唤证人（技术顾问、民事当事人或被告人）的一方进行主询问，然后由对方进行反询问，最后传唤方可进行再主询问。[①] 主询问一方在提问时不得提出诱导性问题，但反询问方可以提出诱导性问题。交叉询问是对抗式刑事审判的核心技术，并被视为对抗制发现真相的最佳装置，交叉询问制的确立是意大利借鉴对抗制的主要表现。控辩双方

① 为了体现对未成年人的特殊保障，对未成年证人的询问由庭长根据当事人的问题和意见进行。

不仅有权对证人进行交叉询问，而且有权决定询问证人的顺序，充分体现了控辩双方对程序的主导。新法典并无专门的法庭辩论程序，法庭辩论是在法庭调查的过程中进行的，法庭调查结束后即由公诉人及其他当事人进行总结陈述。

被告人在审判中既可以选择为己方作证，也可以选择在庭审中保持沉默。如果被告人选择不作证，那么禁止法庭据此作出任何不利于被告人的推论；反之，被告人的所有言行都将作为认定事实的依据。同美国的被告人相比，意大利的被告人在选择作证时并不需要进行宣誓，因此他可以免受伪证罪的追诉，他有“说谎权”。被告人在法庭上有权随时请求法庭允许其进行“自发式的陈述”(spontaneous statements)，① 而不是像英美那样必须通过回答交叉询问所提的问题才能向法庭展现自己的“故事”。另外，被告人享有最后陈述权，即被告人享有说最后一句话的权利，此点亦与美国不同。

5. 创设各种简易速决程序，化解对抗式庭审的压力和增强控辩双方对实体性权益的处分权

意大利改革者为了实现审判的高效，解决积案成山的现实困境并化解对抗式庭审的压力，创设了各种简易速决程序，包括简易审判程序（giudizio abbreviato)、依当事人的要求适用刑罚程序（applicazione della pena sulla rechiesta delle parti，patteggiamento)、处罚令程序（procedimento per decreto penale)、快速审判程序（giudizio direttissimo）和立即审判程序（giudizio immediato)。后两种程序并非审判程序的简化，只是省略了初步庭审程序，法官可直接依据检察官移送的侦查卷宗进行书面审。前三种程序是直接省略法庭审理程序的简易程序，而简易审判程序和依当事人请求适用刑罚程序是

---

① 参见 Elisabetta Grande，“Italian Criminal Justice: Borrowing and Resistance，” 48 *Am. J. Comp. L.* 227(2000)，p. 245.

体现控辩双方主导诉讼理念的“协商式司法”，同美国的辩诉交易存在一定的相似性，意大利立法者希望能够借助这两种程序消化70% ~80% 的案件，以减轻积案成山的现实压力。①

简易审判程序，是指在被告人请求下并且经检察官同意，法官在初期侦查之后仅依据侦查卷宗，直接对案件作出迅速判决的程序。该程序可适用于所有刑事案件，被告人将得到刑期减少 1/3 的优惠。② 依当事人的要求适用刑罚直接借鉴于美国的辩诉交易，但是两者又不完全相同，因而又被称为意大利式的辩诉交易。其基本内容为：检察官和被告人及其律师在审判前可以就判刑达成协议，并请求法官按此论处。此处有三点须注意：第一，检察官和辩护律师不得就被告人的犯罪性质进行交易，而只能就量刑达成协议；第二，最高减刑幅度为法定刑的三分之一，且最终判刑不得超过两年有期徒刑；第三，在检察官不同意的情况下，被告方可以要求法官执行以前达成的协议。

（二）改革的有限性

1. 并未建立起诉书一本主义，法官可能会受到审判卷宗的“污染”

在英美的刑事审判中，作为事实审理者的陪审团在审前是无任何法定的渠道获知案件信息的。为了充分保障裁判者的中立性，检察官在提起公诉时不得移送侦查阶段所收集的证据，只以有明确指控对象的起诉书作为指控的依据，这就是所谓的“起诉书一本主义”。意大利新法典为了防止主审法官受到审前信息，尤其是控方信息的不良影响，产生不利于被告人的偏见，原则上侦查卷宗的所有内容不得在审前移送给法官。但是，法律上规定了一定的例外，

---

① Stefano Maffei, “Negotiations ‘on Evidence’ and Negotiations ‘on Sentence’: Adversarial Experiments in Italian Criminal Procedure,” 2 *J. Intl Crim. Just.* 1050(2004), p. 1053.

② 如果可能判处无期徒刑，则减为 30 年有期徒刑。

这种折中的处理方式有其现实的合理性，因为对于那些不可重复进行的诉讼行为，非要等到审判阶段再去进行，完全不具有现实可行性；而依照附带证明程序所收集的证据已经过被告人及其辩护律师的质证，该证据实质上已经获得了正当程序的保障。但是，对于被告人的先前定罪和其他品格证据，通常在美国是属于证据排除范围之列的，却可以在审前堂而皇之地进入主审法官的视野，无法真正避免法官受到其“污染”。

2. 法官并非庭审中的消极仲裁者，有职责进行补充性调查

首先，即使双方当事人同意采用传闻证据，法官有权决定传唤原始证人出庭作证。其次，庭长有权向已接受过交叉询问的证人提出新的问题，而且可以提出双方当事人遗漏或无争议的新问题并要求进行调查核实。虽然美国的法官也有权对证人提问，但由于上诉法院一再强调此种行为可能给陪审团带来偏见性效应，告诫法官在行使询问权时应特别谨慎。实际上，初审法官为了防止其判决被上诉法院撤销，甚少行使主动询问的权力；至于提出新的争点也完全超出了法官作为“纠纷仲裁者”的权力范围。再次，虽然双方当事人可以各自任命自己的技术顾问，但是鉴定人不得由双方当事人选择，而是由法庭予以指定；对鉴定人的传唤由法庭决定。最后，法庭在确有必要时（whenever absolutely necessary），可以在法庭调查结束后主动地决定调取新的证据材料；对于新的材料，由法官先主动进行调查，然后由当事人进行补充性询问。

3. 简易速决程序的适用范围有限，法官有否定权

就简易审判程序来说，虽然其适用范围广泛，但是被告人的请求并不是该程序适用的唯一条件，他的请求必须得到检察官的同意，并且最终还要得到法官的认可。这也就是说，被告人并不像英美法系国家的被告人那样，有罪答辩行为本身具有终结诉讼程序继续进行的效力，并不要求获得检察官的事前同意。

就意大利式辩诉交易来说，第一，控辩双方的交易不能涉及指

控的性质，而只能就量刑进行交易，且必须是对法定刑3年以下的罪行进行协商。第二，由于意大利并无英美法系国家有罪答辩的制度设计，检察官同辩方进行交易的目的并不是为了获得被告人的有罪答辩。第三，法官如果发现被告人无罪，他可以拒绝接受控辩双方达成的协议。法官不但必须审查案件的事实基础，而且还要审查案件的加重和减轻情节。如果法官发现无事实根据或有其他错误，他必须拒绝双方当事人达成的协议，并命令按照普通程序进行审理。

4. 辩护律师的调查权有限，难以同控方形成有效的对抗

新法典规定的辩护律师在场权、会见权和阅卷权为控辩平等对抗提供了前提，对席调查原则的确认使侦查机关几乎所有的活动都置于辩护律师的监视之下，就连美国的辩护律师可能也要艳羡意大利律师的权利。但是，新法典并无具体的条文授权辩护律师进行独立的调查取证，虽然新法典的实施细则第38条对此予以了补充，但是“这些权利是相当有限的且停留在纸面上”。[①] 由于检察官的当事人化，期望从检察官那里能够得到多少真正有利于辩护的无罪证据的可能性已经不大，这就会造成控辩双方之间的严重失衡，进而影响审判的公正性。

（三）向审问制的回归

1. 宪法法院的保守行为

新法典从制度上完成了意大利的刑事诉讼转型，即由一个以官方主导下的审问制转向一个以控辩主导下的“意大利式对抗制”。但是，书面上的法律能否得到执行，关键不在于其文本的完美与否，而在于执法者能否真正地认可、接受其正当性并将之付诸实践。一个同大陆法系传统理念如此背离的新制度，必定会在现实中

① Mireille Delmas - Marty and J. R. Spencer, *European Criminal Procedure*, Cambridge University Press, 2002, p. 360.

遭遇到一定的挫折。挫败新法典的主角当属意大利宪法法院。在意大利，宪法法院并不就个案的合宪性进行审查，而是通过法官提交的申请，对法官适用的具体法律规定进行审查，进而认定其是否违宪。新法典于1989年10月24日生效，在其诞生后的20世纪90年代遭受到宪法法院的顽固抵制，以至于比较法学者认为意大利的改革只是昙花一现，对其前途充满了迷惘和忧虑。

（1）警察可以就侦查阶段所获得证人证言出庭作证。意大利宪法法院1992年的第24号判决宣布，禁止警察就其在侦查阶段所获得证人证言出庭作证的规定违宪。其基本根据为：合理性原则和平等原则。意大利宪法法院宣称，禁止警察出庭作证缺乏合理的根据，因为裁判者为了发现事实真相，有权考量犯罪发生时证人的庭外陈述。警察出庭作证时当事人仍然享有对其进行交叉询问的机会，被告人的对质诘问权未受侵犯。此外，如果普通公民的庭外陈述（书面传闻）因特定原因可以作为传闻例外进入法庭，而对于警察的传闻陈述（言辞传闻）一概地加以排斥，是有违平等原则的。警察的证词并不必然比其他普通证人的证词更缺乏可靠性。①

（2）作为弹劾证人可信性的庭外陈述可以作为认定案件事实的实质性根据。新法典第500条规定，用来弹劾证人可信性的先前不一致陈述，仅用于证明证人的可信性，不得作为认定是否有罪的实质性证据。意大利宪法法院于1992年第255号判决宣布该条违宪，其根据为“证据不稀释”原则（the principle of non-dissipation of evidence）。根据该原则，事实发现者有权自由评价任何与案件相关的证据（自由心证），不管该证据是在法庭上提交的，还是在

① William T. Pizzi & Mariangela Montagna, “The Battle to Establish an Adversarial Trial System in Italy,” 25 *Mich. J. Intl L.* 429(2004), p.451.

审前由警察或检察官所收集的，所有的证据都不应被白白浪费。[①]据此，禁止法官自由评价作为弹劾证据的庭外陈述违背法官自由评价证据证明力的原则。自此，证人的庭外陈述可径直采为判决的实体性根据。

（3）共犯被告人出庭作证拒绝提供证言时其庭外供述可直接宣读。新法典第 513 条第 2 款规定，分离审判的共犯被告人出庭作证但却行使沉默权，拒绝接受询问时，其审前不利于在审被告人的供述不得在法庭上宣读。意大利宪法法院 1992 年的第 254 号判决宣布该款违宪，其根据也为合理性原则。意大利宪法法院宣称，以不同的方式区别对待分离审判的共犯被告人与合并审判的共犯被告人是不合理的。如果合并审判的共犯被告人在接受审判时可援引其审前的供述，那么也应当允许分离审判的被告人得到相同的对待。[②]

（4）法官有权以罪刑相适应原则否定控辩双方达成的量刑协议。新法典施行不到一年，意大利宪法法院 1990 年第 313 号判决即认定规范意大利式辩诉交易的第 444 条第 2 款违宪。在该判决中，意大利宪法法院反复强调法官对控辩量刑协议的控制并不仅仅是一个形式，并以意大利《宪法》第 27 条第 3 款刑罚的矫正原则为根据，认为第 444 条第 2 款没有明确授权法官认定当事人之间的协商刑罚与犯罪的严重性是否相适应，进而阻碍了法官执行《宪法》第 27 条第 3 款所确立的原则。该判决无疑进一步确认和加强

① Ennio Amodio, "The Accusatorial System Lost and Regained: Reforming Criminal Procedure in Italy," 52 *Am. J. Comparative Law* 489 (2004), p. 493.

② Michele Panzavolta, "Reforms and Counter – Reforms in the Italian Struggle for an Accusatorial Criminal Law System," 30 *N. C. J. Intl L. & Com. Reg.* 577(2005), p. 598.

了法官可以不顾当事人双方的意愿而否定或修改协议内容的权力。①

(5) 对法官依职权主动调查案件的前提进行扩大解释

新法典规定法官不仅有权在控辩双方对人证调查完毕之后，有权进行补充性询问（讯问），而且还规定法官在确有必要时，可以在双方调查结束后主动地调取新的证据材料。但是，何谓“确有必要”？新法典未作解释。意大利宪法法院1993年的第111号判决对其进行了扩大解释，认为确有必要调查的证据，是指法官在当事人未提请调查但对于认定案件事实又确有必要性的证据。宪法法院在该判决中明确地宣称，对证据的调查不应完全不受阻碍地掌握在当事人的手中，法官有发现事实真相的义务。②

2. 改革失败的原因

(1) 现实：有组织犯罪的猖獗。“‘犯罪控制’和‘正当程序’两目标之间的竞争在意大利尤其错综复杂，因为意大利的司法程序需要同时处理普通犯罪和有组织犯罪所带来的特殊问题。”③在1987年年末，意大利进行了有史以来最大规模的刑事审判，该案共有被告人454名，最终有300多人被认定有罪。④以黑手党为代表的有组织犯罪是造成意大利审判迟延的重要因素，为了使审判程序不至于陷入瘫痪，意大利对涉案人数众多的有组织犯罪通常采

① Maximo Langer, “From Legal Transplants to Legal Translations: The Globalization of Plea Bargaining and the Americanization Thesis in Criminal Procedure,” 45 *Harv. Int'l L. J.* 1 (2004), p. 52.

② Mireille Delmas - Marty and J. R. Spencer, European *Criminal Procedure*, Cambridge University Press, 2002, p. 382.

③ ［意］戴维·奈尔肯：《显著差异：意大利的犯罪与刑事司法》，载［意］戴维·奈尔肯主编：《比较刑事司法论》，张明楷等译，清华大学出版社2004年版，第368页。

④ Louis F. Del Duca, “An Historic Convergence of Civil and Common Law Systems: Italy's New ‘Adversarial’ Criminal Procedure,” 10 *Dick. J. Int'l L.* 73 (1991), p. 88.

取分离审判的方法。这就导致了如何对待分离审判共犯被告人供述的特殊问题。新法典采取了一种严格的排除法则，以充分保障被告人的对质诘问权。

1992 年意大利宪法法院对其进行了新的解释，其导火线源自于两起残忍的黑手党刺杀案。尽管有警察的贴身护卫，在 1992 年 5 月和 7 月，两位以打击黑手党闻名的检察官先后被西西里的黑手党头目刺杀。意大利新法典所确立的共犯出庭作证制度对于打击黑手党明显不利，因为“在对黑手党的审判中，这一要求会把证人（指共犯被告人）和他们的亲属置于暴力胁迫的危险下，这种暴力胁迫的目的是强迫他们在相当长的等待审判和上诉的期间内撤回他们的证词”①。

为了打击黑手党的猖狂行为，意大利宪法法院于 1992 年作出了一系列判决，确认了审前书面证据的可采性，其中即包括分离审判共犯被告人审前供述的可采性。此时，意大利立法机关迫于打击黑手党犯罪的社会压力，对宪法法院的判决予以了认可；并且以打击有组织犯罪“紧迫的优先性”（pressing priorities）为由，通过了 1992 年 8 月 7 日的第 356 号公共紧急法令，从而加强了司法警察侦查权，加重了参与有组织犯罪的刑罚，并扩大了书面证据的可采性。②

（2）制度：起诉法定原则。意大利和德国一样，实行严格的起诉法定原则（compulsory prosecution principlo），这是意大利《宪法》第 112 条规定的基本原则。该原则是第二次世界大战后德国和意大利在宪法中增加的原则，都是对纳粹干预司法的历史教训进

① ［意］戴维·奈尔肯：《显著差异：意大利的犯罪与刑事司法》，载［意］戴维·奈尔肯主编：《比较刑事司法论》，张明楷等译，清华大学出版社 2004 年版，第 369 页。

② Michele Panzavolta, “Reforms and Counter – Reforms in the Italian Struggle for an Accusatorial Criminal Law System,” 30 *N. C. J. Intl L. & Com. Reg.* 577(2005), p. 600.

行深刻反省的结果。其基本理论依据在于，如果检察官没有提起公诉的自由裁量权，那么就可以避免其受到外界的政治影响，从而可以确保所有的被告人都能得到一视同仁的平等对待。

根据该原则，检察官经过初期侦查之后，无权作出不起诉的处分。如果检察官认为案件不符合起诉的条件，他必须向初步庭审法官提出撤销案件的请求，后者通过审查检察官移送的案卷，作出是否同意的决定。如果初步庭审法官不同意检察官的请求，那么他有权要求检察官进行补充侦查或命令检察官起诉。

意大利一方面在新法典中确认了检察官的当事人地位，① 另一方面又保留了传统的起诉法定原则。可见，检察官的当事人化是有限度的。他只是在审前的调查取证中无须尽到客观性义务，在审判中无须就当事人的所有事实尽到客观调查的义务，但是他没有权力自由决定是否对被告人作出不起诉的决定。所以，他虽然能够同被告人及其辩护律师就量刑问题在审前进行协商，但无权对是否指控、降格指控同辩方进行交易。这同美国的检察官的起诉裁量权形成了鲜明的对比，同美国的检察官相比，意大利的检察官只能算作一个“准当事人”，其对程序的控制力远远比不上美国的检察官。

起诉法定原则不仅为意大利式的辩诉交易的狭窄范围提供了正

① 意大利的检察官在刑事诉讼中被视为代表国家和社会利益的一方当事人，但其在组织机构上却是一个不折不扣的司法人员。他们像司法机构中的其他人员一样，通常是在大学毕业之后，通过国家组织的统一司法考试，然后被任命为检察官的。检察官和法官隶属于一个相同的机构，两者之间的职位并不是固定的，而是可以根据需要相互调动的。他们同样都是以资历为基础的职业化的科层制下的司法官员；他们的工资待遇相同；并且都是一个以保护和提高他们利益的司法组织的共同成员；深深地分享着共同的价值偏好并在长期的司法实践中形成了协同作战的同志般的情谊。在传统的诉讼模式下，意大利检察官和法官共同的职业定位是其单方面进行公正客观中立调查的组织基础。但是，随着检察官的当事人化，他不再承担收集对被告人有利证据的法定义务；而检察官的组织定位并未发生改变，他还是法官的“同盟”。因此，新法典下的被告人处境可能比之以前更为不堪。

当根据，而且还为法官的职权调查行为提供了支持。意大利学者认为，既然检察官无权作出起诉与否的处分，那么在强制其起诉的情况下，检察官可能由于懈怠或疏忽而无法完成举证责任，导致案件的事实不明。但是，法官不能据此轻纵罪犯，而应该主动地调查新的有助于认定案件事实的证据。[①]

（3）理念：实体真实的传统理念。任何时代的审判都离不开对事实的探求，但是由于历史传统的差异，两大法系形成了各具特色的发现事实的技术。在英美法系国家的刑事审判中，裁判者并不承担探知事实真相的义务，调查事实真相的责任由当事人双方来承担。由于双方当事人是事实发现程序的主导者，被告人自认的事实（有罪答辩）或控辩双方无争议的事实（事实的约定）均被视为是真实的。但大陆法系国家传统上强调的是法官在事实发现程序中的主导性地位，而且有法定的义务查明一切有助于发现事实真相的所有证据，不受当事人意志的左右。

意大利作为具有大陆法系诉讼传统的国家，也秉持着这样的理念。新法典虽然移植了英美法系国家刑事审判中的法庭调查技术，控辩双方对事实真相的发现承担着主要的责任，但是法官并非一个消极的仲裁者，他有权对控辩双方未要求调查的证据主动展开新的取证活动。不过，由于新法典严格地贯彻审判中心主义，并建立了完善的证据规则，法官所赖以调查的资料极为有限。更为重要的是，通过创设意大利式的辩诉交易，法官的职权受到了更大的限制。

但是，传统的理念不会因为新法典的通过而瞬间蒸发。意大利的司法机关并没有忘记他们身上一直以来所肩负的实体真实的重任，为此他们必须要重新确立他们发现事实真相的权力。传闻证据

---

① 意大利宪法法院曾以此为理由作出了1993年的第111号判决，作为扩大解释法官主动调查证据权的依据。

的实质性证据力、警察作证资格的取得、共犯被告人的庭外口供可采性、控辩双方的协商量刑应符合相适应原则、对“确有必要原则”的扩大解释等，都可以看做是实体真实主义的死灰复燃。正如意大利米兰大学教授阿莫迪奥在评价意大利宪法法院的“证据不稀释原则”时所说的，所谓“证据不稀释原则”只不过是“植根于大陆法系国家刑事司法的‘实体真实’原则的一个新的伪装版本”而已。①

（四）对抗式刑事审判的重新确立

意大利议会于1997年通过了《刑事诉讼法典》第513条的修正案，试图重新确立分离审判的共犯被告人的传闻排除法则，以抵制宪法法院1992年第254号判决的侵蚀，从而保障对抗制下的核心技术（交叉询问）和权利（对质诘问权）。

修正后的条文规定，如果分离审判的共犯被告人出庭作证时行使沉默权，其庭外陈述只有在被告人同意使用的前提下才能在法庭上宣读。这一条款虽然比原条款放松了限制，但被告人甚少会同意共犯被告人在审前作出的对其不利的供述直接在法庭上使用，实际上是架空了宪法法院的解释。因此，宪法法院迅即作出回应，于1998年的第361号判决宣布修正后的条文违宪，认为该条文严重地阻碍了法庭获得证据的能力，宣称只要有其他的证据补强共犯被告人的庭外供述，即使没有被告人的同意，它也具有证据能力。②

意大利宪法法院的行为彻底激怒了立法机关，使他们意识到通过修改法典的方式已经难以遏制宪法法院的保守行为，于是他们将最后的希望寄托于重新修改宪法条文上，以期从根本上阻止宪法法

---

① Ennio Amodio, “The Accusatorial System Lost and Regained: Reforming Criminal Procedure in Italy,” 52 *Am. J. Comparative Law* 489 (2004), p. 493.

② William T. Pizzi & Mariangela Montagna, “The Battle to Establish an Adversarial Trial System in Italy,” 25 *Mich. J. Intl L.* 429(2004), p. 459.

院恣意解释宪法的行为。

意大利的刑事诉讼改革最终演变为两大政治机构之间的争斗，立法机关为了巩固其立法成果，从根本上遏制宪法法院的恣意行为，在1999年对宪法第111条进行了修改。这次改革被称为“公正审判改革”（the fair trial reform），为对抗制在意大利的确立奠定了宪法基础。第111条规定：“（1）司法活动必须以正当法律程序为保障。（2）诉讼应在一个中立和公正的法官前进行，双方当事人应得到平等对待。法律应当确保诉讼在合理的时间内进行。（3）在刑事诉讼中，法律应确保被指控犯罪的人享有如下权利：有权及时地和秘密地获知指控的性质和原因；有时间和必要的条件准备辩护；有机会询问提供不利证据的人；有权与控方在相同的条件下传唤并询问提供有利证据的人；有权提供任何其他辩护证据；如果他不能理解或运用审判中所使用的语言，有权获得翻译人员的帮助。（4）刑事诉讼中的采证行为应以当事人平等保障为原则。任何人自愿地且有意地拒绝在法庭上接受被告人或其辩护律师的询问，其陈述不得作为认定被告人有罪的根据。（5）法律应当明确规定法官采纳庭外陈述的情形，包括：被告人的同意，或者法官确信确实无法令庭外陈述作出者出庭作证，或者有明确的事实证明有非法行为的影响阻碍了出庭作证。”

随着宪法修正案的通过，意大利立法机关对新法典的内容进行了再修改，以确保与宪法原则和权利相一致。2001年3月1日通过的第63号法律以被告人宪法中确认的对质诘问权为根据，再次确立了传闻证据的排除法则。例如，修改后的第195条第4款规定，警察不得就其在初期侦查阶段所获取的证人陈述的内容出庭作证。修改后的第500条规定，除非有证据证明证人受到暴力、威胁或贿赂而改变其法庭上的证词；用来弹劾证人可信性的庭外陈述只能作为弹劾证据，而不得作为实质性证据使用。修改后的第513条第3款规定，除非被告人同意，否则分离审判的共犯被告人出庭作证但行使沉默权时，其审前供述不得作为有罪判决的根据。修改后的第526条第1款则完全重述了宪法第111条第4款的内容，即任何人自愿地且有意地拒绝在法庭上接受被告人或其辩护律师的询问，其陈述不得作为认定被告人有罪的根据。

意大利立法机关除了重新在法典中确立了严格的证据规则外，还采取了其他一系列的措施加强了对抗制。

第一，新法典将预审法官废除后，建立了侦查法官，由其负责审前的司法控制和初步庭审，不再承担追诉的职能，而以中立的裁判者制约检察官的侦查权并过滤证据不足的案件。但由于侦查法官和初步庭审法官的合一，导致后者容易受到侦查阶段信息的不良影响，难以公正地审查控方的案件，于是1998年立法机关设立了一个专门从事初步庭审的法官（the giudice dell'udienza preliminare，GUP），不再由侦查法官兼任。

第二，进一步加强辩护律师的调查权。前已述及，辩护律师在新法典下的调查取证权相当有限，2000年9月7日意大利通过了第397号法律，名为《辩护律师调查法》（Rules about Defence Investigation），扩大了辩护律师的调查取证权。如今，辩护律师享有大量调查手段以获取有利于被告人的证据：他有权询问任何有助于提供有利证据的证人；经过法官授权，他可以进入任何私人场所或不允许普通公民进入的公共场所；他有权要求法官对证据进行扣押。更为重要的是，他可以雇请助手、私人侦探和技术顾问协助其进行上述调查活动。辩护律师在审前所调查的所有证据不再添附在检察官的侦查卷宗之中，而是装在一个独立的卷宗（辩护律师卷宗，defence counsel's dossier）之中。[①] 2001年2月，意大利立法机关修订了法律援助法，从而使更多的被告人可以得到免费的律师为

---

① Mireille Delmas－Marty and J. R. Spencer, *European Criminal Procedure*, Cambridge University Press, 2002, p. 360.

其辩护。①

第三，通过改革审判组织和简易程序，进一步提升效率，并加强当事人对程序的控制力。

根据1997年的第254号法律和1998年的第51号法令，意大利对一审法庭的组织结构进行了改革，以提高审判效率。意大利原一审法院有三种：独任法官法庭（pretore）、普通法庭（tribuale）和陪审法庭（corte di assise）。修改后的法律废除了独任法官法庭，同时规定普通法庭可以由一名法官单独审理。同时，2000年8月28日的法令授权治安法官有权审理轻微的刑事案件，从而进一步缓解了审判人员紧张的压力。

为了进一步发挥简易程序化解审判压力的作用，解决案件拖延问题，意大利1999年的第479号法律对简易审判程序进行了完善，赋予了被告人真正的程序性选择权。根据修改后的规定，检察官无权否定被告人选择适用简易审判程序；且法官不得以案件事实不明为由拒绝按照简易审判程序进行审理，如果法官认为事实不清，他可以在被告人的请求下进行进一步的调查。

辩诉交易的改革遵循了同样的理念，即扩大其适用范围。意大利2003年6月的第134号法律扩大了可适用辩诉交易的案件范围，将控辩双方量刑交易的范围由原先的三年有期徒刑以下的案件修改为七年半有期徒刑以下的案件。②

宪法修正案的通过以及刑事诉讼法的再次革新，表明被意大利宪法法院所蚕食的对抗制原则在制度层面重新得到了确认。那么意

① Mireille Delmas - Marty and J. R. Spencer, *European Criminal Procedure*, Cambridge University Press, 2002, p. 360.

② 不过，对于特定的犯罪（如恐怖主义犯罪和有组织犯罪）仍只能适用以前的规定。参见 Maximo Langer, "From Legal Transplants to Legal Translations: The Globalization of Plea Bargaining and the Americanization Thesis in Criminal Procedure," 45 *Harv. Int'l L. J.* 1 (2004), footnote 236.

大利宪法法院对其态度如何呢？就目前意大利宪法法院的判决来看，由于宪法条文的修改，作为维护宪法权威的法院，意大利宪法法院较之以前要谨慎克制得多。

在意大利立法机关于2001年大规模重修刑事诉讼法之前的判决中，意大利宪法法院再次审查了共犯被告人的审前供述的可采性问题，认为新宪法条文第111条将作为审查的基准，被告人对质诘问权应得到保障。在另一个判决中，意大利宪法法院虚心地承认，其以前有关第512条的解释已经不再正确，因为它不符合新的宪法原则。2002年2月，意大利宪法法院再次对第500条传闻证据条款进行了审查，它在判决中指出："第111条已将被告人挑战不利于他的证据的权利上升为宪法性权利。"它在判决中继续说道，这意味着"如果被告人没有机会挑战和质问陈述的作出者，那么这些陈述就不应进入法庭（即不具可采性）。所有的证据都应在法庭上展示，以使被告人有检测和反驳的机会"①。

（五）意大利移植对抗式刑事审判的启示

意大利移植对抗式刑事审判并非单纯的审判方式改造，而是进行全方位的整体改革。审判程序只是刑事诉讼中的一个环节而已，从程序推进的方向来看，它只是审前程序的延续。因此，单纯地进行审判方式改革而不对其他程序进行相应的改革，必将因为体制排斥而收效甚微甚至会起反作用。对抗式刑事审判贯彻严格的庭审中心主义，侦查程序与审判程序是严格分离的，控方在侦查阶段所得证据只有在公开的法庭上经过双方的相互质证且通过证据规则的关卡才能转化为裁判的依据。因此，移植对抗式刑事审判必将牵涉到侦查程序的重新定位和证据规则的精致化。否则，如果侦查机关所得的一切证据可以畅通无阻地直接转化为裁判者最终的定案根据，

---

① William T. Pizzi & Mariangela Montagna, "The Battle to Establish an Adversarial Trial System in Italy," 25 *Mich. J. Intl L.* 429(2004), p.465.

那么纵使是设计多么完美的审判程序也会因之而成为空中楼阁。此外，由于在对抗式庭审下，法官处于更为消极被动的地位，而检察官则成为审判的“公益当事人”，所以为了能够矫正控辩双方之间的失衡局面和实现公平对抗的目标，扩大被告人的辩护权也是进行对抗式改造的必要措施。扩大被告人的辩护权不仅体现在被告人及其律师法庭上有权同证人进行对质并诘问不利证人，而且还体现审前有条件进行积极的辩护准备性活动，如调查取证等。另外，对抗式刑事审判毕竟是一个“高消费”活动，为了保证刑事司法的有效运转，必须要设计出对应的“低消费”程序以过滤掉那些无须进行对抗式庭审的案件，只有这样才能实现部分案件的真正对抗。我们可以看到，意大利刑事审判制度的对抗制改造基本上遵循了上述整体改革观。审判程序与审前程序的配套改革、建立严格的证据排除规则、扩大被告人的辩护权、创设各式各样的简易速决程序等都是整体改革观的具体体现，改革的力度和深度都是其他大陆法系国家（如日本）所无法相比的。

法律移植在制度层面能否成功的关键在于移植国内政治力量的对比关系，因为法律移植在本质上就是一次立法活动。[①] 不过，移植后的制度能否在实践中达到其预期的效果则要受诸种因素的影响，尤其是新制度所体现的观念能否被执法者内在化。在内在化的过程中，必将经历一段反复调适的过程。因此，具有大陆法系传统的国家在移植对抗式刑事审判之后必将经历诉讼价值观的冲突和磨合的过程。对权力甚至所有人的怀疑是英美刑事诉讼法律文化的根本出发点，正如留学美国多年的我国台湾学者王兆鹏所言：

英美刑事诉讼……对人性有比较深刻的透视。只要是人，就可能滥权，就可能怠惰，就可能麻痹，就可能犯错，上述任何一种情

---

① 参见刘星：《重新理解法律移植——从“历史”到“当下”》，载《中国社会科学》2004 年第 5 期，第 24 页。

形，只要在刑事程序中发生过一次，对卑微的人民或平和的社会，都会造成无法弥补的伤痛。警察、检察官、法官都有可能滥权犯错，不相信任何一个“有权”的人，是英美刑事诉讼制度的上位概念。①

正是由于对权力存在如此深刻的疑虑，所以英美法系国家刑事审判注重的是当事人的自主保障，而非仰赖法官公正客观的照顾。传统大陆法系国家则强调法官依职权查明事实的义务，体现的是一种权力信任观。所以意大利在对其审判进行对抗式改造后，难免会令宪法法院感到难以适应。新的审判方式不仅削弱了法官在庭审上的权力，而且也不符合大陆法系传统上依职权查明事实真相以防止冤假错案的上位理念。意大利宪法法院的一系列判决是这种文化冲突不可避免的产物，同时也是两种文化进行相互调适的过程。虽然就现有的资料来看，由于意大利立法机关的强硬立场最终促使司法机关臣服于改革派，但是两种文化的磨合可能还有一个长期的过程，其前景仍有待观察。

进行对抗式刑事审判的移植并非彻底地美国化，而是在吸收对抗制精神的基础上对英美法系国家的制度和技术进行本土化改造。以证据规则为例，在美国的法制中，不仅证据的提出和反驳是控辩双方当事人的权利，而且证据规则本身的适用也有赖于当事人的激活。法官在适用证据规则时同样具有被动应答的特点，即对双方无争议的证据，哪怕违反了某个既定的证据规则，法官通常也不得依职权主动排除该证据；同时，如果某一方提出了不可采证据，但对方却未尽指摘义务，法官同样不会主动适用排除规则。“总而言之，多数证据法仅是有条件地适用：即只有当事人援引证据法的规

① 王兆鹏著：《当事人进行主义之刑事诉讼》，中国台湾地区元照出版公司2004年版，序。

则时，证据法才发生效力。"① 但是在意大利，当事人是无权对证据规则的适用进行协商的，也不能因为一方当事人没有及时地提出异议而使证据规则弃置不用。法官可以在“诉讼的任何阶段和审级中指出上述证据的不可使用性”②。这也就是说，对证据规则的适用并不取决于当事人双方或单方的合意或弃权，这体现了意大利职权主义诉讼的传统。

本章小结

司法决斗与对抗式刑事审判具有外在表现形式的相似性，但是从对抗式刑事审判在英国的诞生史来看，决斗式审判同近代的对抗式刑事审判并不具有任何历史的必然联系。其一，决斗式审判更为盛行的欧洲大陆在废除了司法决斗后，取而代之的不是对抗式刑事审判，而是纠问式审判；其二，英国在以陪审团审判取代了决斗式审判后，早期的陪审团审判也是一种“准纠问式”的审判。所以，对抗式刑事审判并非决斗式审判历史演进的结果，二者之间的联系是“概念上的”而不是“历史上的”，是“修辞上的”而不是“现实的”。陪审团审判制度的确立为英国开辟了一条不同于大陆法系国家的法制发展道路，为对抗式刑事审判制度的产生提供了可能性。不过，对抗式刑事审判与陪审团并无逻辑上的必然联系，因为对抗式刑事审判强调的是控辩双方对程序的主导性，至于审判的主体是职业法官还是外行的陪审团则在所不问。由于陪审团和法官职能的分离、陪审团裁判的不可预测性、陪审团对言辞口头证据的偏好以及陪审团审判对集中审理的依赖，使陪审团制成为对抗式刑事审判最具血缘亲近性的制度之一。

---

① ［美］米尔建.R. 达马斯卡著：《漂移的证据法》，李学军等译，中国政法大学出版社 2003 年版，第 121 页。

② 《意大利刑事诉讼法典》第 191 条第 2 款。

真正使英国最终走上对抗式刑事审判之路的并不是陪审团，而是法庭审理的“律师化”。直到17世纪末期《叛国罪审判法》的出台，英国近代早期对重罪的审理方式为无律师的被告人“说话式审判”。在这种审判方式下，因为不允许辩护律师的参与，强调被告人作为证据来源的作用，赋予法官既当裁判者又当辩护人的双重职能等，所以被告人不仅无力保持沉默，也无法保持沉默。因禁止律师为被告人辩护而导致司法不公的弊端，在1678年至1688年间的几个重大叛国罪案件的审判中暴露得淋漓尽致。1696年的《叛国罪审判法》，将原先只有控告方单方面享有的权利，如强制证人出庭作证权、宣誓作证权、律师帮助权等，扩大到了被告人身上，使对抗制得以在叛国罪审判中建立起来。在18世纪初期，英国的律师开始大规模地介入到重罪控诉事务，由于控诉的律师化和控方伪证现象的频繁曝光，英国开始允许被告人的辩护律师出庭从事交叉询问工作，以实现控辩双方之间的平衡和揭露虚假证词。随着律师对庭审控制力的加强，被告人的证人角色和辩护角色得以分离，沉默权也由此获得真正的确立；同时随着律师权力的扩张，在客观上促成了法官角色的变化，打破了法官作为辩护人的神话，使法官得以被动听审；此外，法庭审理的律师化使英国的证据规范由不统一的司法惯例慢慢地演变为严格的法律规则。无律师的被告人“说话式审判”终于演变成为审查控方指控是否成立的对抗式刑事审判。对抗式刑事审判之所以在英国而不是其他欧洲国家诞生，除了上述制度内的因素外，还与特定的历史条件相关：“生而自由”的英国人是政治条件，程序优先的观念是法律文化条件，发达的律师制度是制度条件。

20世纪中期以后，为了解决日益增长的犯罪率和有限的司法资源之间的矛盾，提升司法的公信力，保护特殊案件中受害人和证人的利益，在“法律和秩序”政策的导向下，英国政府和立法机关对其刑事司法制度进行了大幅度的改革。对抗式刑事审判在英国呈现出衰落的迹象，具体表现在：有罪答辩制度的盛行和对抗式刑事审判的边缘化，审判中心主义的衰退，证据规则的宽松化，限制陪审团审判的适用范围，限制被告人的沉默权和对质诘问权等。

为了提升效率和民主性，意大利于1988年移植了对抗制审判，对其传统的审问式诉讼进行了当事人主义化改造，表现在：废除预审法官制，确立检察官的当事人地位和对席调查原则；建立双重卷宗制和法官职能分离制，阻断侦审之间的联系，实现庭审法官的中立性和被动性；建立严格的证据排除规则，以实现审判中心主义；以交叉询问作为法庭调查的主要技术，赋予控辩双方对庭审的主导权。由于有组织犯罪的猖獗、起诉法定原则和实体真实的传统理念等，意大利改革者的努力几乎被意大利宪法法院的判决一步步蚕食殆尽。意大利立法机关在1999年对宪法第111条进行了修改，为对抗制在意大利的确立奠定了宪法基础。就目前来看，改革派赢得了胜利。意大利的经验告诉我们：移植对抗式刑事审判并非单纯的审判方式改造，而是进行全方位的整体改革；具有大陆法系传统的国家在移植对抗制审判之后必将经历诉讼价值观的冲突和磨合的过程；进行对抗式刑事审判的移植并非彻底地美国化，而是在吸收对抗制精神的基础上对英美的制度和技术进行本土化改造。

第二章　英美刑事审判之比较

引言

对抗式刑事审判不是英美法系国家刑事审判的同义语，不过作为对抗式刑事审判的源头国和最为坚定的继承者，英国和美国的正式陪审团审判迄今为止还是最为接近对抗式刑事审判理想型的审判方式。考察英美两国刑事审判的具体运作可以为我们准确地把握对抗式刑事审判的根本特征和运作条件提供现实的参照。虽然英美两国的刑事审判在整体上呈现出与法、德等大陆法系国家刑事审判不同的构造和运作方式，但是由于两国在律师制度和法律价值观方面的差异，两国在体现对抗制理念的程度上有较大差异。但是，由于以前国内的比较法研究侧重于研究两大法系刑事诉讼的差异，忽视了法系内部的不同，导致我们对英美两国刑事审判的一些基本问题产生误解。例如，我国学者张建伟在其研究对抗式刑事审判的力著《司法竞技主义——英美诉讼传统与中国庭审方式》中，曾认为“英美法庭布局中，被告人与其律师并肩坐，可以减弱被告人常有的孤独感”。[①] 事实上，英美两国刑事法庭的空间构造并非如此。

① 张建伟著：《司法竞技主义——英美诉讼传统与中国庭审方式》，北京大学出版社 2005 年版，第 387 页。

在英国，被告人的席位跟中国刑事庭审中的被告人一样，他不仅不能与辩护律师“并肩坐”，而且还被置于正对法官的“被告人席”（dock）内。为了澄清误解和加深对英美两国刑事审判的认识，本章在比较英国与美国的刑事审判时，除了总结两国刑事审判的共同特征外（第一部分），还将深入地比较二者在审判上的差异（第二部分），最后将对两国的差异作出解释（第三部分）。

一、英美刑事审判的共有特征

（一）二分式的法庭构造和二步式的庭审程序

1. 二分式的法庭构造

英美两国重罪案件的刑事审判是由陪审团和法官共同进行审理的，两者之间有着明确的角色分工。通常认为，陪审团负责认定案件的事实，法官负责适用法律。二分式的审判不仅为英美两国的刑事审判增添了民主性，实现了裁判权力的分工制约，而且为英美两国的对抗式刑事审判提供了制度性的基础。这主要表现为：

首先，二分式审判为证据排除规则的有效适用创造了条件。英美两国的证据规则一方面旨在保障事实认定者准确地认定案件事实，防止受到不可采信息的“污染”；另一方面则旨在为处于弱势地位的被告人提供“矫正性的”保障，以实现控辩双方之间的平等对抗。证据规则的严疏和实际适用的有效度直接影响到审判的对抗性强弱。证据排除规则并非英美法系国家的专利技术，大陆法系国家的刑事诉讼也有大量的排除证据的程序性规则，甚至在某些方面还要超出英美法系国家的规定。[①] 单纯从数量上来看，二者难分

---

① 证人作证豁免权就是一个生动的例子，大陆法系某些国家的证人不仅可以拒绝回答能够导致自陷于罪的问题，甚至可以拒绝回答能够导致其家庭成员入罪的问题（参见德国《刑事诉讼法典》第55条）。有些国家的做法则更为极端，对于可能影响其名誉或者使其直接遭受经济损失的问题，都可以拒绝回答。参见［美］米尔建．R. 达马斯卡著：《漂移的证据法》，李学军等译，中国政法大学出版社2003年版，第17页。

伯仲。假如不具有证据能力的证据在进入庭审者的视野之前即被其他法官排除，二者的效果是等同的。但是，如果不可采的证据出现在法庭上，两者之间的处理效果就产生了明显的差异。在一元式的法庭下，由于作出证据排除决定的法官同时也是最终认定案件事实的法官，而且通常还是最有发言权的审判长，那么即使证据被排除，他也难免受到“污染”，影响心证的形成。排除证据与忘记证据并不是一回事。在二分式的法庭下，法官并不是最终的事实认定者，所以证据一旦排除，并不会留有后患；更何况在出现可采性争议的时刻，法官通常会在法官席前或法官室内不被陪审团听见的空间内作出决定，陪审团同不可采的证据及其处理程序保持一种近似“绝缘的”状态。所以，二分式的法庭构造是排除规则有效执行的最为理想的环境。

其次，陪审团审判作为中世纪神明裁判的替代物，也从其身上继承了一些“神”的特性：神秘性和神圣性。神秘性体现在陪审团判决无须给出理由。同大陆法系国家的法官需要在判决中详尽地论证裁判结论的事实根据不同，陪审团的判决则为二字箴言：无罪（not guilty）或有罪（guilty）。陪审团不需要为其认定的事实提供书面上的论证，这被英美学者看做维护陪审团独立性和防止恶法统治的有力举措。陪审团裁决的神秘性为准确地预测陪审团的判决是什么造成了困难，也就是说，神秘性增加了判决的不可知性。即使是在某一方看来证据确凿的案件，也可能会被陪审团视为无法成立。这种不可知性进而刺激了控辩双方在审判中为获得有利于自己的判决而努力奋斗，因为谁也没有十足的把握预知自己一定会胜出。神圣性体现在陪审团判决的终结性上。根据普通法系的禁止双重危险原则，控方仅有一次完整的机会在审判上证明被告人的罪行；如果控诉失败，通常禁止控方再次提起任何形式的追诉。不仅如此，即使刑事案件中的被告人，如今也无法享受到大陆法系国家被告人那样几乎不受限制的上诉权，而是采取许可上诉的制度。这些都体现了对陪审团事实认定权的充分尊重。由于事后的救济措施有限，所以控辩双方不得不将其精力集中到一审中，这也是激励双方当事人不遗余力地相互抗争的一个动因。

最后，二分式的法庭还为法官保持被动听审的角色，防止其出现纠问化倾向提供了保障。英国学者杰克逊和多拉恩通过对北爱尔兰迪普洛克法庭[①]的刑事审判进行长期的实地考察后发现，同陪审团审判相比，迪普洛克法庭的法官不仅在主动询问证人的频率上更为频繁，而且在询问证人的持续时间上也为时更长；此外，就询问证人的问题属性而言，迪普洛克法庭的法官更喜欢采用探知性的问题（inquisitorial questioning），而不仅仅是阐明性的问题（clarificatory questioning）；更为关键的是，从询问的方式和对象上来看，迪普洛克法庭下的法官更为倾向于向辩方证人采取反询问的方式来进行。从总体上来看，迪普洛克法庭下的法官在行使询问权时并未完全放弃其中立裁判者的角色，但是相对于陪审团审判下的法官，他们更具有纠问性。[②] 究其原因，不外乎为二分式法庭转变为一元式法庭后所导致的权力集中。在一元式法庭下，法官不再只是一个专司法律适用的规则执行者，而且也是最终认定案件事实的裁判者。认定事实的责任和阐明判决理由的义务为法官产生了内在的压力，他不能再像陪审团审判下那样将错案的责任推给陪审团，而是必须由自己来承担。所以，法官更易于出现纠问化的倾向。

2. 二步式的庭审程序

与大陆法系国家单一的法庭组织构造相对应，大陆法系国家的刑事审判并不对定罪程序和量刑程序进行分离，而是糅合在一个程

---

① 迪普洛克法庭即取消陪审团而由法官进行审理的一元式法庭，它的命名来自于英国勋爵“Diplock”。其最初是根据迪普洛克勋爵的建议，作为有效地打击北爱尔兰政治性恐怖暴力犯罪的基本措施之一，并于 1973 年在北爱尔兰正式建立。

② John Jackson and Sean Doran, *Judge without Jury: Diplock Trial in the Adversary System*, Clarendon Press, 1995, pp. 159 – 161.

序之中。英美两国的刑事审判采取的则是两步走的方式：先定罪后量刑，程序层次分明。如果被告人在有罪答辩程序中作出有罪答辩或被陪审团在正式审判中认定有罪，接下来则在一个不同的程序背景下解决被告人的刑罚问题。通常情况下，量刑是法官的专有权限。[①] 法官为了能够作出最有利于改造罪犯和预防再犯的刑罚，可以命令缓刑官或社会工作者提供有关罪犯个人情况的详细信息，如“罪犯对犯罪的解释、对责任的接受、悔过的情感、动机、品行、刑事记录、人际关系、个人问题，例如滥用毒品或酒精、经济、住房或者工作方面的困难以及任何可以获得的医疗或者精神病的信息”[②]。法官在量刑程序中不仅可以主动地获取罪犯的信息，而且在控辩双方就影响量刑的某个情节发生争议时，适用于定罪程序中的传闻规则等也不适用于量刑程序。

二步式的庭审序列表明所谓英美两国的对抗式刑事审判主要是指定罪程序中的审判构造，在量刑程序中则呈现出明显的“纠问式”特征。但是，正是由于定罪和量刑的分离为陪审团审判阶段的事实认定提供了对抗式运作的另一个制度背景。

正如前文所述，证据规则的严疏和贯彻的有效性是判断审判对抗性强弱的指标，在主要证据通常都是警察和检察官所收集的前提下，证据规则越是严格就越是能够为被告人提供对抗国家的武器，同时增加了国家指控犯罪的难度。品格证据规则是英美法系普通法证据规则中的一种，它意在防止陪审团对被告人的品格或其他有关其个人声誉的证据给予过高的评价，从而有可能作出错误的判决。在二步式的庭审中，对被告人品行证据的调查是量刑程序所要解决

---

① 在美国保留死刑的州中，通常各个州都要求除非在审判之后由 12 名陪审员一致决定，否则不得判处死刑。这也就是说，陪审团对死刑享有量刑权。

② ［英］约翰·斯普莱克著：《英国刑事诉讼程序》，徐美君、杨立涛译，中国人民大学出版社 2006 年版，第 509 页。

的问题，定罪程序只是用以判断控方是否排除合理怀疑地证明了被告人实施了特定的犯罪行为。除非被告人本人将其品格置于争议之中，或者被告人走上证人席，被告人的品格证据是不得在审判中提及的。即使作为弹劾证据使用，法官也必须告诫陪审团不得以品格证据作为认定事实的实质性根据。被告人也无内在的压力争论其具有良好的品格，因为即使其被认定有罪，他还有事后的量刑程序为其提供争辩的机会。但是，在大陆法系国家的刑事审判中，有关被告人的性格、过去经历的材料会不断地展现在事实裁判者面前，①"造成这一困难的主要原因在于，对定罪程序与量刑程序不加区分。因此，在法庭退庭评议并对案件作出裁判之前，所有与量刑有关的证据都必须提交法庭；这当然也包括关于被告人的性格、嗜好和先前行为的证据材料。"②

（二）以审查控方案件是否成立作为审判的焦点

英国学者斯宾塞说道："在法律语境之外，单词'trial'（审判）的意思为'test'（审查），这种观念构筑了该词法律概念的基础：即审判是审查控方主张的行为。"③ 控方案件审查型审判充分地体现在英美两国刑事审判中严格的证明责任分配上：除正当防卫

① 在由预审法官所领导的预审程序中，被告人的个人资料是其整理的卷宗中一个独立的部分，被称为"有关被告人性格倾向的文件"（renseignements et personnalite），这些文件包括各种各样针对被告人的证明性文件（出生、以前是否犯过罪、服兵役情况等）和对被告人社会环境情况的调查文件（如对其家人、邻居、朋友和以前的老板的询问笔录，心理学家和精神病学家对被告人的诊断报告等），在卷宗移送制的公诉方式下，这些资料在审前即被主持庭审的审判长知悉，并作为法庭调查阶段的第一组证据。参见 Bron Mckillop, "Anatomy of a French Murder Case," 45 *Am. J. Comp. L.* (1997), pp. 545 – 546.

② Mirjan R. Damaska, "Propensity Evidence in Continental Legal Systems," 70 *Chi. – Kent L. Rev.* 55 (1994), p. 56.

③ Mireille Delmas – Marty and J. R. Spencer, European *Criminal Procedure*, Cambridge University Press, 2002, p. 181.

和精神病等积极性辩护外，控方负有证明案件成立的说服责任，且必须要达到排除合理怀疑的程度；辩护方并无说服陪审团相信被告人无罪的义务，因为审判的焦点是审查控方的案件是否成立，而不是审查辩方的理由是否站得住脚。

为了使陪审团记住这一点，辩护律师通常会在开头陈述中，甚至在陪审团遴选程序中特意强调这一点；在总结陈词时更会有意地指出它才是审判的焦点之所在；法官在陪审团退庭评议之前，也必须以清楚易懂的语言向陪审团指示排除合理怀疑的责任在控方，辩方没有责任证明自己的案件。控方案件审查型审判突出地反映了英美两国刑事审判的主旨之所在：审判并不是裁判者依职权主动调查犯罪事实的行为，而是控辩双方进行的相互争斗行为，既然控方作为攻击方，那么他就必须要显示他的力量之所在。如果控方无法说服裁判者，裁判者将视其指控为子虚乌有。

对控方案件的审查贯穿于审判的全程，并非一直要等到整个程序进行完毕之后，再由裁判者确定控方是否完成了证明责任。只要控方举证阶段结束，辩护方即可以控方未能证明案件为由申请法官作出无罪判决。这就是英美刑事审判中的“中间审查制”。在英国，辩护方可以在控方举证结束之后辩方举证之前，直接向法官提出“无辩可答”，（no case to answer）的动议，要求法官直接宣判被告人无罪。“无辩可答”，是指即使是陪审团相信控方的所有证据，也无法消除合理的怀疑。如果动议成功，法官宣告无罪；否则继续审理，由辩方进行举证。在控辩双方举证结束之后陪审团退庭评议之前，辩方可再次提起上述动议。如果说第一次动议为“中场动议”（half－time motion)，那么第二次的动议可称为“终场动议”（full－time motion)。当然，法官也有持续性的审查责任，即使没有辩方的动议，如果法官认为控方的案件根本无法成立，那么他同样可以依职权“将案件从陪审团手中拿走”（withdraw the case from the jury)，即宣告无罪。[①] 如果控方案件的成立与否取决于控方证人的可信性，或者其他应属于陪审团决定的事项，那么法官无权“将案件从陪审团手中拿走”，而是应当驳回动议，继续审理，并最终由陪审团判断控方案件是否成立。

美国的辩护律师同样可以在控方举证完毕之后，提出宣判无罪的动议（a motion for acquitall)，以使控方的案件接受“中间审查”。同英国稍有不同的是，美国的辩护律师提出该动议的标准更低一些，只要控方无法将案件证实到“表面上成立”（prima facie case）的程度，即可提出动议。当动议被法官驳回时，辩方可以在举证完毕陪审团退庭评议之前，提出直接作出无罪判决的动议（a motion for a directed verdict of acquitall)。[②]

由英国朗西曼领导的皇家刑事法院研究委员会（Runciman Royal Commission’s Crown Court Study）曾在其抽取的样本中发现，提出“无辩可答”的动议占全部案件的近 1/3，成功率也达到了 1/3 左右。据统计，在刑事法院审理的案件中大约有 10% 的案件被法官裁定“无辩可答”。[③]

（三）控辩双方在审判中的主导性地位

1. 对程序的主导

在英美两国的刑事审判中，当事人对程序的主导主要体现在：（1）如果被告人在罪状认否程序直接答辩有罪，且其答辩是建立在自愿、明知和理智的基础之上，那么作为认定被告人有罪与否的正式审判将不再举行，从而直接进入量刑程序。（2）在英国的两

① Paul Roberts and Adrian Zuckerman, *Criminal Evidence*, Oxford University Press, 2004, pp. 73 – 74.

② ［美］罗纳尔多. V. 戴尔卡门著：《美国刑事诉讼：法律和实践》，张鸿巍等译，武汉大学出版社 2006 年版，第 57 页。

③ 参见 Michael Zander and Paul Henderson, “Crown Court Study,” *RCCJ Research Report No.* 19 (1993), para. 4.9.

可罪审判中，被告人如果选择在治安法院接受审判，那么治安法院不得将案件移送给刑事法院，即使该罪已经超出了它的职权管辖范围。(3) 如果被告人答辩无罪，案件以正式审判程序进行，审判的程序运作也主要由当事人来控制。控辩双方有权决定证据调查的范围、顺序和方法；有权决定传唤哪个证人出庭作证；有权决定是否提出异议以及何时提出异议。

2. 对事实的主导

英美两国的控辩双方当事人不仅可以主导程序性事项，就连案件的实体性问题他们也可以直接左右裁判者。这表现在：(1) 检察官在提起公诉时享有巨大的自由裁量权，有权放弃证据充分的指控，有权降低指控或减少指控，甚至为了使被告人同其进行答辩交易而升格指控。(2) 被告人的有罪答辩不仅具有程序上的分流功能，同时具有实体上的终结功能。这也就是说，如果被告人作出了符合要件的有罪答辩，法官不再就案件的事实问题刨根问底，而是直接以被告人的有罪答辩作为指控罪名成立的意思表示并直接予以接受。相反，在大陆法系国家的刑事审判中，被告人的认罪行为只是法庭裁判的一份证据，法庭无权直接以“未经补强的”自白作为认定事实成立的唯一根据。否则，就违背了大陆法系“实体真实主义”的诉讼原则。(3) 控辩双方可以在起诉前就指控的事实是否存在进行“协商”，如果被告人对某个或某些指控予以承认，检察官可以放弃其他的指控或降格指控或通过建议法官减轻量刑的方式给予被告人优惠待遇，对于双方“协商一致”的事实，法官通常会予以认可。(4) 对于某些根据排除规则不具有可采性的证据，如传闻证据、品格证据等，可以经双方当事人的约定而取得可采性，进而作为裁判的依据；即使是那些可靠性难以获得确切证明的证据，如“测谎结论”等，也可因双方当事人的一致同意而作为裁判的依据。[1]

3. 对法律适用的主导

在英美两国的法制中，不仅证据的提出和反驳是控辩双方当事人的权利，而且证据规则本身的适用也有赖于当事人的激活。法官在适用证据规则时同样具有被动应答的特点，即对双方无争议的证据，哪怕违反了某个既定的证据规则，法官通常也不得依职权主动排除该证据；同时，如果某一方提出了不可采的证据，但对方当时没有提出异议，法官同样不会主动适用排除规则。

（四）严格区分控方案件和辩方案件

在依靠控辩双方推进程序的英美两国刑事审判中，并不存在一个可以独立于双方的第三种事实。整个程序的设计也是仅仅围绕着两个案件，控辩双方的开头陈述是其阐述各自案件明确立场的开场白，控辩双方的举证是其证明各自案件成立的主要环节，控辩双方的反询问是其质疑、反驳对方案件的主要手段，控辩双方的总结陈词是对各自案件的最后强化和总结。

案件的对立是对事实的两个版本的描述，对于事实认定者来说，他只需要选择一种更为合理的版本。当然，由于控方承担排除合理怀疑的证明责任，辩方案件是否需要向法庭进行充分的展示，取决于控方是否已经确立了一个不受合理怀疑的案件，辩方没有必须向法庭展示己方案件的法律责任。在法、德等大陆法系国家，整个审判围绕的是一个案件，即“法庭案件”，控辩双方只是为“法庭案件”的形成提供证据来源，这些信息通常被视为中立于控辩双方的，而不是偏向于任何一方的。

控方案件和辩方案件的二分法，不仅清楚地展现了双方当事人之间的对立，它也会对其他的诉讼参与人产生影响。首先，受害人

---

① P. Thomas, “Compulsory Process and Polygraph Evidence,” 12 *Connecticut L. R.* 324(1980), p. 338.

并不是诉讼当事人，而只能作为控方案件的证人。因为如果将受害人列为可以与检察官（控方律师）和被告人并列的一方当事人，就会破坏刑事审判中两极对立的案件划分法。被害人的诉讼请求并不完全等同于代表国家追诉犯罪的控方诉求，将其列为当事人就会在审判中形成独立于控辩双方的第三方案件，这就不符合截然二分的控辩案件分割法。所以，被害人的诉求只能在刑事审判之后的民事审判单独处理，而不能在刑事审判中合并处理，以防止争点的扩大化和破坏诉讼的两极性。其次，证人因其作证的内容可被“人为地”划分为控方证人和辩方证人。在法、德等传统大陆法系国家，所有的证人都是法庭的证人，证人只是就其感知的事实客观地向法庭提供证据，并不存在所谓控方证人与辩方证人的二分法。但是，英美两国刑事审判的二分式案件也将证人“党派化”了（partisanized）。为控方证明被告人有罪的证人为“控方证人”，为辩方证明被告人无罪的证人则为“辩方证人”。为了能够使己方证人在法庭发挥最大的作证效果，“律师可以事前让证人知晓那些可能在交叉询问中出现的‘实际问题’，以便做好准备；可以就证人在证人席上的行为举止提出建议；也可以使用其他类似的‘教练’技术。”① 大陆法系国家律师如果从事上述行为，将被视为干扰证人客观提供证言的行为，有可能会被追究妨害司法公正的刑事责任。最后，鉴定人不被视为一个中立于控辩双方，可以客观地提供科学鉴定结论并独立于普通证人的“法官的助手”，而是作为一种特殊的证人——专家证人来对待。他们同样由当事人双方挑选，而且由双方当事人为其支付费用，所以各自的专家证人也是各为其主。

---

① ［美］米尔建．R．达马斯卡著：《漂移的证据法》，李学军等译，中国政法大学出版社2003年版，第105～106页。

（五）以交叉询问作为调查案件事实的主要手段，辅之以书面证据和物证的出示

法、德等大陆法系国家的刑事审判严格地区分法庭调查和法庭辩论，前者围绕的是事实问题，后者围绕的是法律适用问题；英美两国的刑事审判并无专门的法庭辩论阶段，而是将辩论融合在双方的举证之中。在以人证调查为中心的审判构造下，交叉询问成为展现事实和相互辩驳的核心技术，书面证据和物证的调查通常也作为交叉询问的辅助性证明手段。

交叉询问通常由两个步骤组成，即举证方的主询问（examination in chief）和反对方的反询问（cross-examination）。[①] 由于对证人的询问是由具有利害关系的双方当事人进行的，而非像法、德等大陆法系国家由中立的法官来进行询问，所以为了防止当事人滥用询问权，普通法（以及后来的制定法）发展出了大量的交叉询问规则。

1. 主询问时的规则

（1）禁止诱导性询问规则。英国证据法学的先驱贝斯特（Best）早在19世纪末期就认识到："传唤证人作证的一方具有他的对手不具有的比较优势，即事前就知晓了证人将如何作证，或至少期待他如何作证；……如果允许传唤方进行诱导性询问，那么他就会以这样的方式诱导出最有利于己方的证人证言，甚至会使整个案件失真。"[②] 正是为了防止诱导性询问的潜在风险，英美两国主询问阶段严格禁止诱导性询问，但以下情况除外：在涉及与案件核心问题无直接关系的预备性、入门性、过渡性事务时允许提出诱导

① 交叉询问的步骤在美国可以重复进行两次甚至两次以上，但英国只允许控方律师进行再主询问，再反询问是被禁止的。

② W. M. Best, *The Principle of the Law of Evidence*（12th ed.），Sweet & Maxwell，1922，p. 802.

性问题；当证人作出意外回答时，可以提出诱导性问题；在对理解能力有限的证人，如智力低下的人或孩子进行主询问时也可以视不同情况提出诱导性问题；对于那些显然可以启发其记忆的证人，可以适时提出诱导性问题；对专家证人提出诱导性问题常常是允许的；对于明确为有敌意的证人可以提出诱导性问题。

（2）用以恢复记忆的庭外陈述。在犯罪发生后经过很长时间才开庭审理的案件中，有时证人在出庭作证时可能已经忘记或记不清以前所经历的事情。为了能够帮助证人恢复记忆，法庭将允许其重新阅读他在以前亲自所作或经其证实的书面陈述。但是，如果不对该项规则加以限制，那么证人在庭上的作证行为可能会演变成对庭外陈述的复述，传闻证据排除规则就可能会被架空。为此，普通法上要求证人的庭外陈述只有在事件发生时或发生不久后作出的，才可以作为恢复记忆的证据加以使用，且必须将该陈述的复印件事先交给对方，以使其能够对证人进行有效的反询问。① 但是，证人不得以宣读的形式作证，而还是要以口头作证的形式作证。

（3）禁止使用先前一致的陈述。之所以禁止传唤方使用证人先前一致的陈述是因为：第一，先前一致的陈述对证明案件的作用不大，显得多余；第二，使用先前一致的陈述会带来不必要的附带争议（side issues），导致审判的混乱和冗长；第三，使用先前一致的陈述会误导陪审团过高地评价证人的证明力，因为似乎一遍一遍的相同陈述就等同于事实。不过该原则也有三项例外：首先，如果证人的证词本身被指责为是“捏造的”，可以援引先前一致的陈述以作反驳；其次，性犯罪受害人在性侵害发生后不久所作的陈述，可以作为先前一致的陈述“补强”受害人的证言；最后，如果先

① 英国2003年《刑事司法法》第139条扩大了用以恢复记忆的庭外陈述的范围，该条规定只要书面陈述是在出庭前所取得的，且使用该陈述帮助证人恢复记忆将会使证人处于更佳的作证状态即可。

前一致的陈述是相关事实的一个不可分割的组成部分时，可以援引。①

（4）禁止弹劾己方证人的可信性。在证人被分割为控方证人和辩方证人以及控辩双方主导庭审的英美法中，如果当事人认为证人缺乏可信性，他可以自由决定不传唤该证人出庭，以免自暴其短；此外，如果允许传唤方弹劾己方证人，拒绝回答会使证人处于藐视法庭罪的威胁之中，这对他也不公平。所以，普通法传统上禁止主询问时弹劾证人的可信性。然而证人的证言有时会损及主询问人的利益，如果不允许主询问人弹劾证人的可信性，显然有违证据检验的目的。因此，对于“怀有敌意的证人”（hostile witness），主询问方可以对其证言进行弹劾。②

2. 反询问的规则

（1）攻击证人的可信性和证言的证明力。反询问的目的不在于建立有助于己方的事实，而是试图揭露对方证人的证词矛盾之处或攻击证人的可信性等来削弱证人证言的证明力。为此，在主询问阶段不允许采用的询问手段通常在反询问时是被允许的，如采用诱导性询问。为了削弱证人的可信性，反询问方可以展示证人先前不一致的陈述，先前的定罪，不良品格或不诚实的行为，作证能力、动机、偏见等证据。但是，反询问方不得提出有辱人格或有伤风化的问题。

---

① Paul Roberts and Adrian Zuckerman, *Criminal Evidence*, Oxford University Press, 2004, p. 250.

② 但是主询问方不得采用直接攻击证人品格的方法弹劾证人的可信性，只能通过展示其他证据或先前不一致的陈述来弹劾证人的可信性。

（2）附带争议终结性规则（the collateral - finality rule）。根据上述第一个原则，只要反询问方提出的证据具有相关性且不属于排除规则的范围之内，那么可以提出任何证据质疑证人的可信性。但是，根据附带争议终结性原则，证人对反询问方就其可信性的回答是终结性的，反询问方不得再次举出其他证据对证人的回答加以反驳。这是因为证人的可信性问题只是附带争议，而非有关案件实体问题的实质性争议。如果在附带争议上纠缠不休，就会混淆审理的焦点并使审判拖延费时，且可能会误导陪审团。不过该规则有四项例外：首先，证人的先前定罪；其次，证人先前不一致的陈述；再次，证明证人怀有偏见的证据；最后，证明证人不诚实的证据。[①]

二、英美刑事审判的差异

（一）空间、服饰和举止

刑事审判在从“广场化”转变为“剧场化”之后，法庭成为刑事审判的固定场所。虽然法庭内的空间分配似乎只是一个形式问题，但其背后却有着深刻的文化意蕴，不同的法律文化观往往会塑造出不同的庭审空间格局。那么，同为普通法系代表性国家的英、美理应在法庭设置上相同，但事实上并非如此。

在美国的刑事法庭内，控辩双方位于法庭的下方，而且处于同一水平面，法官居于其中踞于其上，体现了法官中立、控辩平等对抗的精神。这一点在英国的刑事法庭里也有体现。但是，二者在设置被告人的场所时发生了巨变。在美国，被告人不仅可以同检察官“平起平坐”，而且可以坐在他的辩护律师的旁边。在英国，被告人不仅无法与辩护律师并肩而坐，而且还被置于法庭最后显眼的席

---

① 参见 Paul Roberts and Adrian Zuckerman, *Criminal Evidence*, Oxford University Press, 2004, pp. 261 - 262.

位上。[①] 美国的被告人可以像其律师一样西装革履地出庭受审，普通观众是无法一入席即可将其一眼认出的，他看起来像普通人一样；而英国的被告人则可被一眼识破，其醒目的位置时刻提醒着法官、陪审团和观众那个待在被告席上的人就是被指控犯了罪的人。如果从无罪推定的角度来看，美国的被告人似乎比英国的被告人受到了更为充分的“空间保障”。不仅如此，与其律师并排而坐的美国被告人还可以随时同其律师进行交流，以及时地调整庭审战略，并接受其律师给其提供的建议。英国的被告人无法享受到这样的“空间便利”。

空间布局上的第二点不同是美国的控辩双方是坐在同一平面上的两个不同席位上，而英国的控方律师和辩方律师则是坐在同一个律师席上。美国的设置充分体现了控辩双方之间对立的立场，而英国的设置则体现了控辩双方之间“求同存异”的立场：“异”表现在二者代表的是不同的利益，所以不能坐在同一条板凳上；“同”表现在二者同为法律人应该以获得公正裁判为目标，所以又应该坐在同一张桌子旁。

在美国的刑事法庭里，除了法官需要身穿法袍外，其他人员并无法定的“正义的行头”。检察官和辩护律师通常只是身穿一套西服而已，并无特别惹眼的服饰。但是，一旦走入英国的刑事法庭，一种庄严肃穆的气息就会扑面而来。英国的法官和律师不仅身穿法袍，而且还佩戴各式各样的假发。法袍和假发是地位和荣誉的象征，不同级别的律师和法官只能穿戴与其地位相称的法袍和假发。就连护送法官出庭的护卫都是一身传统装扮：头戴三角帽、身穿齐

---

① 需要注意的是，德国的刑事法庭布局与法国等欧洲大陆国家并不一样。如果单从法庭空间布局的设计来看，德国的法庭比英国的法庭更能体现对抗式刑事审判的理念。因为在德国，检察官席与被告人及其辩护人席，对向设立，被告人与辩护人邻座，随时可以私下沟通。有关德国刑事审判庭的空间构造图，参见林钰雄：《严格证明与刑事证据》，中国台湾地区新学林出版股份有限公司2002年版，第259页。

膝短衫、腰别一把长剑。所以，圣地亚哥大学教授希沃茨希尔德指出：“英国的法庭剧场喷涌而出的气息让人对法律不由自主地产生敬畏和些许的惧怕。”①

英国法庭的特殊服饰不仅会令人产生敬畏和些许惧怕，而且还使控辩双方意识到他们是与法官一样的法律共同体中的一员，有着共同的追求、理想和道德标准。这为控辩双方不择手段地打赢官司设定了一个道德底线，正如我国香港的梁定邦先生所言：

你当律师，不是光赚钱，赚钱有很多行业都可以赚钱，你一定要追求你的原则。你不追求这些原则的话，你就不配有这种专门的资格。为什么呢？香港律师出庭的时候，可以配袍子，戴着假发，为什么这样？有很多人认为是英国法律的传统。其实有一个解释，这个解释是说，你到一个法院出庭的时候，不是代表你个人，是代表一套制度，这套制度向你作了各方面的要求。你带了一种道具，演一出戏，但这场戏里面的规则你一定要严格遵守。做到每一项要求是非常艰难的，但如果你要配上专业的袍子的话，就一定要追求。②

为了能够保持一个贵族的体面和风度，英国的出庭律师在法庭上的举止比起他的美国同行要优雅得多。为了体现法官的崇高地位，至今出庭律师在法庭上的发言仍保留传统的方式，他们从来不会直接以第二人称“你”、“您”（you）来称呼法官，而是以“尊敬的阁下”（my lord or your honor）来称呼法官；在致谢时不说“谢谢你”（thank you），而是说“蒙恩于阁下”（I am obliged to your lordship or to your honor）。③ 在英国，控辩双方的律师在发言时

① Maimon Schwarzschild, “Class, National Character, and the Bar Reforms in England: Will There Always Be an England?” 9 *Conn. J. Intl L.* 185(1994), p.214.

② 梁定邦：《公司治理与律师》，载《中国律师》2001年第1期，第23页。

③ Maimon Schwarzschild, “Class, National Character, and the Bar Reforms in England: Will There Always Be an England?” 9 *Conn. J. Intl L.* 185(1994), p.212.

是不允许离开其席位的,① 他们只能站起来立于原地进行指控和辩护；美国的检察官和律师甚少有如此文雅的，他们在举证和质证时通常都会离开原席，要么在法庭中央大发言论，要么直接伏在证人席上，要么走到陪审团的面前，位置的选择取决于战术上的考虑。可见，美国的对抗式刑事审判已经不仅仅是言辞式的“有声对抗”，而且还是一种身体力行的“无声对抗”。

【图2－1】美英陪审团审判刑事法庭的布局（立体图）

美国陪审团审判刑事法庭的布局　　英国陪审团审判刑事法庭的布局

图例说明：

(1) 美国陪审团审判刑事法庭的布局：A. 法官席；B. 书记员席；C. 证人席；D. 陪审团席；E. 辩方席；F. 控方席；G.

---

① 不像在美国，不仅律师主动传唤证人，而且物证、书证也由控辩双方来出示；但是英国的控辩双方必须在庭前将法庭中拟使用的物证、书证先交与法庭，庭审中由书记员出示。所以，律师在出示实物证据时也不需离开席位。

旁听区。[1]

（2）英国陪审团审判刑事法庭的布局：A. 法官；B. 陪审团；C. 控辩双方出庭律师；D. 事务律师；E. 被告人；F. 证人；G. 法庭书记员；H. 法警；I. 速记员；J. 记者。[2]

【图2－2】美英陪审团审判刑事法庭的布局（平面图）

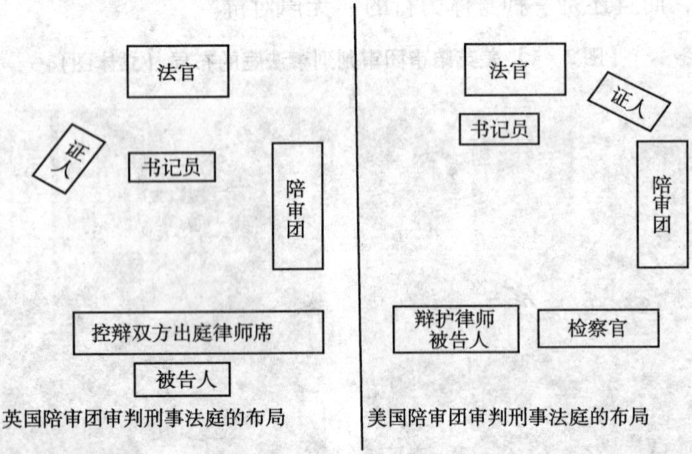

（二）陪审团遴选程序

在英美两国的陪审团审判中，一旦被告人在罪状认否程序中答辩无罪，那么法庭接下来就必须要确定担任事实裁判者的陪审团组成人员。控辩双方在选择最有利于己方的陪审团时能够发挥的影响力在英美呈现出巨大的差异。

首先，英国的控辩双方在决定由谁担任陪审员时没有其美国的

---

① 美国图例来自于美国官方网站美国法院网，http://www.miwd.uscourts.gov/COURTROOM%20TECH/chief_judge_bell's_courtroom.htm，最后访问日期2008年12月2日。

② 英国图例来自于英国法院服务教育网，http://www.education.courtsni.gov.uk/keystage3_4/crown_ct_pg1.htm，最后访问日期2008年12月2日。

同行们那么大的控制力。在英国，持续数个世纪的辩方无因回避权于1988年被废除。所谓无因回避权（peremptory challenge right），是指辩方无须给出任何理由即可要求潜在的陪审员不得参与庭审的权利。英国政府担心赋予辩方这一绝对权利会导致其在实践中的滥用，遂于1925年将其减至12名，在1948年减至7名，在1977年减至3名，《1988年刑事司法法》第118条将此权利废除。英国的控方从未享有过无因回避权，但是其享有与其在功能上等价的要求旁观权（require to stand by）。所谓要求旁观权，是指控方无须给出理由即可要求潜在的陪审员进入候补席不得作出实体性裁判的权利。控方的要求旁观权无数量限制，但是如果其要求旁观的陪审员数量过多以至于无法组成合法的陪审团时，先前被要求旁观的陪审员将被再次招进陪审团。既然辩方的无因回避权已经被废除，那么保留控方的要求旁观权就会使控辩双方的天平发生倾斜。为此，1998年《检察总长关于皇家检察官行使旁观权利的指南》中大大地削减了控方的要求旁观权。该指南将控方的要求旁观权限于两种情形：（1）国家安全或涉及恐怖主义的案件，且需得到检察总长的授权批准；（2）陪审员显然不合格且辩方同意行使要求旁观权的。[①] 在美国，控辩双方都享有无因回避权。各个州所规定的无因回避次数不尽相同，通常取决于罪行的严重性。就轻罪案件而言，控辩双方可以各自提出6次无因回避；而就重罪案件而言，控辩双方可各自要求12次无因回避。就死刑案件而言，这一数字可以高达16次或20次。[②] 无因回避的行使让美国的律师对庭审的控制权达到了极致，因为最终认定犯罪是否成立的裁判者都可以由其进行

---

① ［英］约翰·斯普莱克著：《英国刑事诉讼程序》，徐美君、杨立涛译，中国人民大学出版社2006年版，第394页。

② ［美］罗纳尔多.V. 戴尔卡门著：《美国刑事诉讼：法律和实践》，张鸿巍等译，武汉大学出版社2006年版，第55页。

操纵。

其次，英国的控辩双方在遴选陪审团之前无法获知陪审员的详细信息，律师在开庭前仅能要求法庭向其提供陪审员名单，名单内除陪审员的姓名及地址外无任何其他信息。由于英国的被告人绝大多数都是通过法律援助的形式获得辩护律师，所以辩护律师也无动力和资金去聘请私人侦探去调查陪审员的各种社会背景，因此即使是有因回避，辩方也甚少提起。对于那些由个人雇请的美国辩护律师来说，他们为了能够争取到最符合自己口味的陪审员往往会尽最大努力查清陪审员的底细，以有效地行使要求回避权。挑选到了最佳的陪审员意味着审判一开始就能占据优势地位，为此，大型的律师事务所还会向专业的陪审团遴选咨询员咨商具体的遴选策略以供其参考。所以，美国的辩护律师能够更为有效地剔除掉那些对被告人不利的陪审员。

最后，在英国的陪审团遴选程序中，控辩双方的律师是不允许向陪审员发问的，法官通常也不会向陪审员发问。美国的控辩双方在决定行使要求回避权之前可以向陪审员发问，根据其回答来决定是否将其剔出陪审团。在此过程中，美国的辩护律师可以事先为其后的庭审作好两大准备：讨好陪审团和强化陪审团的无罪推定观。讨好陪审团的策略是辩护律师通过友善地提问同陪审员套近乎，以期同陪审员之间建立亲近感，为以后更轻松地赢得陪审员的“芳心”奠定基础。此外，辩护律师在此过程中还会不断地向陪审员灌输无罪推定及控方承担证明被告人的罪行要达到无合理怀疑程度的观念，以使陪审团对证明标准有足够清晰的领会，从而在实质上加重控方的证明责任。例如，辩方通常会向陪审员提出下列问题:①

虽然我的当事人坐在这儿，但他是被推定为无罪的。你理解这

① Mauet, *Fundamentals of Trial Techniques*, Little Brown, 1980, pp.44 -45.

一点，是吗？

不得仅因为控方指控他实施了犯罪就认为他有罪，否则将是不公正的，对不对？

你此刻对理解被告人被推定无罪有疑虑吗？

控方必须将被告人的罪行证明到排除合理怀疑的程度。你理解这一点，是吗？

如果控方未能证明到排除合理怀疑的程度，你们应当判处被告人无罪。你对理解这一论断有困难吗？

根据宪法，被告人有权不提供证据或亲自作证。如果我的当事人这么做了，你不会因此而对其作出不利的推论，是不是？

对任何警察证词可信性的判断标准应该等同于对其他证人的判断标准，是不是？

如果控方未能排除合理怀疑地证明我的当事人的罪行，你不会有半点犹豫地作出“无罪”判决，对不对？

美国的陪审团遴选程序使刑事审判从一开始就弥漫着浓重的火药味，对抗的气息远远超过了英国。凭借审前对陪审员背景的详细掌握、陪审员遴选专业人士的建议以及无因回避权的行使，美国的律师从踏入法庭的第一时间就牢牢地掌握了庭审的主动权，为己方争取到最为有利的裁判者。因此，与其说美国在陪审团入席前进行的是遴选程序，倒不如说是控辩双方各自安插有利于各方的陪审员的准备程序。但是，如此严密的程序保障是有代价的。在重罪案件中，陪审团遴选程序占去了整个审判中的很长一段时间，死刑案件中长达数月的遴选程序并不罕见。有时，陪审团遴选程序的时间甚至超过了正式庭审。① 而英国的陪审团遴选程序基本上只是例行公

---

① 例如，在1991年的奥克兰州的一起谋杀案中，陪审团遴选花去的时间超出了11个月，而正式庭审还不到2个月。参见 Gordon Van Kessel, “Adversary Excesses in the American Criminal Trial,” 67 *Notre Dame L. Rev.* 403(1992), p. 460.

事，往往不到几分钟即告结束。[①]

（三）庭审调查程序的不同之处

1. 开头陈述的差异

在英美法系国家，控辩双方的开头陈述是其向陪审团首次就各自案件进行完整叙述和简要论证的机会。在美国，控方的开头陈述是庭审调查程序的第一个环节，辩方在控方陈述后，有权向陪审团展示辩方案件。从庭审调查一开始，陪审团就不得不在相互对立的观点中进行选择。英国的开头陈述程序与美国不同，辩方无权在控方开头陈述之后进行开头陈述，而只能等到控方举证完毕之后才有权进行开头陈述。即使是这个被拖延行使的权利也会受到限制，即如果辩方除被告人以外并无其他证人证明辩方的案件，或者仅有品格证人，那么辩方是不得进行开头陈述的，因为并无一个独立的辩方案件存在。所以，英国的辩方律师在实践中很少进行开头陈述，通常在控方举证完毕之后直接进行辩方举证。

开头陈述在英国所受到的时间和范围限制，使被告人处于一种更为不利的地位。[②] 一方面，直到控方完成证明控方案件之前，被告人并无机会就辩方案件向陪审团叙述自己的“故事”，无法对控方的开头陈述进行有针对性的反驳，更不能从庭审一开始就向陪审团强调控方应该承担的证明责任及其应该达到的证明标准，这会使庭审从一开始就偏向于控方；另一方面，即使英国的被告人等到了开头陈述的机会，也因受到了范围的限制而无法像美国的被告人那

---

① Michael H. Graham, *Tightening the Reins of Justice in America*, Greenwood Press, 1983, p. 72.

② 美国的实证研究显示，80%的陪审员最后裁定案件都赞成开头陈述中较有说服力的一方。即使法官告诫陪审员在没有听完全部证据之前不要作出任何结论，但陪审员几乎不可避免地在开头陈述之后就得出一些暂时结论。参见［美］爱伦·豪切斯泰勒·斯黛丽、南希·弗兰克著：《美国刑事法院诉讼程序》，陈卫东、徐美君译，中国人民大学出版社 2002 年版，第 527 页。

样可以为自己自由地进行开头陈述。

2. 交叉询问的差异

交叉询问的基本规则为由传唤证人的一方先对证人进行主询问，然后再由对方进行反询问，它是英美法系国家刑事审判用以展示和揭露事实的主要手段。在美国，交叉询问程序的运作为主询问—反询问—再主询问—再反询问……主询问和反询问的次数在各州规定有异，但无论是控方还是辩方都至少有两次询问证人的机会。英国的程序要比之更为简洁，通常情况下，控辩双方只有一次完整的机会询问证人。如果主询问一方认为有必要进一步澄清证人在反询问时回答的事实，而不是提出新的事实，那么法官可以允许主询问一方进行再主询问。无论如何，反对方都无权对证人进行再反询问。

在英国，如果对方质疑证人的证词，则必须要给证人予以反驳或解释的机会。因此，如果反询问方试图运用证人先前不一致的陈述、其他证人的证言或物证等挑战证人的可信性，他必须在反询问时提出，不得在己方举证时提出质疑证人的证词。这也就是说，假如对方没有在反询问时提出证据反驳证人，那么事后提出的反驳证据因剥夺了证人的回应机会而导致不具可采性。除非法官应对方的请求重新传唤证人作证，否则证人的先前证词将被直接予以接受。在实践中，法官对此规则执行得非常严格，对方的重新反询问请求很少获得准许。① 美国的交叉询问中并无这样的规则。

有权在英国刑事法院从事指控或辩护的律师主要是出庭律师，他们通常只会在出庭前一天才会收到检察官或事务律师的材料，所以难以像美国的检察官或辩护律师那样“教唆”证人该如何准备；加之上述证人应有反驳或解释的机会，英国的证人在接受对方律师

① Michael H. Graham, *Tightening the Reins of Justice in America*, Greenwood Press, 1983, p. 82.

的反询问实践中，通常并不局限于回答“是”或“不是”，他们可以像大陆法系国家的证人在回答法官的提问时那样采取自然陈述的形式。英国的律师在进行反询问时甚至会放弃诱导性提问的主导性优势，直接向被告人提出开放性的问题，如“为什么……”、“怎么产生的”，等等。考虑到证人已经被对方“武装”的情形，美国的律师通常不会采取这种问法，因为无法控制的回答随时可能会泄露出不利的信息。

根据英国1991年《刑事司法法》的规定，被告人本人无权亲自对受到性侵害或暴力犯罪的儿童被害人进行交叉询问。在被告人没有聘请辩护人的案件中，为了使被告人的公正审判权不致受到侵犯，法官将代替被告人进行交叉询问，但是这种措施明显背离了对抗式刑事审判的内在精神，于是《1999年青少年司法和刑事证据法》规定为未请辩护人的被告人强制指定辩护人，法官不再越俎代庖。

交叉询问规则和实践的不同再次说明了英美两国刑事审判对抗程度的差异，英国采取的是一种更为温和、高效的模式，美国采取的是一种更为激烈、缓慢的方式。如果从被告人的权利保障角度来看，美国的做法进一步证明了其对“正当程序”的无限推崇，不仅辩方可以对控方证人进行数次反询问，而且可以通过精心设计的诱导性询问充分揭露其证词的矛盾、含混之处，甚至通过攻击证人的品格直接破坏证人的可信性。英国证人的“反驳和解释”权使其陈述难以有效地控制，一些或许是无意中提到的信息可能会使被告人遭受不利的评价；更为重要的是，法律出于保护特殊的被害人、证人的利益完全剥夺了被告人亲自进行交叉询问的权利。

3. 控方重开案件

在美国，控辩双方只有一次集中举证的机会。英国的刑事审判允许控方在符合法定的例外情形下可以“重开案件”（prosecution evidence in rebuttal）：（1）如果在辩方举证时，出现了一个控方无法预见的新情况，控方可以举证反驳；（2）控方有权要求法庭在辩方举证完毕之后传唤一名在控方第一次举证结束前无法获得的证人；（3）如果控方因疏忽而遗漏了纯形式性质的证据，可要求法官批准补充；（4）控方可以要求法官批准重新举证，以证明辩方证人具有先前定罪、前后不一致的陈述或偏见。虽然英国的控方比之美国享有再次进攻的机会，但实践中法官通常不会准许控方举证结束后重开案件。①

4. 总结陈词的差异

控辩双方的总结陈词是英美两国法庭调查程序中的最后一个环节，双方通过该程序可以向陪审团就整案进行总结。与举证阶段严格地以证据为基础不同，控辩双方在总结陈词阶段不仅通过有力的证据，而且可以通过煽情的修辞说服陪审团作出有利于本方的判决。但是，总结陈词必须以法庭调查中经过质证的可采证据为立论依据，就证据的证明力、证人的可信性和法律的适用作出适当的评论。除非是众人皆知的常识，否则不得在总结陈词时提及未经调查的事实；在评价证明力时，也不得传达纯属他个人的观念，更不得发表可能使陪审团产生偏见的言论。②

在英国，控方律师的总结陈词在前，辩方律师的总结陈词在后，控方律师无权在辩方结束陈词后再次进行总结陈词。③ 但是在美国，控方律师可以在辩方律师作完陈词之后再次进行回应性陈

① Michael H. Graham, *Tightening the Reins of Justice in America*, Greenwood Press, 1983, p. 89.

② Rosemary Nidiry, "Restraining Adversarial Excess in Closing Argument," 96 *Colum. L. Rev.* 1299 (1996), p. 1307.

③ 如果被告人没有聘请律师，而且除他以外，没有向法庭提交任何证明其案件的证据，那么控方没有作总结陈词的权利，只有被告人有权作最后发言。参见［英］约翰·斯普莱克著：《英国刑事诉讼程序》，徐美君、杨立涛译，中国人民大学出版社2006年版，第448页。

词。英国程序设计的理论依据同大陆法系国家被告人所享有的最后陈述权是一致的，即被告人在审判中应该享有说“最后一句话”（last word）的权利。此外，英国法官有对证据进行总结和评论的职责，控辩双方只要在总结陈词前的调查中充分地展现了自己的案情，法官的总结能够起到律师总结案件的作用。所以，英国律师的总结陈词通常都是短暂而理性的，[①] 通常不会采用过于煽情的语言，因为这会导致法官的反感。

美国的被告人并不享有说“最后一句话”的权利，检察官有权对辩方的总结陈词进行回应性陈词。由于绝大多数的州并不允许法官向陪审团总结证据，而那些享有这一权力的法官也甚少使用这一权力，所以美国的控辩双方通常把总结陈词作为自己进行最后一击的手段。为了能够矫正辩护律师在总结陈词时的不当言论，美国的刑事诉讼发展出了“招致回应论”（the invited response doctrine），即检察官针对辩护律师所作的不当言论可以进行回应性陈词。虽然美国的《刑事司法律师行为准则》和联邦最高法院一再重申，检察官的回应性陈词只能是针对不当言论，并且也应该遵守总结陈词的基本原则，但实际上检察官并不如此行事。正如美国学者所指出的：“检察官的反驳权已经成为他们手中最强大的武器之一，由于‘招致回应论’执行得宽松，这使这一武器的力量更为增强，它让检察官获得了以自夸、煽情或其他不当方式影响陪审团的最后发言权。”[②] 可见，在控辩双方实力相当的前提下，美国的被告人在总结陈词阶段要比英国的被告人处于更为不利的地位。

---

① 但英国仍然有人认为控辩双方的总结陈词过于拖沓、漫无目的，无助于陪审团认定事实。由朗西曼领导的皇家刑事司法委员会曾建议，控辩双方的总结陈词各自不得超过30分钟。参见 *Royal Commission on Criminal Justice*, Report, Cm. 2263(HMSO,1993), ch 8, paras. 8 and 19.

② Rosemary Nidiry, “Restraining Adversarial Excess in Closing Argument,” 96 *Colum. L. Rev.* 1299(1996), p. 1323.

5．被告人的作证“义务”和顺序

英美法系的刑事诉讼理论认为，被告人是有作证能力但却不得被强迫作证的人，即被告人有权自由决定是否在法庭上作为辩方证人作证，但是法庭不得强迫被告人作证。这正是沉默权的精义之所在。

美英两国在具体贯彻沉默权制度时也呈现出一定的差异。美国的被告人在法庭保持沉默的权利是其享有的宪法权利之一，为了严格保障被告人的沉默权，被告人不仅有权在法庭上保持沉默，而且检察官和法官也不得就保持沉默的行为发表任何不利于被告人的评论，陪审团在认定事实时也不得以保持沉默的行为作为推论的事实依据。但是，根据英国 1994 年《刑事审判与公共秩序法》的规定，假如被告人在审判中保持沉默，法官和控诉方可提请陪审团作任何认为适宜的推论。自此，被告人保持沉默的行为将可能会给其带来不利的后果。

如果被告人选择亲自“作证”，英国的被告人传统上有两种选择：一是像大陆法系国家的被告人那样立于被告席作不经宣誓的陈述，控辩双方律师不得对其进行交叉询问，但这种陈述因未经宣誓证明力极低，陪审团有权视其不存在；二是走上证人席，像其他证人一样进行宣誓作证，并接受交叉询问。然而，根据 1982 年《刑事司法法》第 72 条的规定，被告人未经宣誓的陈述权被废除了。因此，如今被告人面对的将是一个两难选择：要么保持沉默，但控方律师和法官可能作出不利评论以及陪审团可能作出不利推论；要么宣誓作证，但必须要接受控方律师的反询问。此外，如果被告人选择宣誓作证，他必须作为辩方的第一个证人作证。“这样做的部分原因是被指控者是最能够告诉陪审团辩方案件如何的人，另一部分原因是他要在整个审判过程中被允许留在法庭上，因此如果允许他在其他证人之后作证，就可能改变自己的证据以符合他听到的证人的证词。”[①]

美国被告人在作证时的处境要好于英国，因为他不仅不会因选择保持沉默而招致任何不利的法律后果，而且如果他选择宣誓作证，他可以选择作为辩方的最后一个证人作证。这也就是说，美国的被告人可以在听取完所有证人的证词后，策略性地选择是否作证以及如何剪裁自己的证词以符合先前证人的证言。即使美国的被告人在作证顺序上占尽了优势，但由于要承受检察官猛烈的交叉询问，他们也甚少选择宣誓作证，大约只有50%的重罪被告人会选择在法庭上作证，[②] 而英国刑事法院的被告人在沉默权被限制之前的作证率即已达到了95%[③]。

（四）证据规则的宽严

1. 品格证据

在美国，品格证据不得用于证明被告人实施了特定的行为。其例外在于：首先，如果被告人提出自己具有良好的品格，那么就将被告人的品格置于争议之中，检察官有权使用品格证据证明被告人的不良品格；其次，在被告人作证时，检察官可以不良品格证据弹劾被告人的可信性；再次，如果被告人提出了被害人某一方面品格特征的证据，那么检察官可以提出有关被告人同样方面品格特征的证据；最后，有关被告人其他错误、犯罪或行为的证据在为其他目的使用时，如证明动机、机会、意图、预备、计划、明知、身份、

---

① ［英］约翰·斯普莱克著：《英国刑事诉讼程序》，徐美君、杨立涛译，中国人民大学出版社2006年版，第439页。

② 在此50%选择不作证的被告人中，有23%被宣告无罪。在轻罪案件中则有57%左右的被告人选择在庭审中保持沉默，其中无罪宣判率达到34%。参见Stephen J. Schulhofer, “Some Kind Words for the Privilege Against Self-Incrimination,” 26 *VAL. U. L. REV.* 311(1991), pp.329-330.

③ Michael H. Graham, *Tightening the Reins of Justice in America*, Greenwood Press, 1983, p.229.

过失或意外事件等，则具有可采性，但是，如果法官认为采纳该证据可能产生的偏见大于其证明力，有权拒绝采纳该证据。①

美国的品格证据规则与传统的普通法规则并无多大差异，但是在英国，2003 年《刑事司法》第 99 条第 1 款大胆地宣称：“普通法刑事诉讼中有关不良品格证据的可采性规则现予废除。”根据该法第 101 条的规定，采纳被告人的品格证据成为原则，排除成为例外。被告人的品格不再主要局限于弹劾其可信性的手段，而且可以在被告人未选择作证时成为证明被告人罪行和品格的证据。唯一的限制是法官不得因采纳该证据而对审判的公正性造成损害。

2. 传闻证据

虽然普通法和制定法已经为传闻证据规则设定了大量的例外，以至于维因斯坦（Weinstein）法官惊叹：“在被容许的传闻证据的大海中，排除传闻证据的规定只不过是一座孤立的小岛”②，但是英国似乎并不止行于此。传闻证据规则在英国 2003 年《刑事司法法》中也像品格证据规则一样受到了重创，法官在决定是否采纳证人的庭外陈述时，只要根据综合考量法，认为该陈述的作出有充分的可靠性保障，且“符合司法的利益”，即使该证人未经对方当事人的交叉询问，其陈述依然是可采的。

这一点恰与美国的发展形成了鲜明的对比，直到联邦最高法院在 2004 年克劳福特案之前，对被告人的对质诘问权的保障采取了等同于传闻证据例外的方法，即只要证人的庭外陈述符合“根深蒂固的传闻例外”，即具有可靠性的充分保障，且证人无法出庭（如出国、生病或死亡等），那么采纳该庭外陈述并不侵犯被告人

---

① Thomas Buckles, *Laws of Evidence*, Delmar Learning, 2003, pp. 154 – 160.

② James B. Weinstein, “Probative Force of Hearsay,” 46 *Iowa*, *L. Rev.* 331 (1961), p. 346.

的对质诘问权。[1] 2004年的克劳福特案推翻了这一实行了24年的宪法规则，认为可靠性标准是一种主观性的标准，不同的法院可能会作出不同的认定，无法为被告人提供充分的保障。据此，联邦最高法院判示：所有的“证词性陈述”（testimonial statements）的作出者都必须接受被告人在法庭上的对质和诘问，除非该证人无法出庭且被告人先前有对其进行对质诘问的机会。[2] 联邦最高法院以被告人的对质诘问权否定了“根深蒂固的传闻例外”的合宪性，削弱了法官在采纳传闻证据时的自由裁量权，加强了排除传闻的证据规则。

据此，英国的法院可以充足的理由推论，“庭外陈述的证明力、重要性和明显的可靠性超过了‘质疑该陈述的困难’和‘可能对对方所造成的偏见程度’为由而采纳一份庭外陈述，而美国的法院却可能以未给予被告人对质诘问的机会而排除该庭外陈述。”[3]

3. 非法证据

非法证据的排除法则并非对抗式诉讼的必然要求，它已经成为法治国家所普遍认可的基本法治原则之一。不过，非法证据排除规则的严格性在不同国家却有着显著的差异。一个对国家权力保持高度警惕和强调程序优位理念的国家，必然会制定更加严格的非法证据排除规则。因此，非法证据排除规则可以作为衡量对抗强度的一个指标。[4]

非法证据排除规则分为口供排除规则和实物证据排除规则。美国的口供排除规则在米兰达案中达到了顶峰，该案确立了强制排除

---

① *Ohio v. Roberts*, 448 US 56 (1980).

② *Crawford v. Washington*, 541 U.S. 36(2004).

③ Andrew Choo, “Crawford v. Washington: A View from Across the Atlantic,” *International Commentary on Evidence*, Volume 2, Issue 1, Article 4, 2004, p. 8.

④ Matthew T. King, “Security, Scale, Form and Function: The Search for Truth and the Exclusion of Evidence in Adversarial and Inquisitorial Justice Systems,” 12 *Int'l Legal Persp.* 185(2002).

规则，即只要是应当提出“米兰达忠告”而没有提出的，或者所提出的忠告不适当的，或者在提出忠告后，犯罪嫌疑人没有合法地放弃沉默权或律师帮助权的，随后所获得的犯罪嫌疑人的任何陈述必须一律排除。这就是著名的米兰达规则。[①] 不仅非法获得的口供应该排除，违反宪法第 4 修正案的规定搜查、扣押所得的物证、书证，同样不得用作不利于被告人的证据。此外，“毒树之果”理论进一步要求，不仅非法讯问或搜查所获得的证据应该排除，由此证据获得的派生证据也要求排除。

纵使美国后来在排除非法证据规则的基础上产生了许多例外，但英国的非法证据排除规则远远没有美国那么严格。非法口供的排除规则为“强迫”或者“可能导致任何陈述不可靠的语言和行为”，这被英国的学者也称为强制排除规则。但是，相对于美国的米兰达规则来说，英国的强制排除规则完全可认为是任意排除规则。至于其他非法物证、书证的排除则完全以 1984 年颁布的《警察与刑事证据法》中的裁量排除法为基础，并不以侵犯被告人的宪法权利作为排除实物证据的唯一根据。该法第 78 条规定：“在任何诉讼中，法庭在考虑了包括证据取得在内的所有情况之后，如果认为采纳该证据将会对诉讼的公正性造成如此不利的影响，以至于不应将其采纳为证据的，就可以将检控方提出的证据加以排除。”但是，“在实践中，英国的法院不愿意仅因为取证的违法而排除‘实物证据’（solid evidence）”[②]，英国也未采用“毒树之果”理论来制裁警察的违法行为。

（五）法官的总结和评论证据权

与大陆法系不同，英美法系国家的法官在退庭后是不得与陪审

---

① 强制排除规则仅适用于犯罪嫌疑人被“羁押”或者以其他方式剥夺了人身自由后接受官方讯问时所作的陈述，其他非法口供的排除则沿用普通法上的自愿性标准。

② Mireille Delmas - Marty and J. R. Spencer, *European Criminal Procedure*, Cambridge University Press, 2002, p.605.

团共同评议案件的。陪审员是法律的门外汉，所以为了帮助他们能够正确地领会和适用法律，以及准确地认定案件事实，英美法系国家的陪审团在庭审结束之后退庭评议之前都需要接受法官对他们的指示。

在英国，法官对陪审团的指示并不限于如何适用法律，如证明责任的分配、证明标准的含义、犯罪的构成要件等；法官还有义务对庭审中控辩双方所举的所有相关且可采的证据进行总结，并作出必要的评价。其理由在于："法官不仅有权利而且有义务就法律和事实两个方面为陪审团提供帮助。当然，事实问题属于陪审团而不是法官，但是法官在处理证据的证明力和相关性问题时有丰富的经验，因此法官在事实方面为陪审团提供帮助是适当的。"①

法官对证据的总结和评价"应当……就判决必须解决的争议进行简洁而准确的概括，应当就该案的证据和双方各自的论点进行正确而简练的总结，应当正确地指示陪审团从特定的原始事实中得出推论"②。但是，法官在作指示时必须向陪审团强调，唯有陪审团才有权认定案件的事实，法官对证据的总结或评论仅供参考，陪审团可以作出不同的认定。法官的证据总结有助于陪审团作出一个以证据为基础的公正而合理的判决，不过它也伴随着不当干预陪审团的风险，因此法官对陪审团的证据总结必须是"适当的"（proper），不得用确定无疑的口吻说道："控方案件已得到证明，被告人的罪名成立。"否则，上诉法院有权撤销有罪判决。同理，如果法官"反复地告诉陪审团辩方是'愚蠢的'以及辩护中的主张毫无根据"，上诉法院同样有权撤销有罪判决，因为"无论犯罪有多么令人厌恶，无论被指控者的面目多么可憎，无论辩护有多滑稽可

---

① Paul Roberts and Adrian Zuckerman, *Criminal Evidence*, Oxford University Press, 2004, p. 78.

② *R v. Lawrence* [1982] AC510, HL, p. 519.

笑，他都有让律师和法官公平地展示他的案件的权利"[①]。但是，在法官向陪审团进行证据总结和评论时，辩护律师没有义务及时地提出异议，即使辩护律师当时未提出反对意见，辩方仍然有权就法官的不当总结提起上诉。由于对法官的尊重，英国的辩护律师甚少在法官作总结评论时提出异议。

在美国，除了联邦系统和部分州以外，绝大多数的州都是禁止法官在向陪审团进行指示时进行证据总结和评论的。反对法官拥有这一权力的人士认为，法官即使没有这一权力依然可以公正而有效地主持审判；此外，如果法官拥有这一权力，就会损害陪审团的独立裁判权；更何况法官的身份决定了他在进行证据总结和评论时容易偏向于控诉方，这会使被告人无法获得公正审判。[②] 即使是拥有证据总结和评论权的联邦法院法官，在行使这一权力时也受到了限制，联邦最高法院咨询委员会曾告诫法官"不得向陪审团传达有关可信性和实体问题等纯属个人的观点，他的观点必须保持中立无偏"。此外，法官如果行使权力稍有不当，也会遭受控辩双方尤其是辩护律师的强烈反对。因为根据《联邦刑事诉讼规则》第 30 条的规定，如果辩护律师在法官作指示时，当时没有提出异议，那么将会导致其失去上诉权。正是由于这些因素的综合作用，美国法官在实践中也甚少使用这一权力。正如弗兰克尔法官所言："法官评论证据只是一种反常现象。"[③]

英国法官的证据总结和评论权为控辩双方和陪审团之间设置了一道"防火墙"，通过法官的过滤，控辩双方的各种煽情、误导和

---

① [英] 约翰·斯普莱克著：《英国刑事诉讼程序》，徐美君、杨立涛译，中国人民大学出版社 2006 年版，第 452 页。

② Michael Pinard, "Limitations on Judicial Activism in Criminal Trials," 33 *Conn. L. Rev.* 243(2000), pp. 254 – 255.

③ Marvin E. Frankel, "The Search for Truth: An Umpireal View," 123 *U. Pa. L. Rev.* 1031(1975), p. 1042.

无用的信息被删除，陪审团对证据的疑惑得以有效地排解。虽然法官会告诫陪审团他的观点纯属个人意见，陪审团有权接受或拒绝，但是透过威严的法袍和假发，法官的观点不可能不对陪审团造成实质性的影响，所以英国有学者将英国法官的这一权力称为“准纠问式的权力”。①这就为控辩双方的律师无形中制造了压力：一个在法庭上无视职业伦理执著于输赢而非正义的律师必然会遭到法官的不利评价，进而影响到法官对其案件的不利总结。所以，英国的律师在庭审最后的总结发言中要比美国的律师克制得多。

美国的法官在对陪审团进行指示时比其英国同行们要冷静和简易得多，他们通常只需就相关的法律作出准确的指示即可，所以并不会花去过多的时间，这倒与英美的陪审团遴选程序形成了巨大的反差。② 既然美国的法官如此遵守事实与法律的二分法，那么美国的检察官和辩护律师就不得不依靠他们自己在法庭上的优良表现来获得陪审团的认可。所以，美国的律师会在最后的总结发言中不遗余力地运用证据、情感和逻辑的力量说服陪审团，完美地总结各自的案件。

三、差异形成的原因

美国的刑事审判制度源自于英国，共同分享着若干不同于法国、德国等大陆法系国家的特征。如果把镜头调整到英美的内部，被法系划分所舍弃的许多差异立刻会映入眼帘，以至于英国学者宣称：“英美在审判制度上的差异不仅仅表现在诸如英国的刑事法院法官和出庭律师都要戴假发……它们之间细节上的差异是如此之

---

① Mireille Delmas - Marty and J. R. Spencer, *European Criminal Procedure*, Cambridge University Press, 2002, p. 628.

② 在英国的一起商业欺诈案中，审判共持续了 35 天，而法官对证据的总结则花去了 3 天时间。参见［英］约翰·斯普莱克著：《英国刑事诉讼程序》，徐美君、杨立涛译，中国人民大学出版社 2006 年版，第 451 页。

大，以至于如果 O. J. 辛普森案件在英国审判，美国人可能会认为这是一个完全不同法律制度下的审判。”①

如果把纯粹理想型的对抗式刑事审判赋值 100 分的话，美国的刑事审判可以获得接近满分的优秀成绩，英国或许只能获得 80 分以上的良好成绩。正是对抗程度上的不同，美国的审判可称之为“超级对抗制”，而英国则为“温和对抗制”。美国学者休斯这样形象地说道：“英国虽是对抗制的摇篮，但是她自己所抚育的后代，从来都没有长到远在大西洋彼岸的兄弟那么大块头（giant proportions）。”② 美国的刑事审判中控辩双方对程序的控制力在总体上要超过英国，从陪审员的遴选到对证人的交叉询问，再到最终的总结陈词等方面，美国的律师可以透过程序性规则的运用对最终的结果施加巨大的影响；相较于控辩双方在法庭上的节制，英国的法官在事实认定方面比美国法官要更有影响力，这突出表现在英国法官在证据可采性（包括传闻证据、品格证据、非法证据等）上享有更大的裁量权以及法官的总结和评论证据权；被告人在英国庭审的待遇比不上美国的被告人，除了被告人在英国可以享有说“最后一句话”的权利外，从被告人的席位设置、被告人沉默权受到的限制、“第一证人”的作证顺序、证据规则的宽松、对交叉询问权的限制、开头陈述的推迟和限制、证人接受反询问时的“反驳和解释权”、辩护律师的节制等方面，无不显示出英国的被告人面临着比美国被告人更大的定罪风险。那么，是哪些因素导致这两个“本是同根生”的制度产生了内部的差异呢？

（一）律师制度的不同

英国的律师制度至今仍然等级森严，事务律师和出庭律师的二

---

① J. R. Spencer, “Justice English Style”, in John J. Sullivan and Joseph L. Victor, ed. *Criminal Justice* 96/97, Brown & Benchmark Publishers, 1996, p. 126.

② Graham Hughes, “English Criminal Justice: Is It Better than Ours?” 26 *Ariz. L. Rev.* 507(1984), p. 568.

元制律师制度是其最为显著的特色，在英国的刑事法院所进行的审判，至今仍主要是出庭律师的专属领地①，控辩双方的指控和辩护通常都是由出庭律师来承担的，而不是由检察官或一般的事务律师来承担。但是在美国，并无出庭律师和事务律师的划分，而且检察官也无须聘请律师代表政府出庭。律师制度的差异是导致两国对抗性强弱的重要因素。

在英国，当事人不得直接聘请出庭律师，职业伦理规则禁止出庭律师单独会见当事人，而是通过事务律师作为中介才能委托出庭律师，辩护律师实质上有两个当事人：事务律师和被告人。出庭律师的聘请和付费来自于事务律师，所以出庭律师为了未来的生意会更加关注事务律师的评价，而不是当事人的看法。出庭律师与当事人之间的分离使出庭律师能够保持一定的独立性，不会为了当事人的利益而不择手段地赢得诉讼。美国的辩护律师直接受雇于当事人，没有像英国事务律师这样的过滤器和中介人，这必然会导致其比英国的出庭律师与当事人之间具有更为严重的“依附关系”，难以把自己的角色与被告人的角色进行分离。即使是美国受雇于国家的“公设辩护人”，也比英国的出庭律师与被告人之间的关系更为

---

① 英国的事务律师对出庭律师在刑事法院出庭辩护的垄断权一直甚为不满。自1969年开始，事务律师一直在不断地争取刑事法院出庭辩护权。通过1990制定的《法院和法律服务法》(The Court and Legal Services Act)和1999年制定的《接近正义法》(Access to Justice Act)，事务律师在通过严格的资格审查后，可以获得在刑事法院的出庭辩护权。但是，截至2001年6月，获得刑事法院出庭辩护权的事务律师仅有1153人，这在总数近10万的事务律师中实在是微不足道。刑事法院的出庭辩护工作主要还是由出庭律师承担。根据程汉大教授的研究，这一现状在可以预见的将来不可能会有多大的改观。参见程汉大：《英国二元律师制度的起源、演变与发展走向》，载《甘肃社会科学》2005年第4期，第43～44页；Brian Fitzpatrick, *Going to Court*, Oxford University Press, 2006, pp. 18－19. 英国皇家检控署设立后，检察官（具有事务律师资格）可以直接代表控方在治安法院出庭，但是其在刑事法院出庭支持公诉的工作则主要是通过聘请出庭律师来完成的。参见 Alec Samuels, “Crown Prosecution Service,” 50 *J. Crim. L.* 432 (1986), p. 438.

紧密。在一个运作良好的公设辩护人服务局里，公设辩护人会在开庭前多次同当事人会谈商议，而英国的出庭律师通常直到审判之日才会见到自己的当事人，而且其当事人还会被置于其无法触及的后排被告人席位上。①

英国的检察官在刑事法院的指控工作也是委任出庭律师进行的，出庭律师并不参与检察官在起诉决定作出前的任何工作。出庭律师没有从事案件事实调查的义务，不参与检控署的日常工作，也不对检察官的起诉决定进行干涉。美国的检察官并不会雇请职业律师为其出庭，专业检察官制是美国背离英美法系传统，吸收法国模式的产物，检察官既负责作出是否指控的决定，同时也负责出庭支持指控。检控决定和起诉工作的一体化必然会使检察官的胜诉心理强于英国的出庭律师，因为后者并不是长期从事追诉犯罪的职业官员，而是长期从事法律辩论的专业、高级法律人员。

独特的出庭律师制不仅使控辩双方的律师与其当事人实现了分离，也使律师对证人的事前“彩排”难以进行。美国的检察官和辩护律师通常会在出庭之前对拟出庭作证的证人进行大量的准备工作，如告诉他将要提出的问题以及如何回答，对方将会如何对其反询问以及如何应答，出庭时应穿何种装束，甚至告诉他回答询问时的语气、节奏、神态等，并且为了防止庭审中出现无法控制的局面，还会在审前对证人进行反复的演练以期达到最佳的作证效果。英国的辩护律师在审前通常无法会见辩方证人，因为他通常只在出庭前一天才能接到事务律师的案情摘要（brief）；即使他提出要会见证人，职业伦理规则只允许事务律师有会见、询问证人的权利，出庭律师不得会见他的证人。代表政府出庭的出庭律师也由于同样的原因无法会见自己的证人。正是这种差异的存在，英国的律师才

---

① Gordon Van Kessel, “Adversary Excesses in the American Criminal Trial,” 67 *Notre Dame L. Rev.* 403(1992), pp. 444 - 445.

会在法庭上进行反询问时甚至提出一些开放性的问题，证人才有进行反驳和解释的权利。因为英国的证人没有在审前得到“教练”的指点，律师们无法像美国的检察官和辩护律师那样对证人施加有力的控制和影响，证人的证词相对来说更“纯洁”一些，所以一方面律师不得不向证人提出一些开放性的问题，另一方面他们也不担心证人的证词会被审前“污染”而失真。

英国的出庭律师是一个高度同质性的职业团体，遵循着相同的职业伦理，并在长期的司法实践中建立了同志式的友谊。作为伦敦四大律师公会的成员，他们的办公室可能只有咫尺之隔，而且会在律师公会主持的例行午餐会上共进午餐，相互打趣。他们并不永久地受聘于某些特定的客户，一位出庭律师在这个案件中可能代表被告人进行辩护，随后他可能会在另一起案件中代表政府指控被告人。所以英国把出庭律师视为“真正的司法官员”（a genuine officer of the court）和“司法程序的守护人”。①美国的检察官和辩护律师分别隶属于不同的机构，前者受司法部领导，而后者受律师协会的领导，两者之间并不分享共同的价值观和职业伦理。对于美国的检察官来说，虽然联邦最高法院一再告诫他有公正执法的义务：“合众国检察官并不是代表争议一方的普通当事人，而是国家的代笔，国家公正地进行统治的责任同其统治权本身一样重要；因为他进行刑事起诉的利益并不在于打赢官司，而是为了实现正义。”②但是在实践中，“所谓实现正义的目的可以被简单地翻译为不顾事实地为定罪而奋斗”③。辩护律师在美国从来没有被赋予实现正义

---

① ［美］P. S. 阿蒂亚、［美］R. S. 萨默斯著：《英美法中的形式与实质——法律推理、法律理论和法律制度的比较研究》，金敏等译，中国政法大学出版社 2005 年版，第 308 页。

② *Berger v. United States*, 295 U.S. 78 (1935).

③ Gordon Van Kessel, “Adversary Excesses in the American Criminal Trial,” 67 *Notre Dame L. Rev.* 403(1992), p.440.

的义务，“律师不仅有义务而且应当积极地实现委托人的利益，并且应当热情地为委托人的利益而辩护”。“律师为实现当事人的利益”有权采取“职业裁量权”范围的一切手段。[①] 德肖微茨曾言：“充满激情的辩护需要将当事人合法的利益放在首位，其他意识形态上的、职业上的、个人的利益则处于从属地位。你就是手术室里的医生，唯一的目的就是挽救病人的生命，不管他是好人还是坏人，圣人还是罪犯。”[②] 因此，英国出庭律师的高度同质性使其在法庭上的表现比美国的检察官和辩护律师要节制和中立得多，不会纠缠于技术性的细枝末节，不会随时基于策略上的利益提出异议而打断对方的发言，不会过于执著于胜诉的利益。

出庭律师晋升为法官的特殊条件也是造就英国出庭律师行为检点的原因。在英国，所有高级法官都从资深出庭律师中选任，[③] 出庭律师界和法官界享有高度共同的文化价值观。所有高级法官都在出庭律师界执业多年，而许多资深出庭律师渴望成为一名法官，出庭律师差不多是成为一名法官的学徒期。出庭律师要成为一名法官，“他必须引起一个最重要的人物的注意，这就是御前大臣；他必须让两群人对他的职业技能留下深刻的印象，其一是现任法官们，另一群稍微次要一点的，是他的同僚。政党、媒体和公众的看法几乎是无关紧要的”[④]。所以，为了能够晋升为法官，英国的出庭律师必须要时刻注意到他的言行可能会给法官、其他出庭律师、

---

① *Model Rules of Professional Conduct*, Rule 1.3.

② ［美］艾伦·德肖微茨著：《致年轻律师的信》，王楚名、汤家芳译，上海人民出版社2004年版，第40～41页。

③ 英国所有的高级法官必须执业担任出庭律师至少10年，但事实上，被任命为法官的人，执业出庭律师不在20～25年或以上的很少，所以英国的法官总是给人一种“老态龙钟”的印象。

④ ［美］P. S. 阿蒂亚、［美］R. S. 萨默斯著：《英美法中的形式与实质——法律推理、法律理论和法律制度的比较研究》，金敏等译，中国政法大学出版社2005年版，第293页。

事务律师留下的印象，一个违背职业伦理的出庭律师不仅会受到法官和其他出庭律师的负面评价，甚至会失去他最重要的客户——事务律师。为此，出庭律师在庭审中必须要对法官保持足够的尊重，对他的同行也必须要给予适当的尊敬，一个以胜诉为一切目标的出庭律师无异于是自绝前路。但是在美国，“大多数司法任命被视为是政治性的，以某种形式在公共或政治部门从事过服务对于获得法官资格，通常要比一定程度的职业经验或长期在法律行业执业更重要”①。法官的任命方式五花八门：行政长官任命的；立法机关任命的；通过无党派选举获得的；通过党派选举获得的，等等。所以，美国的检察官和辩护律师并无英国的出庭律师那样的职业压力，因为法官和其他同行的评价虽然不是无足轻重的，但却不是最重要的。

（二）法律价值观的差异

根据美国历史学家路易斯·哈兹在其名作《美国的自由传统》中所提出的“碎块论”，美国是英国宗教革命时期从英国这个母体甩出的“碎块”。当它被甩到北美大陆后，由于外部环境已经彻底改变，从而失去了朝着母体发展方向前进的动力，最终陷入了一种静止状态。在随后的发展过程中，美国这一“碎块”主要保留了它在脱离英国母体时所具有的母体特征，但是它又完全按照环境的要求和自身的需要进行转化和演变，随着时间的流逝而最终形成自己独有的特征，与英国相比，美国更加崇尚个人主义和自我奋斗，对权力则保持着一种高度的警惕感。②

美国独立后三权分立的政治体制是其权力警惕感的生动体现，即使是对最不具有侵犯性的司法权，美国也对其持有一种不信任

① ［美］P. S. 阿蒂亚、［美］R. S. 萨默斯著：《英美法中的形式与实质——法律推理、法律理论和法律制度的比较研究》，金敏等译，中国政法大学出版社 2005 年版，第 288 页。

② 严维明著：《比较美国学》，西安交通大学出版社 1999 年版，第 28 页。

感，庞德以历史为依据阐述了美国对法官权力的担忧：

为美国提供样板的并不是1688年之后独立的英国法官，而是斯图亚特王朝时期的英国法官。他们以趋炎附势为能事，讨好国王而获得并长期占有职位，臣民在政治斗争中被法官玩弄于股掌之中。查理二世和詹姆士二世时期的英国法官不仅为政治所支配，而且是专制的。殖民地时期的美国治安法官和立法者并不是精通法律的人才，他们经常会以无视法律的方式进行粗暴执法和立法，独立革命前的许多皇家法官都是武断的。这给我们的祖先留下了深刻的印象。出于对这些类型法官的恐惧或不信任导致了法官控制审判权的萎缩，而陪审团则被授予了强大的权力。①

这种担忧是美国诸多州禁止法官对证据进行总结和评论的原因，也是美国《权利法案》诞生的历史依据。1787年在费城起草的宪法，在各州审议批准的过程中，有不少美国公民感到不安，因为宪法中并没有明确保障个人的权利。因此，《宪法》补充了10条修正案，统一称为《权利法案》。由于补充了《权利法案》，《宪法》在13个州均获批准，并于1789年生效。在《权利法案》的10个条文当中，与刑事诉讼密切相关的条文就有4条。此后，美国联邦最高法院通过运用正当程序条款，将《权利法案》中的绝大多数权利推及适用于各州，刑事诉讼实现了宪法化。

在宪法化的过程中，一条清晰可辨的线索始终贯穿其中，为被告人提供充分的权利保障和防止国家机关权力的滥用，甚至不惜以有罪人逃脱法网为代价。“对个人权利的明确规定，加上对政府权力强大的不信任感，对美国的刑事司法产生了巨大的影响。正如我们所看到的，这种影响是普通法世界中的其他国家所没有的。毫无

① Roscoe Pound, *Criminal Justice in America*, Transaction Publishers, 1998, pp. 153 - 154.

疑问的是，这种影响不是空洞的，而是真实的、强大的和无处不在的。”[①] 为被告人提供充分的权利保障，并不是没有代价的，但是美国似乎更加容忍这种代价，但是对政府的违法行为则难以接受：

在法治政府下，如果政府任意地违背法律，那么它的合法性将岌岌可危。我们的政府是强大而完美的教育者。它将通过自己的行为教育全体公民区分善恶。犯罪是可以相互传染的。如果政府变成了一个违法者，它会令人产生鄙夷法律的效果；它会令每个人成为自己法律的制定者；它会导致无政府主义。如果在刑事司法中目的可以使手段正当化，即政府可以为了将一个罪犯绳之以法而践踏法律，会导致可怕的复仇行为。本院坚决反对目的可以使手段正当化的论调。[②]

英国虽然也是一个强调自由和个人至上的国度，但是随着由自由放任主义理念所带来的“日不落”帝国的霸权地位的衰退，欧洲人权法院所施加的外部压力，犯罪率的居高不下和恐怖主义犯罪的隐忧，英国开始转向一个政府积极干预型的国家，其近年来所进行的司法改革就是试图在被告人的人权保障和国家控制犯罪之间寻求平衡的尝试。

在美国的沃伦法院于 20 世纪 60 年代完成刑事诉讼的正当程序革命之后，一种以被告人权利保障为主线的刑事程序模式就基本定型了，虽然后期的伯格和伦奎斯特等领导下的最高法院有所撤退，但是其对被告人的权利保障从未放松，我们可以在上述克劳福特案窥其一斑。在 20 世纪 70 年代以后，英国的法律价值观呈现出巨大的变化。在 1979 年以后，保守党和工党之间赢得选举成功的重要原因就是何者才能有力地实现“法律与秩序”（law and order），为

---

① Paul Marcus, Vicki Waye, “Australia and United States: Two Common Criminal Justice Systems Uncommonly at Odds,” 12 *Tul. J. Int1 & Comp. L.* 27(2004), p. 100.

② *Olmstead v. United States*, 277 U. S. 438 (1928), at 485.

了实现其政治蓝图，两大政党在竞选成功后都会通过议会不断地制定新法，以加强国家的犯罪控制能力。1984 年《警察与刑事证据法》授予了警察前所未有的逮捕、拦截和搜查权；1985 年《犯罪起诉法》创设了划时代的专业检控机构——皇家检控署；1994 年《刑事审判与公共秩序法》允许陪审团对被告人在接受警察询问或在法庭上保持沉默时可以作出对其不利的推论；1996 年《刑事程序与侦查法》要求辩方有向控方进行证据展示的义务；2003 年《刑事司法法》废除了普通法品格证据规则，缩减了陪审团的权力范围，放松了传闻证据规则，为禁止双重危险原则设定了可以溯及既往的例外，等等。

同被告人在刑事程序中的权利受到减损相对应的，则是被害人、证人在刑事程序中地位的提升。英国前首相布莱尔在《减少犯罪，实现正义——2004—2008 刑事司法战略计划》的序言中开宗明义地指出："我们以一个至上原则为起点，那就是守法公民应该成为刑事司法体系的核心。若干年以来，英国并非如此。当本届政府于 1997 年执政时，高犯罪率和诉讼迟延挫伤了民众对司法的信心。我们的制度似乎仅关注被告人的权利，被害人的权益总是置于其后……从总体上来说，我们忽略了被害人、证人和社会在刑事司法中的需要。"① 1999 年《年轻人司法与刑事证据法》、2003 年《刑事司法法》、2004 年《反家庭暴力、犯罪和受害人法》都是这一动机的产物。如今，易受伤害的证人、被害人不仅可以审前的录像面谈取代其亲自出庭，而且即使其必须出庭作证也不必同证人"面对面"，他们可以通过屏风、有线电视等手段同被告人隔离。而在性侵害案件中或法官认为有必要的时候，被告人无权亲自对特殊证人进行反询问。

---

① Tony Blair, Foreword, in Home Office, *Cutting Crimes*, *Delivering Justice*: *A Strategic Plan for Criminal Justice* 2004 - 08, p. 5.

本章小结

对抗式刑事审判不是英美法系国家刑事审判的同义语，不过作为对抗式刑事审判的源头国和最为坚定的继承者，英国和美国的正式陪审团审判迄今为止还是最为接近对抗制理想型的审判方式。这主要体现在二者分享着如下共同特征：二分式的法庭和二步式的庭审，以审查控方案件是否成立作为审判的焦点，控辩双方在审判中的主导性地位，严格区分控方案件和辩方案件，以交叉询问作为调查案件事实的主要手段，辅之以书面证据和物证的出示等。

但是，两国在对抗程度上存在着差异，美国的审判可称为“超级对抗制”，英国则为“温和对抗制”。美国的刑事审判中控辩双方对程序的控制力在总体上要超过英国，从陪审员的遴选到对证人的交叉询问再到最终的总结陈词等方面，美国的律师可以透过程序性规则的运用对最终的结果施加巨大的影响。相较于控辩双方在法庭上的节制，英国的法官在认定事实方面比美国法官要更有影响力，这突出表现在英国法官在证据可采性（包括传闻证据、品格证据、非法证据等）上享有更大的裁量权以及法官的总结和评论证据权。被告人在英国庭审上的“待遇”比不上美国的被告人，除了被告人在英国可以享有说“最后一句话”的权利外，从被告人的席位设置、被告人沉默权所受到的限制、“第一证人”的作证顺序，到证据规则的宽松、对交叉询问权的限制、开头陈述的推迟和限制、证人接受反询问时的“反驳和解释权”、辩护律师的节制等方面，无不显示出英国的被告人面临着比美国被告人更大的定罪风险。导致两国对抗程度上出现差异的原因主要在于两国律师制度的不同和法律价值观的差异。

第三章 对抗式刑事审判的是非之争和理论基础

引言

对抗式刑事审判的价值何在？它是一种最能达致事实认定准确性的制度吗？它是一种最能体现程序正义的制度吗？它是一种最有利于保障人权的制度吗？西方学者在此问题上长期争论不休。对抗式刑事审判的拥护者认为，对抗制不仅有助于准确而公正地认定事实，而且还有利于增加当事人对裁判的接受度。米勒教授在20世纪初期就曾说道："以长远的观点来看，由争端的双方当事人为了各自的利益而努力拼斗的机制，毫无疑问地将比任何类型的父爱主义式的调查（paternalistic inquiry）更有利于发现事实。"① 亚当姆斯教授则认为，"对抗式诉讼的优势在于它能够确保受判决影响的当事人有权准备各自的案件……从而增加了裁判结果的理性和可接受性。"② 反对对抗式刑事审判的学者则认为，对抗式刑事审判不仅无助于实现司法正义的目标，反而可能导致审判的竞技化。美国

---

① Robert Millar, "The Formative Principles of Civil Procedure," 18 *Ill. L. Rev.* 1 (1923), p.16.

② Adams, "The Small Claims Court and the Adversary Process: More Problems of Function and Form," 51 *Can. B. Rev.* (1973), p.583., p.593.

的庞德教授当属此列，他在1906年就撰文指出对抗式刑事审判促成了一种“竞技式司法论”（sporting theory of justice），在这个理论的指引下，“我们不加反思地认为法官应该只是一个仲裁者，裁定异议和确保律师遵守竞技规则，当事人在不受司法干预的前提下为了胜诉而不惜一切手段”①。还有学者认为，“与大多数人将其奉为圣经的看法相反，一个不受司法干预的纯粹对抗制，是不能确保正义得以自动实现的。”②

那么，我们该如何对如此截然对立的观点加以评价呢？对抗式刑事审判的价值到底何在？为此，本章将首先归纳整理西方学者在对抗式刑事审判价值上的三种对立观点（第一、二、三部分），然后通过与以法、德为代表的审问制国家的比较，对上述对立观点进行深入的剖析，进而归纳出对抗式刑事审判的价值（第四部分）。对抗式刑事审判在发现真实、实现程序正义和促进人权保障上自有优势，但是它的优势只具有相对的价值，并无绝对的优越性。那么，为何英美法系国家如此青睐于对抗制庭审运作方式呢？为此，本章还从文化背景上深入论证了对抗式刑事审判的意识形态基础，并简要地回顾了两大法系之所以产生不同权力观的历史根据（第五部分）。文化从来都不是静止不变的，它会随着社会的变革而发生转变，英美当代的刑事审判之所以发生偏离古典对抗制的现象，也是主流意识形态发生转变的结果。这种意识形态的变化促成了英美的对抗式刑事审判从古典型向现代型转变（第六部分）。

一、真实发现论（truth - finding theory）

正如威格摩尔曾赞美对抗制下的核心技术——交叉询问为

---

① Roscoe Pound, “The Causes of Popular Dissatisfaction With the Administration of Justice,” 40 *Am. L. Rev.* 729(1906), p.738.

② Kaufman, “The Philosophy of Effective Judicial Supervision over Litigation,” *in Seminar on Procedures for Effective Administration*, 29 F. F. D. 207(1962), p.211.

"人类迄今为止所发明的发现真相的最佳装置"一样，美国联邦最高法院在其判决中声称："双方当事人对案件的有力争辩最有利于发现事实。"① 鲍威尔大法官也曾说道："我们的刑事司法有双重目标：既不让有罪者逃脱法网也不让无辜者遭受冤狱。……为此，我们把实现这一目的的信心寄托于对抗制，赋予双方当事人展示案件相关事实的主要责任，并据此认定是否有罪。"② 对抗式刑事审判的支持者认为，在由双方当事人主导审判的条件下，各自为了发现最有利于自己的证据，有巨大的内在动机驱使他调查一切能够证实己方结论的信息，双方的劳动成果将汇集成一个丰富的资源库，从而可以让裁判者能够充分获得案件的证据并据此作出正确的裁判。③ 正如戴维林勋爵所言："发现事实的最佳途径就是让各方当事人挖掘有利于己方的事实；他们会将所有事实公之于众……两个各怀心腹的搜查者从相反的两个方向出发，要比从中间一点出发的公正的搜查者更不容易出现遗漏。"④

除了对抗制下的内在激励机制能够保障真实发现外，对抗制还有助于防止裁判者过早地形成不利于被告人的偏见，从而可以确保结果的准确性。这一观点的经典表述当推富勒教授：⑤

实际上经常发生的情形，是在较早阶段，就似乎从证据里出现了一种熟悉的模式，一种惯用的标签在等待使用，于是，不再等待近一步的证明就迅速地把这条标签用在该案件上。若认为此种过早

① *United States v. Cronic*, 466 U. S. 648 (1984), at 655.

② *United States v. Nobles*, 422 U. S. 225(1975), at 230.

③ Greg S. Sergienko, "The Ethics of the Adversary System," *ExpressO Preprint Series*, paper 396, 2004, p. 12.

④ *P. Devlin*, *The Judge*, Oxford University Press, 1979, p. 61. 转引自[英]詹妮·麦克埃文著:《现代证据法与对抗式程序》,蔡巍译,法律出版社 2006 年版,第 5 页。

⑤ [美] 朗. L. 富勒:《相对制度》，载哈罗德·伯曼主编:《美国法律讲话》，三联书店 1988 年版，第 31 ~ 32 页。

的决定必定是由于不耐烦、偏见或懒于动脑筋，那就错了。它往往是来自一种可以谅解的愿望，即欲将审问归纳到某种秩序和连贯性中，因为如果对该案件没有若干假设的理论，就没有适当标准作为衡量证供的根据。因此，往往从最初开始，就会将注意力放在引导审查而作出的初步判断上，不自觉地遽尔作为定论，因为一切加强该判断的事物都会在心中留下深刻印象，而对一切相反的事物都漫不经心，不加注意。

相对申辩（adversary presentation）似乎是唯一有效的对策，借以抵御人们借熟知事物对并未完全清楚的事物作过分轻率结论的人性之自然倾向。律师们的辩论等于使案件置于正反两方意见之间悬而未决。使案件的正确类属如此维持在未确定状态中，使有时间可以探索它的一切特性和微妙差别。

富勒教授的观点在普通法国家的影响力很大，上述内容曾直接被美国的联合法律委员会作为论证对抗制的依据。其观点可总结为三点：一是由法官主导事实认定程序的非对抗制审判容易导致法官过早地形成一个固定的结论，并且会对否定该结论的证据不予重视；二是非对抗制之下的法官形成这一偏见是“人性之自然倾向”，任何人都难以克服；三是对抗式庭审可以抵御这一偏见的产生。

“真实发现论”的支持者还认为，裁判者在审判中被动听审的角色安排也有利于发现事实真相，正如丹宁勋爵在其判词中所写：“一名法官要想做到公正，他最好让争诉双方保持平衡而不要介入争论。……假如一名法官亲自检验证人的证词，那就是说，他自甘介入争论，从而有可能被甚嚣尘上的争吵遮住明断的视线。”[①] 换句话说，裁判者的被动性保证了他能够不被误导，始终保持一个清

---

① ［英］丹宁勋爵著：《法律的正当程序》，李克强等译，法律出版社1999年版，第65页。

晰的思维和态度，从而可以准确地判断出“天秤倾斜的方向”（丹宁勋爵语）。

“真实发现论”的反对者称上述观点完全是“坐在摇椅上的未经检验的猜想”,[①] 西蒙教授直截了当地批驳道：“该理论的支持者从来都没有为他的结论进行充分的论证。他们的理论是建立在这样的观念之上的：双方之间带偏见的调查似乎能够起到中和作用，而不会造成混淆是非。但是他们从来就没有对此作出过解释。”[②]

为了回应反对者的驳斥，对抗式刑事审判的支持者运用了经济学和心理学的研究方法，为其理论寻求实证的支撑点。以经济学的观点来看，对抗式刑事审判之所以反对强制性的证据开示规则，是因为强制性的证据开示会减少证据的总量，会挫伤对抗制下的内在激励机制，双方当事人担心过于热心地调查反而让对方捞到了好处。所以只有在纯对抗制的体制下，裁判者才能获得尽可能多的信息。[③]

锡伯特等人对富勒教授的“防止偏见论”进行了大规模的实验心理学研究，以检验他的论断。研究者设计的案件为一起刑事案件，争点为被告人的行为是否构成正当防卫。研究者设计了两种举证模型：对抗制和审问制。在前一种模型下，两名学生各自代表公诉方和辩护方，首先由公诉方宣读了25份不利于被告人的证据，然后由辩护方宣读了有利于被告人的25份证据；在后一种模型下，全部的50份证据仅仅由一个人宣读。在两种模拟审判下，裁判者都是消极的，他只根据他人提供的信息作出裁判。实验的研究结果

---

① D. Luban, Lawyers and Justice: *An Ethical Study*, Princeton University Press, 1998, p. 72.

② Roy D. Simon, “Fee Sharing Between Lawyers and Public Interest Groups,” 98 *Yale L. J.* 1069(1989), p. 1140.

③ Greg S. Sergienko, “The Ethics of the Adversary System,” *ExpressO Preprint Series*, paper 396, 2004, p. 16.

表明，审问制下的有罪判决数量明显高于对抗制，这是因为对抗制下的裁判者能够更好地抵制不利于被告人的偏见。[①]

“真实发现论”的反对者对经济学下的内在激励最大化并不赞同，他们援引心理学的研究成果予以反击，“以客户为导向（client – oriented）的律师，只有在当大部分证据都对他们的客户不利时，才比不以客户为导向的律师（non – client – oriented）更倾向于更全面地去发掘证据。”[②] 这也就是说，即使没有强制证据开示的规定，当事人及其律师会竭尽全力地挖掘所有事实也只是一种理论上的空想，如果律师认为现有的证据足以维护他的当事人利益，那么他就不会进一步地调查事实真相。

此外，即使假设当事人的利益驱动为其最大化地收集展示证据提供了动力支持，由此得出法庭上所呈现的是一起完整的案件也值得怀疑：

> 一方当事人受利益驱动出示并仅出示对其主张有利的证据：如果一项信息明显对其当事人不利，那么该当事人便会设法让其不在法庭上出现，即使该证据在查明真相方面的价值远远超出争议的本身。……在这种方式下，每一方最终引出的证言都仅仅只是证人知悉的一部分，每一方都对法庭上证人证言的内容作了明显的编辑式的控制……这种分庭抗礼式的当事人调查滤掉了那些并非明显有利于某一方当事人之主张的信息。[③]

另外，为了确保对抗式刑事审判下双方当事人之间的公平竞争，许多在其他制度下本应到达裁判者视野中的证据却被严格的证

---

① John Thibaut, Laurens Walker, E. Allan Lind, “Adversary Presentation and Bias in Legal Decisionmaking,”86 *Harv. L. Rev.* 386(1972).

② ［美］迈克尔．D. 贝勒斯著：《程序正义——向个人的分配》，邓海平译，高等教育出版社 2005 年版，第 200 页。

③ ［美］米尔建．R. 达马斯卡著：《漂移的证据法》，李学军等译，中国政法大学出版社 2003 年版，第 138 ~ 139 页。

据排除规则阻挡在事实认定者的视野之外。所以，对抗式刑事审判下事实认定者能够接触到的只不过是与案件有关的部分信息而已。

"真实发现论"的反对者还认为，裁判者能够获得正反两方面的充分信息必须是建立在这样的基础之上的，即双方当事人具有平等的机会和能力去调查各自的案件。但是，这种情况只是停留在纸面上的空想而已。一方面，控方不仅可以获得有组织的和有强制处分权的警察机构的协助，而且还有巨大的国家资源作为后盾，所以即使是最为富庶的公民也几乎无法同检察机关进行完全平等的抗衡；另一方面，大多数的被告人都不是"富可敌国的"辛普森，而是穷困潦倒或财力微薄的普通公民，他们不得不依靠自己或者工作负担沉重且收入不高的公设辩护人或法律援助律师。因此，控辩双方平等的取证机会和能力只不过是一个"神话，而非现实"①。裁判者通常情况下接受的主要是控方提供的信息，而不是可以相互抵消偏见的完整的信息库。

针对锡伯特等人的心理学研究成果，达马斯卡教授则提出了尖锐的批评，认为该研究的假设根本不符合对抗制和非对抗制的基本预设。锡伯特等人所设计的两种模型从本质上来看都是对抗制下的举证方式，因为无论是他们所设计的对抗制还是审问制，裁判者都是消极的倾听者和裁判者，而不是积极的真相调查者。此外，将证据分裂为两种不同的版本，而不是一个独立于当事人的"法庭的证据"，也是对抗制下当事人两极对立的产物，在具有审问制传统的大陆法系国家并无这种人为的区分。以此两点来看，"实验者许诺的是一套，交付的则是另一套。"实验者本意是想运用实验心理学检验对抗制与审问制何者更能抵制裁判者的偏见，但是由于他们的模型无法体现两种制度之间的差异，而且从本质上来看都是对抗

① Thomas Weigend, "Is the Criminal Process about Truth?: A German Perspective," 26 *Harv. J. L. & Pub. Pol'y* 157(2003), p. 160.

制下的举证模型，因此他们顶多为以下的假设提供了实验支持："在相似情形下，双方举证比单方举证更有利于抵消裁判者持有的被告人可能有罪的心理预期。"① 达马斯卡进一步指出，即使能够证明对抗式刑事审判更能抵制裁判者的偏见，那么也不能证明裁判者的偏见（有罪预期）与错误裁判之间有必然的联系。"就算心中万般无奈，人们也不能排除这种可能性：那些遵循他们偏见的人可能作出了不符合法律的'正确'判决，而那些持抵制偏见的人却作出了错误判决。"②

针对法官的被动性可以保障裁判者处于一种理智判断者的角色，反对者也认为这种看法过于理想化。因为控辩双方的目的是为了赢得审判，在双方主导审判程序的调查方式下，一方当事人会把对方证人真实的证言揭露出令人可疑的破绽来，弗兰克的比喻很形象："对抗式刑事审判就好比是向一名外科医生的眼睛里撒上辣椒粉一样。"③ 因此，如果裁判者在审判中自始至终被动听审的话，那么完全可能会被"辣椒粉"呛得无法分辨真相。达马斯卡则从理性认知的角度对裁判者在发现事实时的消极姿态给予了批评，他说道：

从认识论的立场出发，裁判者的消极姿态也并非没有问题。这一姿态理所当然地会促进裁判者的中立性，但对于发现真实，却有着消极性的影响。人与人有着迥异的认知需求，他人对此只能作出有着不同合理根据的猜测。像在日常事务中一样，裁判者可能同样

---

① Mirjan Damaska, "Presentation of Evidence and Factfinding Precision," 123 *U. Pa. L. Rev.* 1083(1975), pp.1098 – 1099.

② Mirjan Damaska, "Presentation of Evidence and Factfinding Precision," 123 *U. Pa. L. Rev.* 1083(1975), p.1097.

③ J. Frank, *Courts on Trial: Myth and Reality in American Justice*, Princeton University Press, 1949, p.85. 转引自 Jacqueline Hodgson, French Criminal Justice: *A Comparative Account of the Investigation and Prosecution of Crime in France*, Hart Publishing, 2005, p.26.

渴望成为一个积极的参与者，以便获取制作裁判所需的知识。①

二、程序公正论（procedure justice theory）

对抗式刑事审判的支持者在程序的外在价值受到攻击而难以提出有力的回应后，转而投入论证对抗制的内在价值。这种理论的极端形式认为，所谓发现案件的事实真相在刑事审判中几乎是不可能的。在刑事审判中，国家和被告人之间存在着严重的冲突。所以，关键不在于是否发现了事实真相，而在于是否已经为解决国家和个人之间的纠纷提供了一个公正的程序。② 正如英国的大法官基尔穆尔勋爵所言："普通法首要的和最突出的特征即是公正优先于事实（justice before truth）。刑事诉讼的基本问题不是'有罪还是无罪'，而是'控方是否根据既定的规则证明了他的案件成立'。设计这些规则的目的在于确保'公平竞技'，哪怕会有损于事实的发现。"③ 英国的另一位大法官也在判决中说道："不管法院采取法官独审制，还是陪审团参审制，法院没有义务发现最终的事实真相：它的义务是在充分考察当庭提交的证据后，得出一个合情合理的结果（proper result）。"④

---

① ［美］米尔吉安．R．达马斯卡著：《比较法视野中的证据制度》，吴宏耀等译，中国人民公安大学出版社2006年版，第9页。

② Gary Goodpaster, "On the Theory of American Adversary Criminal Trial," 78 *J. Crim. L. & Criminology* 118 (1987), p. 125.

③ Kilmuir, "Introduction," 1960 LQ Rev. 41, p. 42, 转引自 Hein K? tz, "The Role of the Judge in the Courtroom: The Common Law and Civil Law Compared," 1987 *J. S. Afr. L.* 35 (1987), p. 37.

④ *Hickman v. Peacey*, 1945 AC 304, at 318.

一项有关程序正义的大型心理学研究[①]的总体结论认为，当事人对程序的控制力是预测不同程序公平性的一个最好的指针。通过当事人富有意义地参与裁判的制作过程，并对裁判的结果发挥其有效的影响和作用，以及使当事人确信已经为他们的利益作出了适当努力，可以增加当事人的公平感，使当事人更易于接受哪怕是不利于他的裁判结果。[②] 对抗式刑事审判的主要特征就是控辩双方对审判程序的主导性地位，双方当事人在程序中的参与度（广度和深度）都是其他审判形式所无法并驾齐驱的，因此即使对抗式刑事审判不是最有利于发现事实真相的制度，也是最能体现程序正义的制度。一个充分体现了程序正义的制度，不仅有利于增加判决的可接受性，而且可以增加当事人对整个司法制度的信心。

“程序公正论”的反对者认为，研究者可能过于强调当事人从他们的诉讼中所获得的满足感和公平感。在审判程序中，是由律师而非当事人主导着程序的运转。律师们设定了程序的节奏，并相互交替地型塑着审判的进行方式。

---

① 程序是否公平（制度导向型）与是否感觉到公平（心理导向型）并不是一回事，即使是按照某种抽象原理（如自然正义）演绎出来各种公正程序的因素，并将其制度化付诸实施，也并不等于当事人就感觉受到了公正对待。从原理演绎的角度，国外和国内的学者都对程序正义的各种要素进行了概括，如参与、中立、对等、理性、自治、及时性和终结性等，参见陈瑞华著：《刑事审判原理论》，北京大学出版社 1997 年版，第二章相关内容；孙笑侠著：《程序的法理》，商务印书馆 2005 年版，第四章第五节内容。但是，即使一个国家的审判程序都体现了这些因素，是否就意味着当事人感觉到了公平对待？西方学者早就开始从程序心理学的角度对何种因素最能影响当事人正义感展开了研究，其中对中国理论启示最大的就是到底是实体性因素还是程序性因素才是影响当事人公平感的关键因素，或者说二者之间的比重各占多大。美国学者一系列实证研究的基本结论为，程序本身是否公正才是影响（美国）当事人公平感的主要因素，有关美国程序心理学的研究述评，参见 Larry Heuer, “What's Just about the Criminal Justice System? A Psychological Perspective,” 13 *J. L. & Poly* 209(2005).

② John Thibaut and Laurens Walker, *Procedural Justice: A Psychological Analysis*, Laurence Erlblaum Associates Publishers, 1975, p. 121.

在整个审判过程中，当事人会在他的律师的建议下一直默默地和木讷地坐在那儿。如果他想要展示自己的个人尊严，为自己辩护，那么法官就会警告他应由他的律师代其发言。……通常情况下，当事人除了偷偷摸摸地与他的律师小声讨论外，他在法庭上无所作为。他只是随着不熟悉的法庭仪式的进展而做些起立和坐下的动作。法庭的空间布局，尤其是法官所在的席位，会使他产生胆怯心理。由于不习惯如何在拍马屁和争权利之间进行适当的平衡，他会在向法官发言时结结巴巴。①

西蒙教授的上述评论并非无稽之谈，由英国学者所进行的实证研究显示，被告人并无自由选择程序方式和进程的（实际）主导权，他们的律师通常都会反复地告诫："你所做的仅仅是说出你的名字、地址和出生日期，剩下的全部交给我。"在另一个例子中，律师告诉他的当事人："你将走进治安法院，他们会问你是选择由治安法院听审还是由刑事法院听审，并且会告知你如果选择在治安法院听审，那么他们可能会将你交由刑事法院量刑。你可以回答说'治安法院'。他们随后还会问你是否进行有罪答辩，你回答'有罪'即可，其他事务就交给我了。"②

从历史起源上看，英国对抗式刑事审判的诞生是法庭审判律师化（lawyerization）的产物。法庭审判的律师化改变了传统的被告人必须为自己进行辩护的"说话式审判"，但是律师对庭审程序的主宰同样也使被告人在庭审中边缘化了（marginalised）。正如英国学者郝吉逊所言："被告人自己的辩护人就这样成为了程序的一部分，但却将被告人从程序的主体置换为客体，法庭仪式的部分功能

① William H. Simon, "The Ideology of Advocacy: Procedural Justice and Professional Ethics," 1978 *Wis. L. Rev.* 29 (1978), p.98.

② McConville et al, *Standing Accused: The Organisation and Practices of Criminal Defence Lawyers in Britain*, Clarendon Press, 1994, p.172.

就是构建‘被告人’的过程。……被告人的参与会威胁到审判仪式的顺利运作，所以只要有可能他都会被他的律师所替代。”[①]

反对以“程序正义论”作为对抗式刑事审判的正当根据的学者还认为，即使认可在对抗式刑事审判下被告人和检察官对程序的控制力是最大的，由此得出当事人对审判的满意度也是最高的，是一种过于乐观的论调。因为许多人只关心结果，即使是经受了不公正或不太公正的程序，如果获得了满意的结果，他同样会获得满意感和公平感；反之，即使是再公正的程序，如果当事人获得了一个不满意的结果，他照样会感觉到受到了不公平的对待。[②] 如果将审判程序放置于一个跨文化的视野之中，公平感的指标或许会立刻发生转变。所以，瑞士的刑事法教授兼欧洲人权法院的大法官切克塞尔认为，所谓程序本身是否公正是当事人获得公平感的主要指针，是一种未经证实的“英美中心主义”的论点。因为实验心理学的研究对象都是受到普通法文化滋养的美国人，这些人与生长在欧洲大陆权威主义国家形态下的人们的公正感是不同的，普通法下的人们经常说道：“给他们一个公正的审判，再处决他们吧（give them a fair trial and hang them）。”因此，相对于欧洲大陆的人们来说，普通法系下（尤其是美国）的公民本身就更加关注程序自身的公正性，但这一点并不具有普适性，并不能据此得出对抗式刑事审判就是能够使（大陆法系下的）当事人获得最大公平感的制度。[③]

“公正程序论”的反对者还指出，对程序的信心和感觉到的公

---

① Jacqueline Hodgson, “Conceptions of the Trial in Inquisitorial and Adversarial Procedure”, in Antony Duff et al, ed. *The Trial on Trial* (volume 2), Hart Publishing, 2006, p. 239.

② [美] 迈克尔 . D. 贝勒斯著：《程序正义——向个人的分配》，邓海平译，高等教育出版社 2005 年版，第 202 页。

③ Stefan Trechsel, “Why must Trial be Fair?” 31 *Isr. L. Rev.* 94 (1997), pp. 114 – 115.

平，与实际的公平并不是一回事，各种因素都可能影响到在对抗式刑事审判中实现完全的公平。“对抗制的理念是建立在这样的假定之上的，即诉讼必须有双方参与，且双方都有休戚相关的利益并由最好的律师来代理……双方各由技艺精湛的律师为其准备案件。但正如大家都知道的那样，或许除了高层案件外，如此完美的图画极少存在。”① 除了双方不同的经济实力是影响程序事实上公平与否的因素外，双方具有的程序经验和能力也是非常重要的指标，如双方当事人（及其律师）在质询证人上所具有的不同能力等。所以，贝勒斯教授说道：“尽管对抗式审判中存在形式平等，但是这种形式平等经常为实质不公平所淹没。”②

三、权利保障论（rights protection theory）

对抗式刑事审判的支持者所打出的第三张王牌是权利保障论。该理论认为，刑法是和平时期国家用来维护统治秩序和镇压犯罪的致命武器，它有可能被当权者用作控制人民的残暴手段。此外，“由于对自由的剥夺是如此严肃的事情，由于国家的检察机关拥有如此强大的资源，由于即使在违法行为发生时对其是否判处刑罚可能还存在着如此严重的分歧”③，而从长远来看，作为国家统治机器的一部分，法官也难以做到真正地中立无偏，法官有可能会内在地倾向于控诉机关，而甚少关注被告人的利益。④ 因此，为了真正

---

① The Honorable Harry Lee Anstead, “Limitations of the Adversary Approach in our Criminal Justice System,” 9 *St. Thom. L. Rev.* 493 (1997), p. 500.

② ［美］迈克尔．D. 贝勒斯著：《程序正义——向个人的分配》，邓海平译，高等教育出版社 2005 年版，第 203 页。

③ Edward L. Greenspan, “The Future Role of Defence Counsel,” 51 *Sask. L. Rev.* 199 (1983), p. 208.

④ Gary Goodpaster, “On the Theory of American Adversary Criminal Trial,” 78 *J. Crim. L. & Criminology* 118 (1987), p. 134.

保障被告人和所有潜在的被告人（普通公民）的权利不受侵犯，就不能把希望寄托于国家机关身上，而应该给予被告人足以同国家相互抗衡的武器，同时还应该为追诉机关的指控设置重重的障碍，以一种非对称性的（asymmetry）制度设置①来防止公民受到任意的指控和定罪。为了防止法官主动调查事实而沦为追诉机关同盟者的角色，裁判者只能以控辩双方提供的证据为基础作出裁判，只能被动地听审而不得主动地介入纷争。因此，只有对抗式刑事审判才能最大限度地保障公民的自由和防止权力的滥用。一方面，被告人及其律师可以通过强有力的反驳动摇公诉机关指控的基础；另一方面，通过为追诉机关的指控设置一系列的障碍物和法官的被动性，可以有效地防止权力的滥用。

"权利保障论"把对抗式刑事审判看做是维护公民自由和防止专政体制的政治机制，因此在支持者看来，为了防止无辜者被判有罪而错放真正的罪犯并不是一件难以容忍的事，因为"保障被告人的权利是文明社会的特征之所在，哪怕为了保障这些权利会被有些人看做是对一个有组织社会的（an ordered society）损害"②。"权利保障论"不仅为刑事审判中的事实发现的功能失调提供了依据，而且还为对抗制下的律师角色定位提供了最大的理论支持。"真实发现论"无法为律师的"隐瞒证据"、"教唆证人甚至被告人如何作证"、"抓住细节穷追猛打"等妨碍真实发现的行为寻求到依据，而在"程序公正论"的视角下，律师的过度参与反而被反

① 这是德沃金提出的命题，他认为审判中的权利对称性只能体现在民事案件之中，但是在刑事案件中则应采用非对称性的权利配置，即"如果他是无辜的，则刑事案件中的被告有权获得一种对他有利的判决，但是，如果他是有罪的，则国家并没有平行的为其定罪的权利。""刑事起诉的几何学……不同于标准的、权利命题在其中颇为对称的民事案件。"参见［美］罗纳德·德沃金著：《认真对待权利》，信春鹰、吴玉章译，中国大百科全书出版社1998年版，第137～138页。

② Arthur J. Goldberg, "Can We Afford Liberty," 15 *Akron L. R.* 1(1981), p. 12.

对者视为将被告人边缘化的原因；但是在“权利保障论”下，由于被告人的律师是用以维护被告人权利并作为专业人士同国家机关相抗衡的力量，所以他不仅可以完全代替被告人而成为审判的主角之一，而且可以用尽一切手段“为被告人提出哪怕错误却合理的辩护”。[①]

“权利保障论”的反对者认为，权利保障论者在对待权利时的态度是相当暧昧的，他们没有对法律上的权利（legal rights）和道德上的权利（moral rights）加以同等注意。法定权利本身源自于道德权利，或者说是道德权利的制度化，所以道德权利在逻辑上优先于法定权利。反对者指出，作为辩护人的律师为了维护被告人的法定权利，为明知有罪的人进行辩护忽视了自己应该坚守的道德底线，同时还侵犯了其他人的道德权利。[②]“权利保障论”的捍卫者反击道，“‘降低我的道德标准’是什么意思？为被指控有罪的人辩护是我的道德标准，不论我认为他们是清白的还是有罪的。”因此，“做好事通常意味着专门为你的客户做好事，而不是为整个世界，当然也不是为你自己。”[③] 正像牧师不得泄露忏悔者诉说的曾经杀害他人的信息一样，“角色责任”所产生的道德规范也要求律师为他的当事人保密，否则将危及整个辩护制度的存在价值。

“权利保障论”的反对者退一步说道，即使承认支持者所言说的权利是法律上的权利，支持者的论证也是自相矛盾的。鲁班教授

① 根据非对称性原理，检察官并无不择手段地追求定罪权，“如果检察官明知某个事实有利于被告人，他不得予以隐瞒，在这一点上他需恪守公正执法的本分”。参见 Gary Goodpaster, “On the Theory of American Adversary Criminal Trial,” 78 *J. Crim. L. & Criminology* 118 (1987), p. 136.

② Raymond A. Belliotti, “Our Adversary System: In Search of a Foundation,” *i Can. J. L. & Jurisprudence* 19 (1988), p. 25.

③ ［美］艾伦·德肖微茨著：《致年轻律师的信》，王楚名、汤家芳译，上海人民出版社 2004 年版，第 37 页、第 33 页。

认为，法律赋予当事人的权利和当事人所实际得到的“权利”之间有区别。热情的辩护人为被告人所捍卫的并不是他的权利，而是不顾法律和事实上的正确结果的“利益”。虽然无辜的被告人有不被错误定罪的权利，但是有罪的被告人却没有不受惩罚的权利，“权利保障论”实质上是“利益保障论”，因为有罪的被告人也希望不受定罪。①

美国学者对“权利保障论”的最致命的攻击当属“权利保障恶性循环论”。反对者认为，为了防止无辜者的权利受到国家机关的任意侵犯，美国的对抗式刑事司法为被告人提供了史无前例的程序性保障。这些纷繁复杂的程序性保护措施为检察机关设置了一道道的关卡，检察机关在审判时证明犯罪成立的难度极大。为了规避和回应这一现实压力，检察机关不得不采用“选择性执法”的方式，而立法机关则通过加重罪犯的刑罚以作回应。②

所谓“选择性执法”，是指检察机关在司法资源有限的条件下，如果采取有罪必诉的方式，在程序性保障如此严格的情形下，将难以保障起诉的胜诉率；因此，他主要把矛头指向了无法“享用”这些保障性措施的贫困的被告人，而对富有的被告人则尽量采取辩诉交易的方式快速结案，以规避对抗式刑事审判给其带来的制度性障碍。换句更加通俗的话来说，“选择性执法”就是专拣软柿子捏。一方面由于对抗式刑事审判下的保障性措施增加了获得有罪判决的成本，另一方面由于严密的保障已经充分筛选掉无辜的被告人，所以使法官确信通过对抗式刑事审判检验而被定罪的被告人就是不折不扣的罪犯，立法机关也就“心安理得”地不断通过立

---

① David Luban, “The Adversary System Excuse”, in David Luban, ed. *The Good Lawyer*, Rowman & Allanheld, 1983, p. 98.

② William J. Stuntz, “The Uneasy Relationship Between Criminal Procedure and Criminal Justice,” 107 *Yale L. J.* 1(1997), pp. 27 – 31; William J. Stuntz, “The Political Constitution of Criminal Justice,” 119 *Harv. L. Rev.* 780(2006), pp. 792 – 796.

法加重刑罚。立法机关作为社会的精英阶层，本身也不用担心加重的刑罚会给其自身带来不利，因为即使他触犯了刑法，也可以通过检察机关的选择性执法而受益。检察机关对贫穷的被告人的选择性起诉和立法机关的加重刑罚，促使联邦最高法院的大法官们不得不继续加强程序性保障，以防止无辜的弱势群体被行政机关和立法机关的权力所侵害。程序性保障的加强又刺激了检察机关的选择性执法和立法机关的重刑倾向，如此循环往复，一个权利保障下的恶性链条得以形成。①

四、对抗式刑事审判价值的比较法解剖

如果从价值层面来论证对抗式刑事审判的优越性，表明它是人类迄今为止所能发明的最佳制度，那么就必须通过与其他不同种类的诉讼制度进行对比才能得出结论。否则，如果只是自说自话，全然从自己的长处来论证自己的优越性，而忽视自己的不足或不同制度在处理特定问题时的优点，就只能是一种简单的自我中心主义。以下将通过对抗制与审问制之间的比较，来对上述各个争论进行剖析，以理出对抗制的真正价值之所在。

（一）谁更有利于发现事实

针对达马斯卡等人提出的质疑，林德等人于1973年对其实验模型进行了重新设计，再次以实验心理学的方法检验对抗制的价值之所在。林德等人在1973年改进了程序模型，应该说比较接近理想类型中的对抗制和审问制。林德等人的研究结论可以归结为以下几点：第一，林德等人并不认为对抗制必然地会最大限度地激励各自的当事人和律师去搜集和查找对各自有利的信息，从而可以实现信息量的最大化。如果律师已经充分地掌握了对自己当事人有利的

---

① Note, "Simplicity as Equality in Criminal Procedure," 120 *Harv. L. Rev.* 1585 (2007), p. 1593.

证据，那么他会像审问制下的法官在得出确定的结论后一样会停止继续寻找其他证据。但是，一旦律师发现现有的证据对自己的当事人不利时，那么对抗制的激励机制就会充分地发挥作用，胜诉的动机会促使律师去最大限度地寻找否定不利于他的当事人的现有证据。第二，从审判中所获得的信息总量上看，对抗制和审问制并无多大差异。因为在对抗制下当事人双方仅展示对各自有利的证据，两者的总和恰好是审问制下法官依法调查的所有有利于和不利于被告人的证据。第三，审问制下的事实认定方式会使法官在特定的时点上终止调查，这个特定的时点就是法官已经通过调查证据确信了被告人的行为是否构成犯罪。但是，由于审问制下的法官调查对象的范围通常主要限于检察官或预审法官所收集的证据，因此一旦出现“取样错误” （sampling error），那么审判者就可能一错到底。这也就是说，裁判者在审判中对自己早期所形成的结论（即“真实发现论” 者所说的偏见）缺乏自我纠正和反思的能力和条件。第四，林德等人通过实验认为对抗制也可能被“偏见效应”所掩埋，而且这种偏见是制度性的偏见（systematic bias），因为各自仅向法庭展示对各自有利的证据是对抗制的基本预设。在理想的条件下，如果双方当事人之间的实力均衡，这种制度性的偏见可以被双方所中和，但是在实力不均的情形下（75% v. 25%），那么这种制度性的偏见就可能产生不利于真实发现的后果。①

应该说林德等人的此次试验是公允的，并没有像上次实验那样

---

① E. Allan Lind, John Thibaut & Laurens Walker, “Discovery and Presentation of Evidence in Adversary and Nonadversary Procedures,”71 *Mich. L. Rev.* 1129(1973), pp.1140 - 1144.

带着明显的价值预设，所以此次的研究结果也得到了普遍的认同。[①] 林德等人在此次试验中回避了哪种制度最有利于发现真实这个问题，可以看出他们认为对抗制和审问制在发现真实上各有利弊。对抗制在发现真实上的价值在于它可以为处于不利地位的当事人提供巨大的内在激励，同时双方当事人的独立取证和举证可以防止裁判者因为过早地形成结论而受到单方面证据的不利影响。大陆法系国家也是承认这一点的，如曾担任前南斯拉夫卢布尔雅那巡回法院法官助理的祖潘契奇教授这样描述他的经验：

在审问制下，不可能真正从无罪推定开始。从纯实践的层面来看，如果一名预审法官打开一份案卷，里面只有警察的报告和检察官请求进一步调查的申请，那么他从此点开始思考，只得带有偏见。自此，一个关于某人实施了犯罪的假设清晰地形成了，预审法官的任务就是去证实他。但是，正如一名科学家不可能从他的假设是错误的开始一样，预审法官也不可能从假定被告人无罪来开始调查。[②]

祖潘契奇上述关于预审法官的描述也可以同样地转移到卷宗移送制下的审问制庭审法官。在审问制下，并无专属于控方抑或辩方的证人，所有的证人都是法庭的证据来源，从他们身上获取信息是法官而不是当事人的主要职责。法律不允许被告人及其律师去影响证人作证，更别说去帮助证人准备在法庭上的证词。否则，不仅违

---

① 达马斯卡虽然没有再对该项实验发表过评论，但是从其后期所发表的文章来看，他已经接受了林德等人的研究结论。他于 2003 年的一篇论文中的“取样错误”（sampling error）一词即直接来源于林德等人的研究成果。参见［美］米尔吉安．R. 达马斯卡著：《比较法视野中的证据制度》，吴宏耀等译，中国人民公安大学出版社 2006 年版，第 10 页；E. Allan Lind, John Thibaut & Laurens Walker, “Discovery and Presentation of Evidence in Adversary and Nonadversary Procedures,” 71 *Mich. L. Rev.* 1129(1973), p. 1142. and footnote 81.

② Bostjan M. Zupancic, “Truth and Impartiality in Criminal Process,” 7 *J. Contemp. L.* 39(1982), p. 133.

背了职业道德规范，还可能受到干预司法的刑事犯罪的追诉。[①] 辩方在审前收集证据的有限能力决定了他难以有效地对法官的调查结论形成有力的抗衡，更何况在由法官主持庭审的构造下，律师的抗衡有可能被视为触犯法官尊严的行为。所以，一旦"取样错误"，其不利后果将很难得到矫正。正是这个缘故，在实行审问制下的国家里都非常强调司法官员（检察官、预审法官和法官）的客观义务（包括澄清义务和照顾义务）。

在对抗制下，双方当事人的实力均衡是其偏见效应相互抵消的前提条件，但是这个条件在现实中，尤其是在刑事审判中是很难实现的。为了能够充分地开发各自的信息，对抗制下的律师通常会为证人出庭作准备，律师会先在自己的办公室里告诉证人应作何证言。所以证人在法庭上所说的，可能并不是他所了解的事实，而是律师所想要的事实。交叉询问的优势在于它能够揭露矛盾和瓦解证人的可信性，但是这种"断奏"的方式有可能破坏证词的完整性和自发性，把一个完整的故事人为地切割为不同的部分。裁判者在审判中的消极性姿态对发现事实也可能有消极影响，正如达马斯卡在上述中所批判的那样。

实际上，无论是对抗式刑事审判还是非对抗式刑事审判，都把发现真实作为刑事审判的一个重要价值目标。但是，非要在二者发现真实的能力和结果上一比高低则是一件几乎无法做到的事。首先，"真实"这个概念本身在不同的认识论背景下往往具有不同的含义，在一种体制中被视为真实的结论却可能在另一种制度下被视为不真实。例如，人类是否有可能重现以前事件的全部真相，还是只能满足于盖然性的估计？就刑事审判来说，认定有罪是否应该比认定无辜需要更高的事实依据，还是将二者等量齐观？事实认定者

---

① Mirjan Damaska, "Presentation of Evidence and Factfinding Precision," 123 *U. Pa. L. Rev.* 1083(1975), pp.1087－1088.

在最终认定被告人的罪名成立时到底应该达到多大程度的内在确信？这些问题直接牵涉到事实认定中的价值判断，不同社会的人们或许会有不同的看法。如果在这些问题上，两套不同的制度难以在价值选择上达成一致，那么就无法比较谁更有利于发现事实真相。

即使非对抗制与对抗制在上述问题上能够达成一致，一个无法解决的实证问题依然会出现：我们如何才能知道有多少真正有罪的人被无罪开释和多少无罪的人被定罪处罚？再退一步讲，假设一种制度能够使更多真正有罪的人定罪和真正无罪的人免受定罪，但是是否构成犯罪在两套不同的制度中，或许有着不同的事实构成要件。事实构成要件的不同直接影响到定罪的难易度，所以在外观上相同或相近的事实构成，可能在一种制度下足以定罪，而在另一种制度下则无法定罪。[①] 以林德等人为代表的实验科学家为我们提供了一个新的观察视角，能够通过科学模拟的方式比较不同制度之间的差异，它对于证明某个制度中的某个特征的功能或许非常有利。但是，一种可以模拟一套现实制度中所有特征的科学实验几乎是无法进行的，因此它也不能为我们给出一个何种制度最有利于发现事实的最终结论。正是由于一套使事实认定准确性最大化的制度迄今为止尚未发现，所以究竟哪种程序更为理想的争论还将持续下去。

对抗制与非对抗制之间在真实发现上的区别不在于何者的真实发现能力（谁更有利于发现真实）强，而在于二者发现真实的方式和所追求的事实类型的差异。在英美法系下，判例法的历史传统造就了事实的多样化，判决中所描述的事实难以转化成抽象的规则，不同的人可以从不同的角度解读出裁判所必需的不同事实。英美法系国家的事实类型更加接近于社会的具体现实，在价值的渗透下往往显得扑朔迷离。此外，由于对国家权力始终保持着一种怀疑

---

① John D. Jackson, "Theories of Truth finding in Criminal Procedure: An Evolutionary Approach," 10 *Cardozo L. Rev.* 475(1988), p.485.

主义的态度，因此“在认为真相只不过是立场观点的英美法系，对于不可捉摸的真相更倾向于一种辩证的方式”[①]。在大陆法系下，法典法的历史传统塑造出了一种不同的真实类型，裁判所依据的事实是经过立法者谨慎剪裁的规则性事实，他们虽然来自于社会现实，但是同社会现实有着明确的分界线，所以对于事实有着固定的观察视角。此外，由于对国家官员公正调查事实真相的信任感，因此大陆法系国家的事实类型使其更倾向于一种科学调查式的方法。

（二）谁的审判程序更公正

西方学者把程序正义分为客观的程序正义和主观的程序正义。所谓客观的程序正义，即程序性制度本身所具有的能够体现公正价值的特征；所谓主观的程序正义，是指程序参与者所能够内在地感受到的一种受到公正对待的心理评价。当然，程序性制度必须具有哪些特征才最能体现公正是一个到目前为止尚未有定论的问题，所谓客观的程序正义也只能是一种相对客观的程序正义。陈瑞华教授在总结西方学者有关程序正义的理论后，认为一般说来审判程序至少应该具备以下几项要素才算是公正的，即参与、中立、对等、理性、及时性和终结性。[②]

那么，对抗制比审问制是否在客观上更加公正，是否在上述六个要素上都占据优势呢？让我们作一个简单的比较！从程序的参与来看，作为由控辩双方主导刑事审判的对抗制，当然比由法官主导下的审问制更为公正。在审问制下，法官的能动性作用使控辩双方无法像对抗制下的当事人那样积极地展开攻击防御。程序的中立性也是对抗制的优点之所在，法官在审判中处于仲裁者的地位，既不

---

① Mirjan Damaska, “Presentation of Evidence and Factfinding Precision,” 123 *U. Pa. L. Rev.* 1083(1975), p. 1104.

② 参见陈瑞华著：《刑事审判原理论》，北京大学出版社 1997 年版，第 52 ~ 73 页。

向控方倾斜也不向辩方倾斜，法官的被动应答性为其中立性提供了先在的条件。而在审问制下，法官有查明事实真相的法定责任，法律要求他应当客观中立地调查所有有利于和不利于被告人的证据，但是其积极探寻者的角色容易导致其无法保持一个无预设的中立姿态。程序的对等和终结性在两者之间并无多大的差异。就对等来说，审问制下的主导性角色并非检察官，而是法官，法官在调查事实时不得厚此薄彼，应该平等地对待控辩双方各自的论点和证据，控辩双方的从属性地位是一样的；对抗制下的法官消极听审，但是控辩双方有同等的权利对以人证为中心的证据调查施加各自的影响力。在终结性方面，对抗制下有禁止双重危险原则作为保障，审问制下有裁判的既判力作为保障。程序理性的主要指标之一就是判决应该进行充分的说理，不能不给出无事实和法律依据的概括性判决。就此点来看，大陆法系国家要优于英美法系国家的陪审团对抗式刑事审判。陈瑞华教授曾在德国访问时亲自感受过德国法官对判决的充分说理：

1999 年我跟一个代表团去德国访问，在德国慕尼黑的一个基层法院，审理一个简单的刑事纠纷，这个刑事案件判了 4 年。判了以后，我以为我就要走人了，这时候法官说，“请坐下!”法官这个时候对庭上发生的一切，对庭上主要的争议点作了一个充分的解释。庭上，控方观点认为，辩方观点认为，我们在评议的时候认为，考虑了几个因素，我们为什么定他的罪，有什么证据显示来定他的罪，解释了一番。为什么定 4 年不是更多？在刑法里边这个罪是适用 3 年到 7 年，为什么是 4 年，不是更重？有几个情节。为什么是 4 年，不是更低？有几个情节。讲了接近半个小时。然后法官问被告人，“被告人，我已经把判决过程中我们在评议阶段考虑的几个因素告知了你，你有什么意见?”被告人说：“我已经听清楚了。”“你上诉吗?”被告人说，“上诉。”那么法官就说，“你如果上诉的话，希望我刚才的讲解有利于你的上诉。”“我的理由是上诉的对象。”“将来7天之内，我还会把判决书送达给你。”①

在由陪审团参与审理的对抗式刑事审判下，陪审团只给出最终的认定结论（guilty or not guilty），它不需要为它的结论提供任何论证，既不需要阐明判决的事实依据，也不需要论证判决的法律依据。即使是由法官单独审理的情况下，法官所给出的论证也比大陆法系下法官要简要和草率得多。如果从审判的及时性来看，对抗式刑事审判方式相对于审问制的缺陷更为明显，“我们并没有任何理由认为对抗式刑事审判比其他程序更能推进及时性”②。

正是由于无法在客观的程序正义上为对抗式刑事审判寻找到一个强有力的支点，所以程序正义的研究者从客观的程序正义转向了主观的程序正义。有论者认为，不管一个程序在外观设计上有多么公正，关键是要让程序的参与者真正体验到公正的对待。为了论证对抗制在实现主观的程序正义方面的绝对价值，沃克等人的实验证明了并不是所有有关程序公正的指标对促进当事人的公正感都是重要的，这些指标之间存在着轻重的差异。以沃克等人的实验结果来看，哪怕结果会对当事人产生不利的影响，过程控制仍是当事人获得公正感的主要指标。沃克等人的研究结论被美国随后进行的大量社会心理学实验所证实。③

“程序正义”的反对者认为实际上控制审判的不是被告人而是其律师的反驳是不是特别有力，因为对抗制下的律师—委托人关系已经把他们牢牢地拴在了一根绳上，那根绳子如果“赢”了，两

---

① 陈瑞华：《关于程序正义的若干理论》，2002年10月27日在浙江大学法学院所作的演讲稿，浙江大学法理与判例网，http://www.chinalegaltheory.com/homepage/Article_Show.asp? ArticleID=607，最后访问日期2008年1月5日。

② ［美］迈克尔.D.贝勒斯著：《程序正义——向个人的分配》，邓海平译，高等教育出版社2005年版，第202页。

③ Tom R. Tyler, “What is Procedural Justice?: Criteria Used by Citizens to Assess the Fairness of Legal Procedures,” 22 *Law & Soc'y Rev.* 103(1988), pp. 103-107.

者在审判中的角色就实现了融合；更何况对抗制下并无大陆法系国家那样的强制辩护制度，被告人可以随时炒律师的鱿鱼，哪怕这样做对被告人自己明显不利。但是，后两个反驳还是相当有力的，即有没有脱离实体公正的满足感？有没有跨越文化的普适的正义感指标？

美国另一著名的程序正义心理学家泰勒教授提出了程序正义的社会价值论，认为一个人从司法程序中所获得的满足感完全独立于实体上的结果，只要这种程序把程序参与者真正地作为一个社会中的平等个体来对待，衡量程序正义感的指标为：可信性（trustworthiness）、中立性（neutrality）和身份认同（standing）。① 对于程序具有独立于实体的价值，大陆法系国家也是承认的，上述三个指标在大陆法系国家的刑事审判中也并不是没有体现。关键是哪一个指标才是最重要的，假如以沃克等人的程序控制观来看，对抗式刑事审判在提供程序满意度上具有绝对的优势。但是，大陆法系国家的被告人对此认同吗？用切克塞尔的话来说，沃克等人的观点是否是一种未经检验的“英美中心主义”观点呢？

为了判断不同的文化背景是否会影响到当事人对程序公正感的指标体系的评价，沃克等人在德国学者的帮助下进行了一次跨文化的比较分析。沃克等人认为，此次实证研究的结论比之以前具有更大的可信性，因为它是在随机方式下进行的。基本的设计为．通过事先设计 12 种不同的程序（当事人对程序的控制力度成阶梯排列），然后对德国汉堡（Hamburg）和美国北卡罗来纳州教堂山地区（Chapel Hill）随机抽选的对象进行问卷调查，以检测两地的受调查人员会倾向于何种程序。通过对调查结果的统计分析，沃克等人的最终结论认为，不管是汉堡地区的受访者，还是教堂山地区的

---

① Tom R. Tyler, “The Psychology of Procedural Justice: A Test of the Group - Value Model,” 57 *J. Personality & Soc. Psychol.* 830(1989), pp. 830 - 839.

受访者，也不管受访者的身份地位，都倾向于选择给予他们展示证据最大机会的程序（preference for procedures allowing full opportunity for evidence presentation）。据此，沃克等人认为，对抗制是最能为当事人提供公正感和满意度的制度不是英美人的偏好，而是一个跨文化的普遍现象。① 为了检验沃克等人的结论，由林德等人在1978年所做的跨国实验将测试对象的范围扩大到四个国家（美国、英国、法国和德国），最终结论认为无论是哪个国家的被测试者都更加青睐于当事人主导下的对抗制（adversary disputant - controlled models），而不是由法官主导下的审问制（inquisitorial adjudicator - controlled models）。②

不过并非没有人对沃克和林德等人的观点提出商榷，反对者认为他们所设计的审问制并不是德国现实司法下的审问制，在德国的刑事审判中，控辩双方并非程序的被动客体，而是可以施加影响的。此外，德国的巴雷特和拉姆以美国的研究为起点，观察西德学生是如何评估程序正义和分配正义之间的关系，他们得出的结论是：德国人较为看重上诉复审，而不是在审判程序中对程序的控制力。这也就是说，德国人获得程序公正感的主要评价指数不是对审

① Laurens Walker, et al., "Procedure: Transnational Perspectives and Preferences," 86 *Yale L. J.* 258(1976), pp. 281 - 282.

② E. Allan Lind, Bonnie E. Erickson, Nehemia Friedland, Michael Dickenberger, "Reactions to Procedural Models for Adjudicative Conflict Resolution: A Cross - National Study," *The Journal of Conflict Resolution*, Vol. 22, No. 2 (Jun., 1978), pp. 318 - 341.

判程序能够施加最大的影响力，而是能否获得充分的事后救济。①虽然目前尚未有学者对东亚国家文化模式下的程序正义观展开实证研究，但是从英美文化与东亚文化（特别是中国）之间的显著差异来看，英美学者的结论可能并不能适用于像中国这样注重和谐和权威的文化环境。由金马吾在美国对亚裔美国人的调查表明，亚裔美国人在接受美国的对抗式刑事审判时有一定的文化和角色冲突，对抗式刑事审判所反映的个人主义、竞争和自我中心的文化观与亚洲人所接受的集体主义、和谐和包容的文化观存在着潜在的紧张。金马吾认为，由于对抗制从根本上反映的是白种男性中产阶级的文化价值观，亚裔女性感受到了双重的冲突：文化冲突和性别冲突，所以她们从根本上排斥对抗制的理念。即使是已经认同了对抗制价值的亚裔男性律师，在实践中也是以非诉业务为主，尽量不接手诉讼业务。②

尽管"程序正义"的支持者认为对抗式刑事审判是能够最大限度地获得公正感的制度，但是就目前的实证研究结果来看，他的证据并不令人十分满意。如果以英美法律文化的自身来看，说对抗制最能体现主观的程序正义应该是没有疑问的；但是公正感本身是一个主观的感受，不同文化背景下的人可能有不同的评价标准或许

① ［德］克劳斯．F. 勒尔著：《程序正义——导论与纲要》，陈林林译，浙江大学法理与判例网：http://www.chinalegaltheory.com/homepage/Article_Show.asp? ArticleID = 1291，最后访问日期2008年1月5日。另据美国和德国的司法统计数据，在2000年，美国州法院一审刑事案件的上诉率约占全部案件的1%，而同年度的德国一审刑事案件的上诉率则介于7% ~8%之间，德国的上诉率是美国的7倍多。由此也可以看出，德国人的确更喜欢事后的上诉。参见 Herbert M. Kritzer, "American Adverarialism," 38 *Law & Soc'y Rev.* 349(2004), pp. 366 - 367.

② Carolyn Jin - Myung Oh, "Questioning the Cultural and Gender - Based Assumptions of the Adversary System: Voices of Asian - American Law Students," 7 *Berkeley Women's L. J.* 125(1992), pp. 167 - 170.

也是一个事实。① 因此，如果以比较法的角度来审视对抗制，那么说它是最能体现程序正义的制度就要打一个问号了。

（三）谁更有利于保障权利

为了防止被告人的权利在刑事诉讼中受到国家机关的侵犯，对抗制的支持者们认为只有赋予被告人强大的诉讼武器和同检察官平等的当事人地位，并限制法官的能动性作用，才能够实现保障被告人乃至所有人权利的理想。反对者则认为，律师利用对抗制提供的技术为明知有罪的人开脱罪责，维护的不是被告人的权利，而是被告人不合法的利益。就这一点来说，对抗制的维护者完全可以辩驳道，在一部分案件中被告人可以利用对抗制所提供的机会逃脱法网，是为了保障更多（被告）人的自由免受错误定罪的侵害。

但是，反对者从现实司法角度提出的“权利保障恶性循环论”则是非常有力的，“权利保障恶性循环论”揭示了对抗制在权利保障上的不足之处，即对抗式刑事审判保障的是谁的权利？所有人的权利还是富裕阶层的权利？作为美国最为坚定的对抗制反对者之一的郎本教授，认为对抗制从根本上来说维护的是有钱人的权利，也就是他所概括的对抗制的“财富效应”。郎本教授作为对抗式刑事审判史的权威专家，认为对抗制的“财富效应”是与生俱来的。1696 年通过的《叛国罪审判法》即是英国贵族阶层为了维护自己的权益通过议会制定的，以防止国王滥用叛国罪追究他们的罪行。后来随着对抗式刑事审判向普通刑事案件的扩充，对抗制的财富效应立刻显露了出来。1757 年，一位因伪造货币罪而被判死刑的妇人就曾感叹道：“我连付给脚夫的 6 便士都没有，哪有钱来聘请律

---

① 林德等人于 1986 年所进行的研究对其以前的结论进行了反思，认为对某种程序的偏好的确可能依大众文化背景而定。参见［德］克劳斯 . F. 勒尔著：《程序正义——导论与纲要》，陈林林译，浙江大学法理与判例网：http://www.chinalegaltheory.com/homepage/Article_Show.asp？ArticleID = 1291，最后访问日期 2008 年 1 月 5 日。

师。”对于她来说，对抗式刑事审判的含义就是“由于我贫穷，所以我必须得死”①。因此，郎本总结道：“对抗式诉讼从本质上来说是向有钱的被告人倾斜的，因为他们可以花钱聘请到最有能力的律师，并能够支付调查和搜集辩护证据的费用。”② 程序规则和证据规则不断走向精致化和繁杂化会更进一步突出当事人对律师的依赖性，势必会加重那些弱势群体的负担。正如冯象教授所言：“程序越精巧烦琐，人们在诉讼中越需要专业化的法律服务（律师），而这只有社会的强势群体才能‘享受’得起，而弱势群体的实体正义也越容易被强势群体的程序正义所‘消解’。”③

对抗式刑事审判在权利保障上存在的不平等现象是欧洲大陆国家拒绝对抗制的主要理由，时任法国司法部长的吉古（Madame Guigou）面对欧洲人权法院的压力有可能导致法国刑事司法对抗制化时，在1999年6月15日向上议院（sénat）说了这么一段话：

对抗式刑事司法在本质上是不公正的。它青睐于强者而不是弱者。它会加剧社会和文化中的不平等，那些能够雇请到一个或多个律师为其提供服务的有钱人才会从此制度中受益。我们自己的制度比之好得多，这不仅体现在效率上而且体现在对个人的权利保障上……我想明确地表态，我更欣赏一个调查所有有利和不利于嫌疑人的所有证据的独立法官，而不是大部分调查活动完全不受任何司法监督的警察官员。④

---

① John H. Langbein, *The Origins of Adversary Criminal Trial*, Oxford University Press, 2003, p. 332.

② John H. Langbein, *The Origins of Adversary Criminal Trial*, Oxford University Press, 2003, p. 103.

③ 冯象著：《政法笔记》，江苏人民出版社2004年版，第149页。

④ Jacqueline Hodgson, French Criminal Justice: *A Comparative Account of the Investigation and Prosecution of Crime in France*, Hart Publishing, 2005, p. 28.

马克思说，“在自由竞争情况下，自由的并不是个人，而是资本。”① 如果把这句话转换成本书的语言，也可以这么评价对抗式刑事审判：在法官被动听审的对抗制下，被告人维护自己权利的能力，更多地取决于被告人的财产水平。虽然在审问制下，被告人能否有能力聘请到最优秀的律师对其权利的保障也非常重要，但是相对于主要依靠当事人自己进行攻击防御的对抗制来说，没有律师帮助的被告人在审问制下并不会像美国的被告人那么被动。一方面，法官的澄清义务敦促他应当调查不利于和有利于被告人的所有证据，法官的照顾义务则部分地担当了被告人的辩护律师角色；另一方面，检察官的非当事人地位也会内在地要求他不能采取唯胜诉姿态。那么这样看来，似乎审问制下的被告人可能会获得更加充分的权利保障。其实也不尽然。

在法官主导审判的审问式审判下，因被告人及其律师能够自由发挥的余地相对来说比对抗制要小得多，法官自身是否客观公正地执法就成为被告人权利能否得到切实保障的前提。正如“权利保障论”的支持者所言，由于法官本身作为国家官员，往往会倾向于控诉方，被告人如果把权利保障的依托寄予法官身上也是一种理想而非现实。意大利改革派认为，之所以移植美国的对抗制就是基于对这种美好论调的反思。1988 年新法典的起草者认为，没有任何调查活动是完全中立无偏的；所有的调查活动都受到了调查者个人观点和背景的影响。此外，他们认为调查犯罪这一行为本身就会使调查者产生偏见。② 对抗式刑事审判的支持者还担心，一旦出现极权政治，审问式审判下的被告人完全可能会成为国家刑事政策的

① 《马克思恩格斯全集》第 46 卷（下），人民出版社 1980 年版，第 159 页。

② Michele Panzavolta, “Reforms and Counter – Reforms in the Italian Struggle for an Accusatorial Criminal Law System,” 30 *N. C. J. Int'l L. & Com. Reg.* 577(2005), p. 585.

牺牲品。[①]

埃贝尔教授在比较了美德两国宪法中的权利观后认为，德国法制中的权利往往与外在的义务相联系，甚少有可以由个人完全自由决定是否行使的权利领域。因此，获得一个公正的审判是被告人的权利，但是被告人却无权自由选择是否接受审判或接受何种形式的审判。更为重要的是，德国人还享有一项客观的或积极的权利，国家则担负着保障这些权利实现的义不容辞的义务。[②] 例如，为了维护个人尊严，即使被告人没有对刑讯所得的证据提出禁止使用的申请或异议，法官有义务依职权主动地排除该证据。此外，为了防止被告人被错误地定罪，即使被告人在刑事审判中完全认罪，法官还是有义务对全案的证据进行调查；检察官同样有义务保障被告人不受误判的权利，为了纠正错误判决，检察官可以为了被告人的利益而提起上诉。相反，美国人的权利观相对具有一种绝对权利的性质，通常并不会对应一个外在的义务，也没有一项对应的积极权利或一个对应的国家义务原则，充分体现了对个人自治和个人自我实现价值的尊重，与消极自由观紧密相连。[③] 在这两种不同权利观的映照下，审问制更加注重对被告人平等权的保障，而对抗制则更加注重对自由权的保障。

简而言之，对抗式刑事审判在真实发现方面的价值在于：一方面它可以有效地抵制裁判者先入为主地形成不利于被告人的偏见；另一方面在于它能够充分激励双方当事人去收集对各自有利的信息。对抗式刑事审判在程序的内在价值方面则体现在：它充分地保

---

① Gavin Mackenzie, "Breaking the Dichotomy Habit: The Adversary System and the Ethics of Professionalism," 9 *Can. J. L. & Juris.* 33(1996), p.42.

② Edward J. Eberle, "Human Dignity, Privacy and Personality in German and American Constitutional Law," 1997 *Utah L. Rev.* 963(1997), p.1050.

③ Edward J. Eberle, "Human Dignity, Privacy and Personality in German and American Constitutional Law," 1997 *Utah L. Rev.* 963(1997), p.1050.

障了决定制作者的中立性并能够最大限度地实现当事人对程序的参与。对抗式刑事审判在权利保障方面的价值则在于：它可以有力地保障被告人的消极自由不受国家机关的任意侵犯。但是，我们不能由此得出对抗式刑事审判就是最有利于发现真实、最体现程序公正和最有利于保障人权的制度的结论。无论是从程序的外在价值（发现真实和保障权利）还是从程序的内在价值（程序正义）方面看，对抗式刑事审判并不绝对地优越于非对抗式刑事审判，那么为什么英美的刑事审判如此地青睐于在价值方面的优越性无法证成的对抗制呢？这必须联系英美法系国家不同于大陆法系国家的政治法律文化才能作出合理的解释。

五、对抗式刑事审判的理论基础：英国古典自由主义

（一）英国古典自由主义的基本观点

劳吉认为，古典自由主义是建立在五个洛克式的原则之上的。第一，古典自由主义是对个人主义的经典阐释，个人权利必须应优先于集体权利。第二，18 世纪和 19 世纪的自由主义将财产权神圣化，因为财产权是个人与社会的分界点，所以明确的财产权可以为个人权利提供强有力的后盾。第三，同中世纪的哲学家通常要求人们应相互合作不同，洛克及其后来者认为人们之间的竞争才是基本的社会原则。第四，洛克认为，国家权力总是有可能侵犯到个人权利，因此必须对政府的权力加以限制。第五，由于每个人可能有不同于他人的信念和追求，所以应当鼓励个性化和多元主义，而不是集权。①

亚当·斯密进一步将洛克的自由主义思想发扬光大，正像霍布

① Paul T. Wangerin, "The Political and Economic Roots of the 'Adversary System' of Justice and 'Alternative Dispute Reslution'," 9 *Ohio St. J. on Disp. Resol.* 203(1994), pp. 216－218.

斯的预设一样，斯密相信人类从本质上来说是喜欢竞争的和自利的。在斯密看来，“毫无疑问，每个人生来首先和主要是关心自己”，而他这样做“是恰当和正确的”。① 这是每一个人天生的一种倾向，是每一个人的一种自然而然的选择，这一点是明摆着的既定事实，不容否认。顺应这一自然倾向是恰当的和正确的。每一个人在追求自利时，他通常既不打算促进公共的利益，也不知道他自己是在什么程度上促进那种利益。由于宁愿投资支持国内产业而不支持国外产业，他只是盘算他自己的安全；由于他管理产业的方式目的在于使其生产物的价值能达到最大程度，他所盘算的也只是他自己的利益。在这种场合，像在其他许多场合一样，他受一只看不见的手的指导，去尽力达到一个并非他本意想要达到的目的。也并不因为非出于本意，就对社会有害。他追求自己的利益，往往使他能比在真正出于本意的情况下（指直接为了社会的利益）更有效地促进社会的利益。②

所以，人人都有利己心就会像一只看不见的手迫使每个人都不仅关心他自身的利益，而且关心交换对方的利益，谁能够更好地满足交换对方的利益，才能在市场竞争中赢得优势，从而实现自己的利益。这也就是说，如果自利代表经济人普遍的行为动机，那么那只看不见的手则代表着约束经济人实现利益追求行为的一种制衡力量。这种神奇的制衡力量，通过自由市场经济的作用，可以架起沟通自利与社会公共利益的桥梁，可以结出老百姓个人富裕和国家富强的双份硕果。

斯密和其他古典自由主义者都相信复杂的市场活动产生了爆炸

---

① ［英］亚当·斯密著：《道德情操论》，蒋自强等译，商务印书馆 1997 年版，第 101～102 页。

② ［英］亚当·斯密著：《国富论》（下卷），郭大力、王亚南译，商务印书馆 1974 年版，第 27 页。

性的信息，如果企业要想成功运作，那么就必须对这些信息进行收集和处理。如果社会采取一种“中央化的”的信息处理机制，那么该机制要么是一个庞大且权力集中的机构，要么就根本无法运转。但是，一个庞大且权力集中的机构明显地与古典自由主义的理念背道而驰，因此哈耶克坚称古典自由主义需要的是一种分散的去中心化的信息收集处理机制。①

由此可见，古典自由主义理念对权力有着内在的怀疑主义态度，正如潘恩所言：“社会在各种情况下都是受人欢迎的，可是政府呢，即使是最好的情况下，也不过是免不了的损害；在其最坏的情况下，就成了不可容忍的损害。”② 这种怀疑主义的态度塑造了政府有限的理念，表现在：第一，由于没有任何有关人类事务的信念或理想是完全正确的，或可以被证明为正确的，因此将特定的信念或理想强加于他人是没有正当性的。第二，由于没有任何人能够知晓什么才是从客观上来说最好的东西，所以每一个人都应该被假定为有能力作出他的个人选择，且必须允许他作出这种选择，即使个人选择的生活方式或行为方式在其他人看来显得多么怪异甚至愚蠢。

在古典自由主义的理论预设下，社会在没有国家的介入下会日趋完美。无论在何种条件下，政府都没有权力将特定的信念强加于公民；国家没有权力根据它所认为的美好生活来指导和教育它的公民。否则的话，整个国家就会成为一种父爱主义式的国家，这是古典自由主义信条最坚决地予以抵制的政治体制之一。

不过即使是古典自由主义最为坚定的支持者也认为，国家对社

---

① Paul T. Wangerin, “The Political and Economic Roots of the ‘Adversary System’ of Justice and ‘Alternative Dispute Reslution’,” 9 *Ohio St. J. on Disp. Resol.* 203 (1994), p. 220.

② ［美］潘恩著：《潘恩选集》，马清槐等译，商务印书馆1981年版，第3页。

会生活的某些领域进行干预是不可避免的，司法即属于一个领域。国家介入和影响的时机仅限于“自治”的社会出现危机和冲突时；政府的角色只是充当纠纷的仲裁者。正如古典自由主义的维护者弗里德曼所言：

正如一场好的游戏要求双方成员遵守游戏规则和接受裁判员对规则的解释和执行那样，一个良好的社会也要求它的成员同意于支配他们之间关系的一般条件，同意于对这些条件的不同解释的一些裁决的方法，以及同意于强制执行普遍接受的规则的某些方法。在一个社会中，正和在一个游戏中一样，极大部分的一般条件是意识之外的不假思索便接受的习惯的后果。……但是，我们不能单单依靠习惯或这种一致性来解释和实施这些规则；我们需要一个裁判员。①

但是，只要在国家介入的场合下，必须要防止权力的集中化，分权被视为一个基本政治原则。分权的方式有两种：水平型分权和垂直型分权。水平型分权是同一权力在不同主体间的分割，孟德斯鸠论述的国家权力的政治架构即属于这种分权形式。虽然孟德斯鸠的理论曾经为欧洲和英美的政治理论家们所同时关注，但是它只是在英语世界中才成为主流的政治意识形态。如果说构建出一种各自可以相互制衡的独立权力中心是分权的核心，那么诞生于法国的分权理论则从未在欧洲大陆真正地扎下根基。垂直型分权是国家和地方或上级与下级之间的权力分配，典型地体现了垂直型分权的政治体制为联邦制。在垂直型分权体制下，下级政治组织享有自治权并同最高政治机构分享各自的最高权威，因此产生了各种地方性的权力中心。不过，由于受到水平型权力分割的影响，地方权力中心的权力射程也极为有限，一个地方或一种权力的不当行使会因其他地

---

① ［美］米尔顿·弗里德曼著：《资本主义和自由》，张瑞玉译，商务印书馆1986年版，第26~27页。

方或权力的不合作或反对而受到制衡。垂直型分权可以最大限度地防止出现中央集权化的政治体制，它同英国的古典自由主义有内在的契合性，是英美政治文化中最为显著的特征之一。①

（二）古典自由主义与对抗式刑事审判的内在关联

对抗式刑事审判与古典自由主义具有直接的联系。从历史起源上来看，英国的对抗式刑事审判诞生于18世纪末期，并于19世纪初期成形；而这个时期恰恰是洛克、斯密和其他古典自由主义者思想得到广泛传播的时期。美国学者王哥林说道："这并不是一种巧合。对抗式司法，同自由放任主义经济学和政治多元主义一样，都是建立在这个信念之上的：人类虽然能够从事利他和合作的行动，但从根本上来说是由自利和竞争的动机所推动的。"②

在对抗式刑事审判下，法官并不是一个能动性的干预者，他始终在审判中尽量保持一个消极被动的角色，就像是斯密笔下的自由放任主义经济下的政府一样；控辩双方当事人之间的关系就好比是自由市场下的经济理性人一般，他们被认为是自己最佳利益的判断者；双方当事人之间的相互对抗，哪怕是一方提出虚假的信息，也可以被另一方的虚假信息所中和，并且从长远来看，当事人之间的对抗比之法官的直接干预更能实现司法的利益，正像市场主体之间的竞争在看不见的手的支配下可以最终实现经济的增长和社会的进步；市场信息的分散性和广泛性决定了官方主导下的信息收集和处理机制的低效和无能力，同样地，法官主动地收集案件的所有证据也不符合信息的理想收集机制，只有将其分配给与案件利益休戚相关的当事人才最为理想。

① Mirjan Damaska, "Structures of Authority and Comparative Criminal Procedure," 84 *Yale L. J.* 480(1975), p.533.

② Paul T. Wangerin, "The Political and Economic Roots of the 'Adversary System' of Justice and 'Alternative Dispute Reslution'," 9 *Ohio St. J. on Disp. Resol.* 203(1994), p.224.

在欧洲历史上的纠问式审判下，法官不仅有权决定处理何种刑事案件，而且有足够的权力调查在他看来有助于确定事实的任何事项。如果以今天的眼光来看，我们通常会说法官是一个集控诉、辩护和审判于一身的角色。19 世纪欧洲大陆的刑事诉讼改革把控审分离的原则确立下来，法官只有在检察官提出指控的前提下才能调查事实，且其所调查事实的范围应以起诉书指控的犯罪为限。欧洲大陆的诉讼体制改革有着复杂的历史原因，但是法官和检察官的职能分离无疑与孟德斯鸠的分权理论具有内在精神的一致性。但是，大陆法系国家的刑事诉讼仅止步于此，从法官应调查有利于和不利于被告人的所有事实来看，法官的职能还是显得有点模糊。正是这个缘故，有法国法谚云：“所有的法官都是检察官（Tout juge est procureur général）。”① 司法功能对于普通法刑事诉讼的有限性与英国的古典自由主义息息相关。普通法系下被告人在大多数的辩护事由上享有最后发言权，而且可以在不受司法干预的前提下自主地决定放弃特定的辩护。② 被告人对辩护事由的垄断性在大陆法系的理论中不仅无法找到依据，甚至显得非常怪异。但是，古典自由主义却很容易为此作出解释：被告人被假定为是最了解其个人利益的主体，由于其他人并无绝对优越的知识，司法官员没有权力将他的观点强加于被告人。在控辩职能实现分离后，如果被告人选择不作抗辩，裁判者更是无权干预。

在陪审团审判形成之后，国家官员的刑罚权进一步受到分割，

---

① Jean Pradel, “Défense du système inquisitoire,” *Regards sur l´actualité*, n° 300, 2004, p. 57.

② 在美国的某些州里，法院是禁止主动为被告人提出神志失常辩护事由的。即使支持神志失常的事实根据非常充分，但只要被告人没有自己提出神志失常辩护的，他就仍然可能被定罪。类似的情形还可能发生在胁迫（duress）抗辩中。参见［美］米尔伊安．R. 达玛什卡著：《司法和国家权力的多种面孔》，郑戈译，中国政法大学出版社 2004 年版，第 169 页。

认定犯罪事实的权力被一群普通的民众所掌握。正如垂直型分权下的下级政府拥有“自治权”一样，如果陪审团拒绝判处被告人有罪，那么不管结果如何，他们的决定通常都是具有终结性的。因此，英美法系国家的法官就好比是古典自由主义下的国家在社会中的角色一样：国家和法官都不主动地介入纠纷，而是为解决纠纷提供一个有规则的场所。总之，对抗式刑事审判下的法官作为被动的仲裁者和权力的有限性，不仅体现了有限政府的理念，而且体现了水平型分权的观念。[①] 垂直型分权使上级审查的可能性降低，这会进一步激励双方当事人为了获得有利判决而用尽“浑身解数”，进一步加剧了审判的对抗性。

大陆法系国家的法律人对普通法下的刑事审判感到更为惊奇的是，司法官员在足以影响诉讼进程的关键性决定中竟然可以消极地听任当事人的处置。由于强调当事人对程序的控制权，所以刑事审判规则本身的执行也会因被告人的决定而发生改变。如果被告人不对指控进行反驳，不管被告人被指控的罪行有多么严重，那么作为认定犯罪是否存在的审判可以因被告人的同意（明示或默认）而省去。如果被告人不同意对其所进行的指控，那么他同样有权选择审判的组织（陪审团审判或法官审判）和人员（对陪审团组成人员的无因回避权）。在大陆法系国家，对审判方式的选择是根据既定的法律规则进行的：通常是罪行越严重程序越复杂。被告人在选择何种审判方式上并无多大的发言权，如果涉嫌重罪被告人根本无

① 不过由于垂直型分权的政治架构，法官又获得了巨大的自治权，在不受上级详尽审查的体制下，法官在认为有实现正义的必要时有时又会偏离他在理论上的有限角色。

选择审判方式的权利。① 法国大革命以后曾在其本土进行过陪审团审判，但是很快就呈现出衰落的迹象。但是，从陪审团在法国有限的生命历程来看，它同英美的陪审团也存在着显著的差异。陪审团审判的范围被立法机关所限定，通常为最为严重的刑事犯罪。被告人没有权利决定是否接受陪审团审判，因为它是法定的。

虽然辩护律师的参与对于维持对抗式刑事审判的均衡性至关重要，但是英美法系下的被告人有权拒绝案件由辩护律师进行代理，即使指控的犯罪是非常严重的犯罪也是一样，因为被告人有道德上的权利“独自受审”（to stand alone in his hour of trial）。② 虽然大陆法系国家的辩护律师的重要性比不上英美法系国家的辩护律师，但是“独自受审”的观念同样不能为大陆法系国家所接受。大陆法系国家的刑事诉讼法通常都规定了所谓的强制辩护制度，如果被告人被指控了特定种类的严重罪行，即使被告人坚持“独自受审”，法庭也必须为其指定辩护人。③

虽然大陆法系国家对非法证据的排除并没有美国那么严格，但

---

① 在被告人的罪行较为轻微时，表示认罪的行为可以影响到程序的运作方式。早在1670年的《法国刑事敕令》（French Ordonnance Criminelle）中即有这样的规定。参见A. Esmein, *A History of Continental Criminal Procedure*, Little Brown and Company, 1913, pp. 273 – 274. 但是一旦涉及“公共利益”的重罪时，则排除了被告人的程序方式选择权。即使是当今最为激进的意大利，也严格地将其“意大利式辩诉交易”的适用范围限定在7.5年以下的有期徒刑或罚金，法国的刑事和解（composition pénale）则限定在5年以下的有期徒刑或罚金。

② *United States v. Dougherty*, 473 F. 2d. 1113(D. C. Cir. 1972), at 1128.; Faretta v. California, 422 U. S. 806 (1974). 美国联邦最高法院一位在该案中持异议的法官认为，赋予被告人自行辩护权无疑是赋予被告人一项“戏弄自己”的权利。在英国，被告人并无自行辩护的宪法权利，如果初审法院在严重的案件中没有为被告人提供辩护律师，将作为一种可以上诉的理由。参见The King v. Woodward, 1 K. B. 118 (1944).

③ 参见《德国刑事诉讼法典》第140条，《日本刑事诉讼法》第289条第1款，我国台湾地区“刑事诉讼法”第284条和第379条第7项；另可参见李昌盛：《在正义与效益的平衡中构建强制辩护制度》，载《检察日报》，2006年9月25日，第4版。

是对排除规则的执行并不依赖于当事人的异议，而是司法官员的职责所在。如果发生了强制排除的情形，即使是被告人同意采用该非法证据，也不能为法官的采纳行为提供合法性依据。① 不过，在大陆法系国家或许被视为轻微的程序性违法，在对权力持不信任的美国，则可能导致证据的排除或定罪的撤销。因为在古典自由主义的视野中，“不管被告人有罪与否，一旦国家官员违反了法定的程序，那么作为威慑他人的对象就将从被告人转移到追诉者身上。”②

（三）对权力不同态度的历史根据

在法国大革命前的旧制度（ancien régime）下，整个欧洲大陆的政治权力为君主、教会和贵族所分享，司法制度的特征为极权主义、封建主义和不平等。根据个人所属的阶层是贵族、教士还是所谓的第三等级（third estate）而适用不同的法律。整个司法制度极不统一，没有一套中央集权式的司法体制。地方法院执行的是地方的规则惯例，北部和南部的法律具有明显的差异性。尽管旧制度下的社会并非静止不变的一潭死水，尤其是18世纪时的路易十四和路易十六所进行的改革，但是国家没有足够的权威和机制来实现有效的社会变革。在启蒙思想家们的引导下，革命者们试图彻底摧毁旧制度下的特权和歧视，建立一个由人民而非君主统治的共和国。法国第一共和国于1792年宣布成立，这为随后由拿破仑所领导的政治权力集中化改革铺平了道路。

根据法国共和主义的政治传统，人民才是国家的统治者，他们通过选举出来的政治家来代表他们进行国家和社会的治理。实际上，国家作为全体国民的代表才是真正的主权者。因此，所谓人民

---

① 参见《德国刑事诉讼法典》第136条a第3款。该款规定，禁止的讯问方法，不顾及被指控人的承诺，必须适用。对违反这些禁止性规定所获得的陈述，即使被指控人同意，也不得使用。

② Abraham S. Goldstein, “The State and the Accused: Balance of Advantage in Criminal Procedure,” 69 *Yale L. J.* 1149(1960), p. 1149.

的统治也就是国家的统治。19世纪初期的拿破仑式的国家的特征为："对权力、权威和技术能力的强调，严格意义上的科层制，一套得以平等适用的界限分明的规则体系，国家对公共领域和私人领域的广泛介入（同旧制度相比）。拿破仑式的体制最为重要且持久的特征就是集权原则。"① 在这种新的共和体制下，国家不仅享有道德上和政治上的权威，而且为了维护公共利益可以行使广泛的权力。这种高度集权式的共和制国家直接影响到国家与公民之间的关系，进而影响到法官和被告人之间的角色分配，正如对法国刑事诉讼进行过数年实证考察的英国学者郝吉逊所言：

> 法官作为法律的执行者，代表的是国家和人民的利益。被告人则被视为一个做错了事的同伴（fellow citizen），他不仅丢了自己的脸，而且还辜负了社会的期望，因此需要帮助他重新回归社会。……被告人需要对他的行为承担责任，并对他的行为所造成的后果进行反思，积极地参与到诉讼中来。……被告人在法庭上受到法官直接的讯问，而且正像一个犯了错误的市民一样，他有义务对他的行为进行解释。②

英国的历史发展进程则是另一番景象。随着不列颠小岛的地方贵族被入侵者不断地清除，英国本土的地方势力几乎被削弱殆尽；从欧洲大陆入住不列颠的诺曼征服者们，深知欧洲的封建主义对主权者的权威构成的挑战，因此只赋予了他的封臣们有限的自治权。因此，相对于王室的超强地方权力中心难以出现。英国弹丸之地的特殊地理条件，也为王室对地方进行直接而有效的控制提供了条件。因此，英国的国王们没有必要在他们与地方权贵之间建立一个

---

① S. Hazareesingh, *Political Tradition in Modern France*, Oxford University Press, 1994, p. 159.

② Jacqueline Hodgson, *French Criminal Justice: A Comparative Account of the Investigation and Prosecution of Crime in France*, Hart Publishing, 2005, p. 21.

大型的集权式科层制官僚体系以作为中央控制地方的媒介。此外，赋予地方权贵管理地方事务的相对自治权，还可以为王室节省一笔不菲的开支。

尽管英国的王权相对强大，但是却不是绝对的，他要受到作为传统承继下来的宪法性限制。在玫瑰之战后，都铎王朝曾插入一段极权主义的政治体制，但是同大陆的革命者相比，它的彻底性和持久性都不值一提。英国中产阶级对封建专制的斗争，最终确立了议会的至上地位，从而在维系传统的基础上实现了政治上的变革，这同法国大革命时期与传统的彻底决裂并不相同。

英国温和的渐进式社会变革保留了许多传统的因素，如采用贵族政府治理的方式，从而阻抑了现代科层制官僚体系的建立。这种贵族式的地方治理体制一直延续到19世纪时的英国，而当时的英国政治体制改革却处于自由放任主义哲学和经济的顶峰时期，因此英国并不认为取代旧的行政机制的最佳选择是建立一个集权化的官僚体制。虽然当时的改革影响到了刑事司法的执行方式，但是旧的程序理念又在主流的个人主义和有限政府哲学中获得新生。

同欧洲大陆相比，英国的工业革命更全面地瓦解了农民阶层。在除了自己的劳动力以外已一无所有的情况下，先前的农业生产者构成了大规模的、流动性较大的劳动力，从而为英国资本主义的发展赋予了广阔的空间。资本主义在英国获得了长足的进步，从而使市场的作用空间更为广泛。“市场机制越是具有广泛的渗透性和有效性，对政府直接干预的需求就越小；权力可以主要在经济和社会场域中得到行使，政府权力组织往往可以被绕过。”①

作为英国在北美的殖民地，美国毫无疑问是从英国的模子里刻出来的，从最早的詹姆斯顿（1607）到最晚的佐治亚（1733），前

---

①［美］米尔伊安.R. 达玛什卡著：《司法和国家权力的多种面孔》，郑戈译，中国政法大学出版社2004年版，第136页。

后花了一个多世纪，而这一个世纪正是英国古典自由主义发轫和完善的时期。但是与英国相比，美国的自由则更为彻底。因为横渡大西洋来到美洲的清教徒对英国的宗教迫害感同身受，对专制有一种切肤的厌恶感；美洲并无任何可以束缚当时人们的历史传统，而充裕的自然资源则为人们自由地开发出一片新天地提供了条件，所以“美国政治文化中对待权力的自由主义倾向，其自由的程度足以令英国19世纪的自由主义者感到惊讶”①。

六、古典自由主义的衰落和对抗式刑事审判的现代转型

（一）新自由主义的兴起

19世纪后期，世界市场的竞争加剧，英国经济优势地位开始动摇，贫富不均、环境污染等工业化负面问题加重，古典自由主义的主流思想地位受到质疑。在现实层面上，像德国这样的国家，依靠国家支持迅速发展起来，并在许多方面超过英国，自由贸易政策不再只对英国有利，在某些情况下，甚至会产生不利的影响。不仅如此，一旦其他国家走上工业化道路，有了自己的民族工业，为了保护本国利益，它们纷纷建立贸易保护关税，对英国的自由贸易思想形成巨大冲击。在这样的历史背景下，新自由主义社会思潮和政策主张开始在英国出现，那种认为不干涉是国家对外和对内的最高职责的自由放任学说已经过时。②

人们一般将牛津大学的托马斯·格林教授看成是新自由主义的奠基人。他最早提出了积极自由的概念，格林在题为《自由立法和契约自由》的演讲中指出：

---

① Mirjan Damaska, “Structures of Authority and Comparative Criminal Procedure,” 84 *Yale L. J.* 480(1975), p. 542.

② ［英］欧内斯特·巴克著：《英国政治思想——从赫伯特·斯宾塞到现代》，黄维新等译，商务印书馆1987年版，第12页。

我们也许都会同意，正确意义上的自由是上帝赐予人类的最大恩惠；实现自由是我们公民所有努力的真正目标。然而，当我们言及自由时，我们应该谨慎地考虑它的含义。我们所说的自由并不仅仅意味着驱除了限制或强迫。我们所说的自由并不仅仅意味着我们可以做我们喜欢做的事，而不顾这些事情是什么。自由并不意味着一个人或一些人可以享受以其他人的损失为代价的自由。自由具有更高的价值，它意味着拥有一种积极的权力或能力，从而可以去做或享受某种值得去做和享受的事，而这些事也是我们与其他人共同努力或分享的事。自由意味着每个人可以从同伴那里得到帮助和保护的力量。当我们用自由增长方式来计算一个社会的进步的时候，这种自由是指所有的有利于道德善发展和运动的力量，我们相信这种道德善赋予了社会成员；一句话，自由是指通过市民团体的最大力量，实现他们自己的最大价值。①

格林认为，这种道德善或共同善的实现不仅需要人们彼此互助、共同追求，而且需要外部环境提供有利于道德发展的各种条件，而这些条件的最好提供者就是国家。很明显，格林主张用政府干预式的自由代替放任主义式的自由，认为国家权力的增加并不意味着对个人自由的损害，积极的国家不是削弱而是促进人的道德自由。相反，国家的积极作用是真正自由的需要，是道德善的需要。

美国由于其特殊的条件——主要是开放边疆和工业化较晚——推延了古典自由主义危机的发生时间。到了19世纪末，情况发生了根本性的变化。1890年，边疆封闭了，这个美国生活的安全阀退休了，自由土地不再存在。农业国已经变成工业国，城市人口超过了农业人口，大部分美国人不是在自己的农场种庄稼，而是在城里的工厂打工，或在公司里当职员，靠工资谋生，美国人的生存状

---

① Bobert Eccleshall, British Liberalism: *Liberal thought from the* 1640*s to* 1980*s*, Boutledge, 1986, pp. 180 – 181.

况有了质的变化。靠周薪、日薪度日的工薪阶层一旦失去工作，是不可能像有地的农民那样多少能生产些充饥的东西来的。他们会马上断了经济来源，变得一贫如洗，没有钱就买不到食品，就会失去房屋，流落街头。由于城市人口集中，一旦陷入这样绝境的人数增加到一定程度，整个城市乃至整个国家将会瘫痪下来。美国20世纪30年代所出现的大萧条就是这种局面的现实写照。为了解决这些现实问题，一种主张国家干预的新自由主义诞生了。①

罗斯福新政应该是美国古典自由主义衰落的标志，他的“免于匮乏的自由”几乎就是格林积极自由的美国版：

政府应当关心使那些愿意工作的人有事可做。让人民免于挨饿，有房子住，生活过得不错，有适当的教育水平，这些是政府关心的事。除了这些以外，另一件没有提到的事是，保护个人的生命和自由不受社会上那些企图以牺牲别人的利益取得荣华富贵的人们之害。他们同别人一样有权受到政府的保护。②

为了疗治古典自由主义的弊病，英美的政府观开始由“守夜人”和“仲裁者”的消极角色向“援助者”和“适度干预者”的积极角色转变。一方面，通过建立各种福利制度以消除自由竞争所带来的两极分化和贫富不均；另一方面，通过“看得见的手”对市场运作的适度干预，以解决市场失灵的困境。国家职能观的转变直接影响到刑事审判中的权力配置和职能定位，一种现代型的对抗式刑事审判在英美等普通法系国家产生。

---

① 钱满素著：《美国自由主义的历史变迁》，三联书店2006年版，第104～106页。

② ［美］詹姆斯·麦格雷戈·伯恩斯著：《罗斯福传》，商务印书馆1995年版，第275～276页。

（二）对抗式刑事审判的现代转型

1. 刑事审判的福利化

在对抗式刑事审判下，辩护律师扮演着非同寻常的角色，他是被告人对抗国家和有效行使各种权利的得力助手。正像大法官斯图尔特所言："在对抗式刑事司法体制下，没有任何权利比获得律师帮助权更为重要的了。"[①] 事实上，没有律师的帮助，很少有被告人能够针对控方的案件提出有意义的反驳。舒瑟兰大法官曾言："即使是聪颖且受过良好教育的外行人，他对法律领域内的技巧也知之甚少甚至一无所知。在此情况下，一旦某人被控犯罪，他通常都无法自行判断受指控后可能引发的后果到底是什么，而且由于不熟悉证据规则，在没有律师帮助的情况下，他就有可能因不当指控而受审，甚至还会因举证不能或不当而被判有罪。即使他有很好的辩护途径，他也会因为缺乏技巧和知识而无法做好充分的准备。因此，他需要辩护律师在每一个对其不利的环节中为其指引。"[②]

赋予被告人获得律师帮助的权利并不意味着每一个被告人都能享受到律师的实际援助，雇用辩护律师是一件花费不菲的开支，对于那些贫寒的被告人来说，获得律师帮助成为一种可望而不可即的梦想。早在对抗式刑事审判产生之初的 1757 年，一位因伪造货币罪而被判死刑的妇人就曾感叹道："我连付给脚夫的 6 便士都没有，哪有钱来聘请律师。"对于她来说，对抗式刑事审判的含义就是"由于我贫穷，所以我必须得死。"[③] 这就是郎本教授猛烈抨击的对抗式刑事审判的"财富效应"，对抗式刑事审判对律师的高度依赖将实益赋予了有钱人，而身无分文者只能享有名义上的权利

① *Lakeside v. Oregon*, 423 U.S. 333(1978), at 341.

② *Powell v. Alabama*, 287 U.S. 45 (1932).

③ John H. Langbein, *The Origins of Adversary Criminal Trial*, Oxford University Press, 2003, p. 332.

保障。

在强调国家消极无为的自由放任主义国家哲学中，当事人无力聘请律师只能归咎于自己的无能；但是随着消极自由观向积极自由观的转变，国家的责任得到了强调，国家有义务保障他的所有国民都能够平等地享有法律所赋予的律师帮助权。美国联邦最高法院在1963年的基迪恩案确认了重罪被告人在审判中有权获得指定律师的帮助权：

在我们的对抗式刑事司法制度中，除非提供免费的律师，否则将无法保证那些因贫穷而无法聘请律师的被告人获得公正的审判。这对于我们来说是一个显而易见的真理。……也许在某些国家，人们并不认为被告人有权获得律师的帮助是保证审判公正必不可少的条件。但是美国从一开始，各州和联邦的宪法和法律就特别强调了程序性和实体性的保护措施；而设计这些措施的目的就是为了保障所有的被告人在法律面前都受到平等的对待，保证任何一个法庭都对被告人作出公正的判决。如果某个被告人因贫困无法聘请律师而不得不单独面对控方的话，那么这种高尚的理想就无法实现了。①

以大胆改革闻名的沃伦法院的许多重要判例都曾在法律界和社会引起强烈的不满，但是基迪恩案却是一个例外，它获得了广泛的社会认可和道德支持。普利策奖得主安东尼·刘易斯曾以该案为素材撰写了《基迪恩的号角》（Gideon' s Trumpet），并被改编成电影，基迪恩成为“司法平等”的代名词。联邦最高法院并不止行于此，此后的一系列判例继续扩大了被告人所享有的律师帮助权：青少年犯罪案件、② 有可能判处监禁刑的轻罪案件、③ 有可能判处

① *Gideon v. Wainwright*, 372 U. S. 335(1963), at 344.

② *In re Gault*, 387 U. S. 1(1967), at 41.

③ *Argersinger v. Hamlin*, 407 U. S. 25 (1972), at 37.

缓刑的轻罪案件、[1] 在上诉法院的第一次出庭。[2] 此外，联邦最高法院还将被告人的律师帮助权扩充到了审前的关键性阶段，包括列队辨认阶段、[3] 罪状认否阶段、[4] 预审阶段、[5] 答辩交易阶段[6]和作出有罪答辩阶段。[7]

为了使联邦最高法院对贫困被告人律师帮助权的宪法性判例落到实处，各州和地方政府建立了形式多样的法律援助制度，主要形式有以下三种：（1）传统的公设辩护人制度（public defender system），在此制度下辩护律师通过领取固定的工资为贫困被告人从事辩护；（2）法院的指定辩护人制度，即法院通过个案审查的形式指定私人律师为贫困被告人从事辩护；（3）签约辩护人制度，即私人律师通过与政府签订契约的方式许诺为贫困被告人从事辩护。在许多州，这三种方式是同时并行的，以充分地为被告人提供法律援助。

英国现代刑事法律援助制度的建立开始于20世纪中期，当今英国的法律援助制度已非常发达。1997年英国用于法律援助的费用即高达15亿英镑，到2005年则增至20亿英镑。2001—2002年度用于刑事法律援助的费用占到整个刑事司法国家开支中的7%，高出用于法院和皇家检控署的费用总和。[8]

---

① *Alabama v. Shelton*, 535 U. S. 654, 662 (2002), at 674.

② *Douglas v. California*, 372 U. S. 353 (1963), at 355 ~ 357.

③ *United States v. Wade*, 388 U. S. 218 (1967), at 224.

④ *Hamilton v. Alabama*, 368 U. S. 52(1961), at 55.

⑤ *United States v. Ash*, 413 U. S. (1973), at 300, 311; *Coleman v. Alabama*, 399 U. S. 1 (1970).

⑥ *White v. Maryland*, 373 U. S. 59 (1961), at 60.

⑦ *Iowa v. Tovar*, 124 S. Ct. 1379(2004), at 1383; Argersinger v. Hamlin, 407 U. S. 25, 34 (1972); *White v. Maryland*, 373 U. S. 59 (1963).

⑧ 有关英国刑事法律援助制度的历史发展，可参见第一章第八部分“对衰落的评价”一节。

2. 从竞技式司法走向合作式司法

对抗式刑事审判的传统理念是法律地位上平等的双方当事人各自积极地收集和准备各自的证据，任何一方都没有协助另外一方的义务，更没有向对方展示己方证据的责任。在这种理念下，证据开示没有存在的基础。在1792年由英国王座法庭审理的一起贪污案中，被告人要求查看控方所收集的若干份证言笔录，结果被法院否决。法院在该案中特别强调："没有任何规则和先例允许被告人可以查看控方的证言笔录……如果本庭允许，它将会彻底改变整个刑事法律系统。"①

19世纪中期以后特别是进入20世纪以来，对抗式诉讼的基础理论发生了重大变化。新的司法理论认为，审判应当针对案件的实质进行，而不能任由当事人自由举证，甚至纠缠于细节问题；公正的裁决应当反映案件的事实真相，而不能仅仅满足于形式上的平等对抗。正当程序的要求不只是程序公正，而且程序公正必须有助于引导出实质公正的结果，这种结果的实现单靠向被告人提供律师帮助是远远无法达到的，而必须借助于广泛的证据开示。正是由于对抗式刑事审判的基本理念的变化，证据开示制度才逐步通过判例、成文法、法院规则和行政规章而建立和发展起来。② 正如怀特大法官在威廉姆斯案中所言："对抗式审判本身不是目的；它也不是一场一方拥有绝对权力，并可以藏牌、秘而不发的扑克游戏。我们有充足的理由认为……对决定有罪还是无罪的特定关键性证据，赋予控辩双方平等而充分的调查机会，实际上可加强刑事审判的真实发

---

① Mark A. Esqueda, "Michigan Strives to Balance the Adversarial Process and Seek the Truth with Its New Reciprocal Criminal Discovery Rule," 74 *U. Det. Mercy L. Rev.* 317 (1997), p. 321.

② 孙长永：《当事人主义刑事诉讼与证据开示》，载《法律科学》2000年第4期，第85页。

现功能。”①

证据开示的发展经历了由控方展示到控辩双方相互展示的历史。证据开示起初仅要求控方的单方面开示，于1946年制定的《联邦刑事诉讼规则》第16条规定：“被告人有权获得由政府收集的证据。”1966年修订的《联邦刑事诉讼规则》第16条进一步赋予了法官要求控方展示证据的裁量权，进一步扩大了控方证据展示的范围；1969年美国律师协会所建议的审判标准也要求控方有义务广泛地展示证据。许多州也以《联邦刑事诉讼规则》第16条和律师协会推荐的标准扩大了控方证据展示的范围。联邦最高法院的两个判例为控方证据展示范围的扩大提供了宪法依据。在1957年杰恩克斯案中，联邦最高法院要求，为了使辩方有效地交叉询问，联邦检察官有义务向辩方展示控方证人的先前陈述。② 在1963年的布兰迪案中，联邦最高法院进一步指出，正当程序要求检察官应向辩方展示“直接影响到定罪量刑的对被告人有利的重要证据”。③ 到了20世纪70年代，检察官对其单方面的证据展示义务感到不满，要求进行双向（two - way street）证据展示。联邦最高法院在1970年的威廉姆斯案中判示，辩方应当事先向控方展示“不在犯罪现场”的证据（alibi evidence）。④ 1973年的瓦蒂丝案要求证据开示是一种双向互惠的行为，即“不在犯罪现场”证据的开示是互惠的，检察官也应提前将其反驳的证据向辩护方开示。⑤

目前美国的证据开示规则各州具体做法不一，但大多以《联邦刑事诉讼规则》第16条的规定为范本。从2006年修订的《联邦刑事诉讼规则》第16条的证据开示条款来看，联邦系统内的证

---

① *Williams v. Florida*, 399 U.S. 78(1970), at 82.

② *Jencks v. United States*, 353 U.S. 657 (1957).

③ *Brady v. Maryland*, 373 U.S. 83 (1963).

④ *Williams v. Florida*, 399 U.S. 78(1970).

⑤ *Wardius v. Oregon*, 412 US 470 (1973).

据开示规则包括以下内容：（1）检察官应被告人的申请应展示的证据包括，被告人的口头或书面陈述、被告人的先前犯罪记录、文件和有形物品、检查或试验报告和专家证词的概要等；（2）被告人应检察官的要求应展示的证据包括，文件和有形物品、检查或试验报告、专家证词的概要等。《联邦刑事诉讼规则》第12条的第1～3款还规定了被告方应展示的其他三类证据：不在犯罪现场的证据、作精神病辩护或专家关于被告人精神状况的证据和执行公务的证据。

英国的证据开示规则的确立可以追溯到1836年的《重罪审判法》，该法第4条规定：被告人有权查阅控方证人的任何庭外证言笔录。到19世纪末，控方开示庭前证言笔录以及任何新证据已经成为一种司法惯例。20世纪70年代初期，随着一系列冤案的曝光，人们越来越认识到由于控辩双方之间的资源失衡，如果控方仅展示部分证据是无法实现对抗式诉讼的“平等武装”原则的，而且会导致冤案的产生。此后，控方的开示义务进一步加强，它不仅要展示准备在庭审中使用的证据，而且还要向被告人展示“不使用的材料”（unused material）。[①] 1996年《刑事诉讼和侦查法》和2003年《刑事司法法》对此进一步予以完善。

证据开示制度的建立和完善标志着对抗式刑事审判已经扬弃了传统的“竞技式司法”的理念，有效地杜绝了“突袭式审判”现象的发生，迈向了实体真实理念指导下的现代型对抗式刑事审判；此外，控辩双方在审前充分而及时的相互开示证据，可以起到整理庭审焦点、加快审判步伐的效果，从而有助于提升审判的效率；另外，控辩双方相互告知各自的调查成果，尤其是强调控方的开示义务，使“平等武装”原则从形式上的平等转化为实质上的平等，提高了程序的公正性。

---

① Patrick O'Connor, "Prosecution Disclosure: Principle, Practice and Justice," (1992) *Crim. L. R.* 464－477.

3. 刑事审判参与者角色的重新定位

(1) 检察官的公正执法义务。自由放任主义理念主导下的当事人被视为对等的当事人，检察官代表的国家利益并无优先于被告人个人利益的先定性。但是，控辩双方实力在事实上的悬殊是无法否认的，为了避免检察官沦为打击犯罪的工具，从而在正当的程序下发现实体真实，由此，英美法理论认为，现代的检察官作为国家官员，具有一定的关照义务，不是单纯地得到尽可能多的有罪判决，亦不能不惜代价地谋求胜诉，而是应该对被告人负有公正义务并应当公平行事，应该成为协助实现正义的执法者角色，应当公正无偏地向法庭展现构成控诉案件的全部事实，并应当在案件可能出现的所有法律问题上协助法庭。这种理论在立法和司法实践中都得到了体现。正如美国联邦最高法院的一则判例所言："控方的利益不在于赢得案件，而是为了实现正义……检察官可以进行热情而有力的指控——实际上他确实应该这样做。不过，虽然他可以重拳出击（strike hard blows），却不能任意地用损招（strike foul ones）。"① 英国把检察官的公正义务直接归结为检察官的"准司法官"而非纯粹当事人的地位："我们把皇家检察官在决定是否继续诉讼程序和处理开示证据时的角色称之为'准司法官'，意思就是表现得像法官一样，公平对待被告人的义务是一项绝对的义务。它包括开示检察官所知的所有材料，即使这些材料可能加强了被告人的辩护而削弱了对案件的起诉。"②

检察官不仅要承担公正执法义务，而且在违反义务时还承担相应的法律后果。在美国，如果没有可能性根据支持，检察官就不能对犯罪嫌疑人提出指控。触犯这些规定将会受到律师协会的纪律惩

---

① *Berger v. United States*, 295 U.S. 78 (1935), at 88.

② 王晋、刘生荣著：《英国刑事审判与检察制度》，中国方正出版社 1999 年版，第 135 页。

戒。在英国，检察官如果恶意起诉将会被追究刑事责任。在证据展示时，如果控方展示不充分，则要承担不利的后果。如果故意隐瞒证据，而该证据很可能使该被告人得以清洗罪名，那么检察官就要依法承担刑事责任。

（2）对被告人自治权的适当限制。在纯粹的自由放任主义占主导地位的国家里，诉讼当事人作为诉讼的主导者和控制者，每一方当事人都应当负责证明自己的主张，并承担自己一方的证明责任。如果一方当事人可以迫使对方来证明自己的主张，责任分配的均衡就会被打破，纠纷的一方当事人可能会变成对方当事人手中的一件杀伤性武器。因此，“要使被结构化为一场竞赛的诉讼程序运转正常，每一位当事人都必须能够自由选择是否愿意被转化为一种证明手段，并且能够自主决定在诉讼过程中的哪一个环节实现这种转变。”① 正是在这种理念的支配下，传统上普通法系下的被告人不仅有权在审判中自始至终保持沉默而不受任何不利的评价，而且可以选择在辩方作证时随时选择为自己的案件作证。但是，英国在20世纪末期对被告人选择作为证据来源的自治权进行了限制。首先，被告人选择作证的次序被严格地限定。如果被告人选择在辩方举证阶段出庭作证，那么他必须要作为辩方的第一个事实证人作证，而不能等到其他证人作证完毕后再伺机选择是否作证。② 其次，1994 年的立法把被告人选择是否出庭作证的权利也进行了限

---

① ［美］米尔伊安．R．达玛什卡著：《司法和国家权力的多种面孔》，郑戈译，中国政法大学出版社 2004 年版，第 189 页。

② 英国 1984 年《警察与刑事证据法》第 79 条；Gordon Van Kessel，“European Perspectives on the Accused as a Source of Testimonial Evidence，” 100 *W. Va L. Rev.* 799 (1998)，footnote 163 and accompanying text. 美国的田纳西州曾规定：如果被告人选择出庭作证，那么他必须先于其他所有辩方证人而出现在证人席上。该法规被联邦最高法院宣布无效，可见美国没有英国走得那么远。参见 *Brooks v. Tennessee*，406 U. S. 605 (1972).

制，如果被告人在审判中一直保持沉默，那么法官和检察官可以作出不利于被告人的评论，而陪审团则可以作出不利于被告人的推论。

除了限制被告人自主决定作证的权利外，被告人选择审判方式的权利也受到了间接的侵蚀。例如，通过将两可罪转化为简易罪和扩大治安法院的量刑权，被告人本来可以自由决定是由治安法院还是刑事法院审理的两可罪审判方式选择权被大大地限制，因为对于简易罪来说只能由治安法院审理。除了被告人在两可罪中的选择权受到侵蚀外，被告人在刑事法院选择陪审团审判的权利也受到了一定的限制，2003 年的《刑事司法法》规定，法官在控方提出申请的条件下，可以自由裁量在特定案件中不允许陪审团参与审判。① 为了实现国家“全民正义”的目标，英国的被告人在询问权上也受到了限制。在特定的案件甚至禁止被告人亲自对证人进行反询问；② 而在有的案件中则明确界定了询问的内容。③

（3）裁判者对程序的适度干预。随着自由放任主义渐趋式微，裁判者在刑事审判中的被动性也出现了一定程度的衰落。自 20 世纪 30 年代以来，法官自行传唤证人和询问证人的程序规则开始出现。为了防止自己的判决被上诉法院以“明显错误”（obvious errors）或“不安全”（unsafe）为由被撤销，初审法官作为单纯的裁判者的地位受到威胁。裁判者在审判中越来越喜欢介入控辩双方的询问之中：“英国法官走进竞技场已经成为惯例，参与的程度之深

---

① 这些案件包括：严重的或复杂的欺诈案件；法庭认为该案审理时间过长或相当复杂（或者二者兼有）的案件；陪审团有被伤害、威胁、恐吓或贿赂的危险的案件。参见英国 2003 年《刑事司法法》第 43 条、第 44 条和第 46 条的规定。

② 根据英国 1991 年《刑事司法法》的规定，被告人本人无权亲自对受到性侵害或暴力犯罪的儿童被害人进行反询问。

③ 英国 1976 年《性犯罪法（修正）》第 2 条规定，在强奸案审判中，除非当法官认为确实会对被告人造成不公平时，否则不允许被告人及其律师在交叉询问中引入或提出任何有关被害人同被告人以外的其他人的性经验的证据或问题。

令人吃惊。他们认为这么做的理论依据在于，所有的证据都必须具有相关性，法官‘以有什么相关性?’这样的问题打断律师，这在如今成为惯例而不是什么例外。”①

美国律师协会1978年的《刑事司法执行准则》中阐明了法官进行适度干预的必要性：“法官有责任在刑事审判中既要维护被告人的权利也要照顾公共利益。对抗式的程序并没有卸除法官在适当的场合以适当的方式主动地提出有助于实现公正裁判的问题的义务。”② 美国纽约上诉法院的判决中对此原则予以了承认，认为“当由于这样或那样的原因以使法官明确地认识到案件可能会被陪审团误解时，法官不必再保持沉默。相反，法官可以通过向证人发问以引出相关的重要事实”③。根据马科斯对美国纽约州上诉法院判例的研究，法官在刑事审判中的介入主要分为两种情形，一是上述为了澄清事实促进真实目标实现的发问；二是为了帮助被告人在特定情形下实现有效的辩护。马科斯总结道：“在上述情形下，由于允许甚至要求法官对控辩双方的行为进行干预，令人尊敬的对抗式原则受到了威胁。”④

不仅法官在刑事审判中的能动性得到了确认，陪审员主动询问证人的权力也开始得到认可。美国的北卡罗来纳州早在1907年就确认了陪审员有主动询问证人的权力。目前，除了密西西比州和内布

---

① ［英］詹妮·麦克埃文著：《现代证据法与对抗式程序》，蔡巍译，法律出版社2006年版，第16页。

② *ABA Standards Relating to the Administration of Criminal Justice*, §6－1.1(a)(1978).

③ *People v. Yut Wai Tom*, 53 N.Y.2d, at 56～57; 422 N.E.2d, at 563; 439 N.Y.S.2d, at 903; 转引自 Martin Marcus, “Above the Fray or into the Breach: The Judge's Role in New York's Adversarial System of Criminal Justice,” 57 *Brook. L. Rev.* 1193 (1992), pp.1197－1198.

④ Martin Marcus, “Above the Fray or into the Breach: The Judge's Role in New York's Adversarial System of Criminal Justice,” 57 *Brook. L. Rev.* 1193(1992), pp.1196－1197.

拉斯加州外，其他各州均允许陪审员在法官的准许下向证人发问。[①]

随着2003年《刑事司法法》宣布普通法中的品格证据规则的消亡[②]和传闻证据规则的法定化和宽松化，[③] 英国的法官在庭审中的权力进一步加强。证据的可采性由严格的法定规则慢慢地转变为法官手中的裁量规则，这就使控辩双方的诉讼武器进一步减少，相应的则加强了法官在庭审中的干预权。除了庭审中干预权的扩张以外，法官对控辩双方的庭审准备活动也开始建立了一套完善的管理性制度，以实现司法资源的有效利用。目前英国的准备性程序共有三种：答辩和指示听证程序、审前听证程序、准备性听证程序。准备性听证程序赋予了审前听证法官裁决的事后拘束力，除非案件发

---

① Notes, "Maintaining the Adversarial System: The Practice of Allowing Jurors to Question Witnesses During Trial," 55 *Vand. L. Rev.* 1521(2002), p. 1531, p. 1535. 不过陪审员的询问权受到了严格的限制，根据库普的归纳，至少有以下十点限制：(1) 法官有权允许陪审员就双方当事人之间的争议事项进行询问，但是法官在作出决定前应同律师磋商问题的适当性。(2) 法官应告知陪审员：你们可以向证人发问，但是你们不得背弃中立的立场，并且不得提出有助于任何一方的问题，不得担任调查者或辩护者的角色。(3) 陪审员的问题既可以针对案件中的"重要事项"（important matters），也可以是要求证人进一步对问题的澄清(seek clarification of a witness's testimony)。(4) 法官应告知陪审员：虽然并不要求你们知悉证据规则，但是你们所提的问题必须与规则相一致；否则，法官将改变所提的问题或拒绝提问。(5) 法官应告知陪审员：如果法官改变了他们所提的问题或不允许他们提问，陪审员不得认为是剥夺了他们的权力，也不得因此而对任何一方产生偏见。(6) 法官应告知陪审团：他们不得给予自己所提问题的回答不适当的证明力，并且不得就该问题进行相互讨论。(7) 法官在法庭调查结束后向陪审团进行指导时应重述上述指示。(8) 所有的问题都必须以书面的方式递交给法官，并且应注明所提问题的陪审员的号码。(9) 当陪审员将问题提交给法官后，应在陪审员不在场的前提下给予律师对问题进行审查和反对的机会，并由法官作出裁定。(10) 当陪审员发问完毕后，应该给予律师对证人进行反询问的机会，通常仅限于陪审员的提问所引出的问题及相应的证人证言。参见 Peter B. Krupp, "When Jurors Speak: A Practical Guide to Jurors Questioning Witnesses in Massachusetts," *Boston B. J.* (Sept./Oct. 2001), p. 31.

② 英国2003年《刑事司法法》第99条和第101条。

③ 英国2003年《刑事司法法》第114条和第115条。

生了实质性的变化，否则控辩双方都必须遵守法官在审前所作出的有关决定，违反者将受到排除证据或违反职业纪律的制裁。

本章小结

对抗式刑事审判在真实发现方面的价值在于：一方面它可以有效地抵制裁判者先入为主地形成不利于被告人的偏见；另一方面它能够充分激励双方当事人去收集对各自有利的信息。对抗式刑事审判在程序的内在价值方面体现在：它充分地保障了事实认定者的中立性并能够最大限度地实现当事人对程序的参与。对抗式刑事审判在权利保障方面的价值则在于：它可以有力地保障被告人的消极自由不受国家机关的任意侵犯。但是，我们不能由此得出对抗式刑事审判就是最有利于发现真实、最体现程序公正和最有利于保障人权的制度。无论是从程序的外在价值（发现真实和保障权利）还是从程序的内在价值（程序正义）看，对抗式刑事审判并不绝对地优越于非对抗式刑事审判。

英美两国之所以在历史上较为青睐于对抗式刑事审判方式是因为英美两国具有不同于法、德等国的经济、政治和文化基础。如果用一个词语来概括这个基础，那就是古典自由主义。它在经济上表现为自由放任主义的经济形态，在政治上表现为政府有限主义和政治多元主义，在文化上表现为对权力的不信任。古典自由主义与对抗式刑事审判具有内在的契合性。随着古典自由主义的式微和新自由主义的兴起，英美的古典型对抗式刑事审判慢慢地转变为现代型对抗式刑事审判。现代型对抗式刑事审判不仅通过福利性的法律援助制度逐渐消除了古典型对抗式刑事审判形式平等实质不平等的弊端，还通过建立和完善证据开示制度实现了控辩双方的资源互享，并在一定程度上增强了审判发现实质真实的能力，而且还重新设定了刑事审判控、辩、审三方的角色和相互关系，如强调检察官的公正执法义务、对被告人自治权的适当限制以及裁判者对程序的适度干预。

第四章　中国“控辩式”刑事审判的现状及未来改革方向

引言

1996年，立法机关对我国的刑事诉讼进行了大胆的革新，其中较为引人关注的就是庭审方式的改革。为了矫治过去法官在庭审中包揽过多，控辩职能萎缩，尤其是庭审走过场的弊端，新的刑事诉讼法在吸收了对抗式刑事审判的部分因素后实现了中国刑事审判的当事人主义化改造，确立了“控辩式”庭审方式。正如立法者所言：

过去我们在法庭审理中，更多地强调了审判人员在法庭中的主导地位，法官在法庭审理中，承担过多的责任，从而造成了控审职能混淆，一方面限制了公诉人指控犯罪、证实犯罪职能的充分发挥，另一方面也极易形成法官与被告人、辩护人的对立情绪，与法官形成直接矛盾、冲突的局面，导致被告人及其辩护人不敢依法进行辩护和辩解，也不利于法官客观公正地听取控辩双方的意见，从而作出正确的判决。[①]

该法的实行已逾10年，那么立法者所预期的目标有没有实现

① 郎胜主编：《关于修改刑事诉讼法的决定释义》，中国法制出版社1996年版，第190页。

呢？中国的刑事审判在司法实践中的具体运作样态到底具不具有“控辩式”审判的基本特征呢？如果司法实践与立法预期之间产生了严重的背离，又是哪些因素导致中国的刑事审判难以实现控辩平等对抗呢？如果刑事审判的当事人主义化改造无法实现中国庭审改革的目标，那么中国未来的刑事审判改革应该朝哪个方向发展呢？

为了解答上述问题，本章将首先对实证研究资料进行概括性的说明（第一部分），然后以40个现实案例为主要素材，辅之以《中国法律年鉴》、《最高人民法院工作报告》、北大法律信息网裁判数据库、官方报道等资料，对中国刑事审判的运作现状进行一次全面的考察，以检测中国刑事审判的“对抗性”（第二部分）。接着本章将从多个角度对上述实证研究结果进行解释，以探求现象背后的原因（第三部分）。最后，本章将在评述学界基本观点的基础上，指出中国刑事审判制度未来改革的总体方向（第四部分）及具体改革方案（第五部分）。

一、实证研究资料说明

庭审笔录是记载整个法庭审理活动的正式文件，也是上级人民法院审查下级人民法院审理程序是否符合法律规定的主要依据，是对整个审判活动的生动再现，是考察现实司法的最佳素材。不过，由于各地人民法院的书记员速录水平参差不齐，所以可能无法反映审理时的原貌。这种水平的差异具有明显的地区性和级别性，即发达地区和中级以上人民法院的庭审笔录能够详尽地记载庭审的实况；而欠发达地区和基层人民法院的庭审笔录则相当粗糙。[①] 为了

① 笔者曾委托在河南某基层人民法院工作的同学帮忙抽选一些庭审笔录过来，结果发现他们的庭审笔录往往不到两页，非常粗糙，只得舍弃不用；而由在广东某中级人民法院工作的同学寄来的庭审笔录则相当详细，几乎达到了中国法院网所提供的庭审笔录的详尽度。

防止因误录和漏录给统计数据可能带来的错误影响，笔者所选择的庭审笔录主要来自于中国法院网网上直播专题所直播的案件笔录，这些笔录都是由专业的速记员以几乎等速的方式记载下来的，能够充分保证资料的真实性。为了检验网上直播资料的准确性，笔者还从广东省某中级人民法院获取了9份原始的庭审笔录以资验证。

截至2007年12月底，中国法院网网络直播栏目（http://www.chinacourt.org/zhibo/）共直播了65起刑事案件的审判，其中以普通程序审理的有31件，以被告人认罪程序审理的有21件，以简易程序审理的有13件。笔者主要考察的是普通程序下的刑事审判，所以将该31起以普通程序审理的案件全部选入实证对象，加上上述9份庭审笔录，共计40份庭审笔录（共计约44万字）。这40份审判笔录共涉及中国5个省、直辖市、自治区：北京市（25件）、广东省（9件）、内蒙古自治区（3件）、四川省（2件）和江苏省（1件），涵盖了中国的东中西部地区。涉及的罪名都是比较常见的罪名，如故意伤害罪、诈骗罪、抢劫罪、盗窃罪、故意杀人罪等，也有一些不太常见的罪名，如传播淫秽物品牟利罪、单位行贿罪、寻衅滋事罪、赌博罪等。如果以审理的法院来看，普通人民法院为39件，其中，中级人民法院为19件，基层人民法院为20件；专门人民法院（铁路运输人民法院）为1件。从时间跨度来看，这些案件都是2006—2007年一审审结的案件，能够反映当下中国刑事审判的趋向。因此，无论是从地区分布、涉嫌罪名来看，还是从法院类型和审理时间来看，这次实证研究的对象基本上能够反映当下中国刑事审判的现状。当然，从统计学的角度来看，归纳法所需的数据当然是越多越好，不过由于受到时间、精力和资源的限制，笔者只能就此不完全的资料进行研究。由于考察的案件数量有限，笔者还归纳整理了《中国法律年鉴》、北大法意数据库相关数据，并引用了报纸案例和其他学者的实证结果以资验证。

【表4—1】以普通程序审理的一审案件基本情况表（共40件）

案件（省份及级别）	有无辩护人	有无证人出庭	是否作无罪辩护	审理时间（分钟）
1. 常×等涉嫌故意伤害罪案（京中）①	有	无	否	243
2. 陈××涉嫌单位行贿罪案（京中）	无	无	否	37
3. 崔××涉嫌故意杀人罪案及张雷等涉嫌窝藏罪案（京中）	有	有	是（故意杀人罪） 否（窝藏罪）	286
4. 邓×涉嫌故意杀人罪案（京基）	无	无	否	107
5. 邓××涉嫌传播淫秽物品牟利罪案（川基）	有	无	是	58
6. 杜××等涉嫌重大责任事故罪案（川基）	有	有	是	401
7. 顾××涉嫌赌博罪案（京基）	无	无	否	63
8. 黄××涉嫌抢劫罪案（京中）	有	无	否	58
9. 贾×等涉嫌受贿罪案（蒙中）	有	无	是	643
10. 贾××涉嫌盗窃罪案（京基）	无	无	否	42
11. 姜×涉嫌诈骗罪案（京基）	有	无	是	152

① 案件栏内的信息分别为案件编号、案件名称、所在省份和法院级别或类型，下文中再次提到案件时只使用它的编号，不再列出全称。

续表

案件（省份及级别）	有无辩护人	有无证人出庭	是否作无罪辩护	审理时间（分钟）
12. 李××涉嫌寻衅滋事罪案（京铁运基）	无	无	否	72
13. 梁××等涉嫌传播淫秽物品牟利罪案（京中）	有	无	否	246
14. 刘××涉嫌诈骗罪案（京基）	有	无	否	120
15. 苏××涉嫌运输毒品罪案（京中）	有	无	否	63
16. 孙××涉嫌合同诈骗罪案（京基）	有	无	是（被告人） 否（辩护人）	98
17. 王××等涉嫌诈骗罪案（京基）	有	无	是	147
18. 王××涉嫌盗窃罪案（京基）	无	无	否	52
19. 王××嫌诈骗罪案（京基）	有	无	否	73
20. 王×涉嫌诈骗罪案（京基）	有	无	是	116
21. 王××涉嫌组织淫秽表演罪案（苏基）	有	无	否	81
22. 隗××等涉嫌盗窃罪、销售赃物罪和收购赃物罪案（京基）	有	无	是（陈××） 否（其他8人）	210
23. 吴×涉嫌抢夺罪案（京基）	有	无	否	66
24. 徐××等涉嫌诈骗罪案（京基）	有	无	是	135
25. 杨×涉嫌运输毒品罪案（京中）	有	无	否	100

续表

案件（省份及级别）	有无辩护人	有无证人出庭	是否作无罪辩护	审理时间（分钟）
26. 杨××涉嫌滥用职权罪案（京基）	有	无	否	144
27. 张××涉嫌抢劫罪、故意杀人罪和放火罪案（蒙中）	有	有	否	121
28. 张××涉嫌故意伤害罪和抢劫罪案（蒙中）	有	有	否	170
29. 张××涉嫌招摇撞骗罪案（京基）	无	无	否	58
30. 赵××涉嫌遗弃罪案（京基）	有	无	否	92
31. 朱××等涉嫌诈骗罪案（京基）	无	无	否	81
32. 黄××等涉嫌抢劫罪案（粤中）	有	无	否	
33. 罗××涉嫌抢劫罪案（粤中）	有	无	否	
34. 陈××等涉嫌抢劫罪和盗窃罪案（粤中）	有	无	否	
35. 黄××等涉嫌抢劫罪案（粤中）	有	无	否	
36. 岳××等涉嫌抢劫罪和强奸罪案（粤中）	无	无	是（强奸罪） 否（抢劫罪）	
37. 刘××等涉嫌盗窃罪和收购赃物罪案（粤中）	有	无	否	
38. 欧××等涉嫌盗窃罪案（粤中）	有	无	否	
39. 谢××等涉嫌抢劫罪案（粤中）	有	无	否	
40. 叶××涉嫌盗窃罪案（粤中）	有	无	否（三单） 是（一单）	

二、中国刑事审判的现状

衡量刑事审判对抗性强弱的指标主要包括以下几个方面：其一是裁判者在事实认定程序中的角色，即他在证据调查（包括调查的内容、方式和程序）中是否承担主要地位；其二是控辩双方在庭审中的地位和角色，即控辩双方是否具有平等的诉讼地位和对等的诉讼武器，以及二者是否在程序推进和证据调查上承担主要义务；其三是被告人在刑事审判中是否享有充分的意志自由，能够自由选择自己在庭审中的角色；其四是法庭调查活动是否具有严格的程序规则和证据规则，以使控辩双方在公平竞争的理念下相互对抗，而不至于使法庭成为弱肉强食丛林法则的表演地。因此，本部分将从五个方面来检测我国刑事审判的对抗性，即法官、公诉人、被告人、辩护人在庭审中的地位和角色以及法庭证据调查的规范性程度。

（一）趋于消极但不中立的法官

1. 法官在庭审中的消极性特征显著

消极的裁判者和争斗的当事人是对抗式刑事审判的典型特征，“控辩式”刑事审判所欲达成的目标之一就是削弱法官在庭审中的职权，使其由一个积极的审问者变为一个相对消极的倾听者，从而充分发挥控辩双方在庭审中的积极性和主动性，实现职能的分化。从这40起刑事审判来看，法官的确放弃了从前那种包揽一切的做法，变得消极起来。

首先，从法官介入调查的时机来看，法官对被告人的讯问几乎都是在控辩双方对被告人进行讯问/发问完毕之后才进行，对证人、鉴定人的发问也是在传唤方和相对方交叉询问完毕之后才进行。未见法官单刀直入地直接对被告人、证人或鉴定人进行第一次发问，然后再交予控辩双方进行提问的情形。

其次，从举证阶段来看，法官只是负责指挥庭审程序的运作，基本不直接介入举证阶段的法庭调查，法官通常都是在一方举证完毕后向对方问道：“被告人及其辩护人有何意见?”或者“公诉人有何意见?”法官自己并不主动介入控辩双方的举证和质证。那么当合议庭对证据存在疑问时，该怎么办?是以当事人在法庭上提交的并经过质证的证据为基础进行判断，还是行使存疑时的庭外调查权去进行核实呢?至少从这40起案件来看，没有任何一起中的法官行使了为学者们普遍担忧的庭外调查权，法官通常都会在法庭调查完毕后宣布：“控辩双方在举证、质证中所发表的意见，本庭均已听清并已记录在案，休庭后，合议庭在评议时将充分予以参考，并对相关证据的采信予以确认。”①

再次，从提问的次数来看，法官的被动性也非常明显。在这40起案件中，法官在讯问被告人阶段一言不发的有8起，发问次数为5次以下的有13起，发问次数为6～10次的有6起，发问次数为11～15次的有4起，发问次数为16次以上的有9起，50次以上的有2起，100次以上的仅为1起。换个算法，法官讯问被告人的次数为15次以下的占全部案件的77.5%。(见【表4—2】)这也就是说，大部分案件中的审判人员都能保持一个相对被动听审的姿态，而不积极介入到对被告人的讯问当中去。法官之所以在一小部分案件中“超常发挥”，是因为这些案件并非普通的刑事案件，要么是涉案人数众多的共同被告案件，如法官讯问高达111次的第22号案件，即是一起对9名被告人进行共同审理的案件；要么是案情复杂的案件，如法官讯问高达51次的第17号案件，则是一起涉案两人且两个被告人都当庭翻供的案件。所以，它们不能作为考察中国刑事审判的常态案件。在有证人或鉴定人出庭作证的案件

① 也有一小部分案件的法官在法庭调查结束后当庭直接对证据的可采性予以确认。

中，法官也甚少对证人或鉴定人进行询问。[①]（见【表4—3】）

【表4—2】被告人被讯问/发问的次数统计表[②]

编号＼次数	1	2	3	4	5	6	7	8	9	10	11	12	13	14	15	16	17	18	19	20	合计
公	153	12	118	16	8	21	63	34	148	13	38	15	205	13	13	0	46	16	10	10	952
辩	15	无[③]	44	无	4	23	无	4	97	无	7	无	72	11	2	0	15	无	0	2	296
审	0	20	1	24	1	21	8	2	3	0	8	2	4	0	0	0	51	5	1	22	173

【表4—2（续）】被告人被讯问/发问的次数统计表

编号＼次数	21	22	23	24	25	26	27	28	29	30	31	32	33	34	35	36	37	38	39	40	合计
公	18	53	7	50	40	21	17	27	16	19	23	3	0	54	0	12	3	0	9	3	375
辩	4	5	2	14	11	6	4	10	无	0	无	4	0	31	12	无	10	11	8	3	135
审	1	111	12	33	15	0	0	2	9	1	8	24	0	48	9	8	2	5	15	15	318

---

① 据杰克逊和多拉恩对英国北爱尔兰陪审团审判和迪普洛克法庭（即没有陪审团参与下的法庭）的实证研究，中国的法官在询问证人上的被动性可能比之有过之而无不及。参见 John Jackson and Sean Doran, *Judge without Jury: Diplock Trial in the Adversary System*, Clarendon Press, 1995, pp. 131 -134.

② 讯问/发问的次数是第一轮讯问/发问加上补充性讯问/发问的总和，也就是全部的提问次数。

③ "无"是指该案中没有辩护人，当然也就不存在辩护方提问；如果有辩护人，但是他却不发问的，则用"0"计算。

【表4—3】证人（鉴定人）被询问的次数统计表

编号 次数	3（1个辩方证人）	6（3个辩方证人）	27（3个控方证人）①	28（1个控方证人）	合计
公	0	4	15	6	25
辩	13	15	0	4	32
审	0	2	0	1	3

2. 法官对公诉人的偏袒

消极是裁判者保持中立的必要条件，但是却不是保持中立的充分条件。为了使裁判者在事实认定程序中保持中立，还必须要有严格的证据规则约束他对“附带争议”的处理，同时还必须要有对不公正处理的上诉救济机制。换句话说，如果控辩双方在审判中产生了某个程序性的争议（如证据是否具有可采性、发问方式是否适当等），那么法官必须要按照既定的证据规则和程序规则进行处理，不得任意裁量；否则，不利方可以法官偏袒或适用法律不当为由提出上诉，以请求上级法院纠正法官的这种不当行为。但是，中国既没有一套细致严密的证据规则可资参照，同时也没有建立对“附带争议”决定的上诉机制，这就使法官在司法实践中几乎完全依照个人的正义感来处理这些争议。从司法实践来看，法官对控方举证的容忍和纵容与对辩方举证的严格要求形成了鲜明的对比。②从所调查的40起案件来看，法官对辩方的异议通常采取的处理方式有以下两种：一是漠然置之法；二是当庭驳回法。

“漠然置之法”，是指法官在辩护方针对控方证据的可采性提出异议时不要求公诉人继续加以证明的处理方法，实质上等同于确认了控方证据的证据能力。这种处理方法是法官对辩方异议的常规

① 该案中的3名证人不是普通证人，而是1名鉴定人和2名刑警。

② 参见本章该部分下文中“‘说话权’受限的量刑辩护人”。

处理方法。比较典型的，如第 11 号案件：

［公诉人］：下面宣读被害人盛×的一组陈述……

［审判长］：被告人是否有意见？

［被告人］：有，她说的不是实情，不是很合理。她知道我的真实姓名。不是在 1 月 20 日。还有她说的我母亲和爷爷的情况，不是真实的。

［审判长］：辩护人是否有意见？

［辩护人］：关于盛×知道被告人真实姓名这一点，具体时间不一致。

［审判长］：公诉人继续举证。

［公诉人］：下面宣读被告人姜×的一组供述……

［审判长］：被告人是否有意见？

［被告人］：在公安机关的供述我没有看过，虽然我签字了，但其中的一些话我没有说过。

［审判长］：辩护人是否有意见？

［辩护人］：使用的语言，和姜×（被告人）的口吻不一致。

［审判长］：公诉人继续举证。

在该案中，被告人及其辩护人对控方的证据均提出了质疑，一是证人证言的真实性，二是被告人口供的真实性。但是，检察官既不作回应，法官也不对辩方的异议进行“审判之中的审判”，而是要求“公诉人继续举证”。虽然有的检察官也会对辩方的异议作出回应，但是其回应不是对质疑的进一步澄清，而是直接表达“反感”情绪。在这种情况下，法官依然任由检察官继续举证。例如，第 40 号案件：

［公诉人］：现在进行第二单犯罪事实举证。宣读同案人叶××的供述（第 63～76 页）。

［审判长］：被告人及其辩护人有何意见？

［被告人］：我根本不知道叶××盗车的过程，叶××只是在

偷完车之后告诉我地点，说有一辆车要我拿去卖。

[辩护人]：该供述不属实。

[公诉人]：是否属实不是由辩护人决定的。

[审判长]：公诉人继续举证。

当庭驳回法，是指法官虽然针对辩方的质疑作出了回应，但是从现有的资料来看，都是以辩方异议不成立为最终处理结果。由于辩方的异议不成立，那么控方证据就理所当然地被“当庭确认”。例如，第6号案件：

[公诉人]：出示诉讼卷第二卷第342页，公安机关刑侦大队技术人员制作的爆炸现场方位示意图。

……

[审判长]：被告人杜××、史××，对公诉人出示的这一组证据有何意见？辩护人有何意见？

[被告人]：没有意见。

[辩护人肖×]：对照片的真实性没有意见，对照片十七楼负一层中堡坎和夹层的形成有意见，天然气泄漏并不等于爆炸。

[辩护人肖×]：该证据对管线泄漏的形成原因没有说明。

[辩护人郑×]：同意辩护人肖×的意见，对爆炸原因及爆炸原因的形成，与被告人史××没有必然联系。

[审判长]：本庭认为公诉人出示的该照片证据具有客观性，被告人及辩护人也确认该证据真实性，与本案的事实密切相关，本庭予以确认。

辩护人在该案中对证据可采性的质疑是基于证据的相关性原理而提出的，他们虽然承认该组证据是客观真实的，但是认为与证明构成要件事实无多大关系。但是，法官作出的决定可谓是文不对题，他根本就没有对证据的相关性进行审查，就径直以证据具有“客观性”和“真实性”而“予以确认”。这根本就不是辩方质疑的焦点。

3. 讯问被告人话语中的“有罪推定”

联合国《公民权利和政治权利国际条约》第 14 条第 2 项规定：“凡受刑事控告者，在未依法证实有罪之前，应有权被视为无罪。”我国 1996 年《刑事诉讼法》第 12 条吸收了无罪推定原则的合理因素，确立了法院统一定罪原则，该条规定，“未经人民法院依法判决，对任何人都不得确定有罪。”但是在实践中，审判人员的“无罪推定”观念并未树立。观念转变与否，语言行为是一个非常重要的指示器，即看法官的问话是中性的还是定性的。从《刑事诉讼法》第 12 条的要求来看，无论被告人在依照普通程序审理的案件中认罪与否，法官在判决作出前是不得以定性话语讯问被告人的，至少不应该使用被告人有罪的定性话语，因为这些问话预设了案件的性质，给人这么一种印象：案子已经定了性了，审判只是走过场而已，从而实质上给人“被告人有罪，罪行已定”的感觉。从这 40 起案件中法官的有限提问来看，“有罪推定”、“先入为主”的惯性仍然存在，并在潜意识中支配一些司法人员的思维方式。最为明显的例证当属第 18 号案件，在公诉人向法官表示讯问完毕后，法官进行了如下讯问：

[审判长]：被告人，你为什么盗窃？

[被告人]：开始我也是出于好奇，发现有好多木马程序软件，可以通过这些软件盗窃。

[审判长]：你先后盗窃几起？

[被告人]：一共六起，大概三万元。

[审判长]：你想到这是犯罪吗？

[被告人]：开始没有想到，后来想到了。

[审判长]：现在有什么认识？

[被告人]：我很后悔，当初不该偷别人的钱。

被告人有没有构成“盗窃”应该是在法庭调查结束后且在充分考量全案证据后才能得出的结论，既然如此，为什么在公诉人尚未举证之前，法官就开始要求被告人回答“盗窃”的原因和次数，并要求被告人表达自己的悔罪决心呢？在这种情况下，对公诉犯罪事实的后续调查到底有何意义呢？法官不是已经认为被告人构成“盗窃罪”了吗？

（二）单方面主导审判的公诉人

1. 作为控方第一个证人的被告人

在西方法治国家，被告人在接受刑事审判时享有沉默权是一项普遍认可的权利。英美法系下的被告人有权自由决定是否亲自作证回答提问，如果他选择作证，那么他只能作为辩方证人出庭作证；大陆法系下的被告人虽然有接受讯问的义务，但是他不仅可以始终保持沉默或拒绝回答某个特定的问题，而且还不会因为“撒谎”而受到伪证罪的追诉。

在日本，不论被告人对于公诉犯罪事实是否有争议，被告人接受“质问”的时机一律在控辩双方关于证明是否有罪的证据调查结束之后。而在意大利，为了尊重当事人的诉讼主体地位，防止一方当事人的当庭陈述对证据调查产生不良影响，意大利刑事诉讼法律规定“询问当事人”在所有其他证据调查结束之后单独进行。①但是，在中国的刑事审判中，法庭调查的第一个程序就是对被告人的讯问，而且讯问的主体不是像大陆法系国家那样是角色中立的法

① 参见孙长永：《日本和意大利刑事庭审中的证据调查程序评析》，载《现代法学》2005 年第 5 期，第 91 ~ 92 页。

官，而是在法庭上证明被告人罪名成立的检察官。[①] 从所调查的案件来看，绝大多数的公诉人都会抓住这个机会直逼要害，让被告人在回答公诉人提问的过程中展示整个案件的来龙去脉，从而在庭审初始阶段就争取到最大的主动性。通过讯问被告人，被告人成为证明控方案件成立的“控方证人”，检察官得以在庭审一开始就先声夺人地处于优势地位。

从【表4—2】中可以看出，公诉人的讯问次数远远地高出辩护人或法官，但是或许会令读者感到不解的是，第16号案件、第33号案件、第35号案件和第38号案件中的公诉人居然放弃了讯问被告人的机会，这到底是何原因？在后三起案件当中，当法官问及被告人“对起诉书指控你的犯罪事实和罪名有何意见”时，被告人的回答是“对犯罪事实和罪名没有意见”。这也就是说，被告人承认自己实施了犯罪行为。在这种情况下，讯问被告人的意义已经不大，公诉人对犯罪事实的证明责任几乎已经卸除，当然就没有

---

① 从《刑事诉讼法》相关条文的用词可以看出，法律仅规定公诉机关“可以”讯问被告人，并没有将这一程序规定为法庭的必经程序。《最高人民法院关于执行〈中华人民共和国刑事诉讼法〉若干问题的解释》（以下简称《法院解释》）第133条也规定：“在审判长主持下，公诉人可以就起诉书中指控的犯罪事实讯问被告人；被害人及其诉讼代理人经审判长准许，可以就公诉人讯问的情况进行补充性发问；附带民事诉讼的原告人及其法定代理人或者诉讼代理人经审判长准许，可以就附带民事诉讼部分的事实向被告人发问；经审判长准许，被告人的辩护人及法定代理人或者诉讼代理人可以在控诉一方就某一具体问题讯问完毕后向被告人发问。”但是，最高人民检察院的《人民检察院刑事诉讼规则》（以下简称《检察规则》）第331条规定：“公诉人在法庭上应当依法进行下列活动：（一）宣读起诉书，代表国家指控犯罪，提请人民法院对被告人依法审判；（二）讯问被告人……”这也就是说，最高检察机关的司法解释将原先法律赋予公诉人的一项选择权，规定为公诉人出席法庭的必经程序，即公诉人不能根据被告人的认罪态度和庭审的其他具体情况，自行决定是否讯问被告人。

必要再多费口舌了。[①] 在被告人表示认罪的其他案件中，为了实现审判的教育功能，追求“法律效果”与“社会效果”的统一，公诉人并不会放弃讯问被告人的机会。当然，由于被告人并不否认起诉书所指控的事实，讯问活动较为简洁。公诉人在这些案件中的讯问大致可分为两类：一类是先让被告人自由地陈述自己的“犯罪事实”，然后再进行补充性的讯问；另一类是直接通过问答形式有步骤地引导被告人说出自己的“犯罪事实”。

在前一种类型下，公诉人通常会说道：“被告人×××，你把犯罪经过讲一下。”例如，第23号案件：

[审判长]：由公诉人讯问被告人吴×。

[公诉人]：被告人吴×，你把犯罪经过讲一下。

[被告人]：我当天从家里出来吃饭，喝了四五两白酒，我的一个朋友给我打电话说去西单药房买药。我和他去西单逛，到了西单我们分开了，我去西单商场逛。……

[公诉人]：手表什么颜色的？

……

在后一种类型下，公诉人会一步步地通过讯问让被告人陈述全部“犯罪事实”，如第10号案件：

[审判长]：下面由公诉人对被告人进行讯问。

[公诉人]：你盗窃什么地方的财产？

[被告人]：××区××门×××路23号××名苑楼里的北京××××通信技术公司。

[公诉人]：为什么盗窃这个公司？

① 不过第16号案件则是这40起案件中的唯一例外，在该案中，被告人在法官问及其对指控事实的意见时，明确表示不承认指控的事实。法官没有让公诉人进行讯问，而是直接令公诉人举证证明被告人的罪行。公诉人对法官“剥夺”其讯问权的做法也未置异议，不知是否会在庭审结束后行使“法律监督权”？

[被告人]：因为公司答应给我的待遇全部没有兑现，而且还把我开除了，所以就决定盗窃这个公司。

[公诉人]：怎么计划的？

[被告人]：我以前是干过工程的，选择用绳子从天台往下顺去盗窃。

[公诉人]：盗窃的过程。

[被告人]：公司在21层，24层有个平台。我当时就带了绳子，下到平台，我坐电梯上到24层，步行到27层。

……

无论是让被告人自己陈述“犯罪经过”，还是由公诉人引导被告人讲述“犯罪事实”，公诉人可以在未动一兵一卒的情况下从庭审一开始不战而胜，后续的“公诉人举证”阶段多属没有多大意义的仪式。当然，在被告人不认罪时，公诉人会在讯问被告人阶段采取多种手段“迫使”或“诱使”被告人同其“合作”，以证明起诉书指控的事实。①

2. 控方举证的单方面性

中国刑事审判的法庭调查程序是一个对案件事实进行公开调查的过程，除了具有中国特色的“公诉人讯问被告人”程序外，法庭调查已经呈现出控辩分别举证法官居中听审的格局。在“公诉人讯问被告人”程序结束之后，法官会要求公诉人当庭进行举证，以证明起诉书所指控的犯罪事实和罪名成立；公诉人表示举证完毕之后，法官会向被告人及其辩护人问道：“是否有证据向法庭提交？”控方举证和辩方举证在程序上严格分为两个阶段是英美刑事审判的基本结构，至少从这点来看，中国的刑事庭审具备了当事人主义审判的特点。不过，由于英美贯彻严格的证明责任分配机制，辩护方举证并非审判必不可少的一个环节。如果控方在举证阶段没

---

① 参见本章该部分（三）中的“如实回答的义务”。

有通过法官的中间审查，即没有将控方案件证明到"表面上成立"的程度，那么辩方可以作出"无辩可答"（no case to answer）或提出"宣判无罪的动议"（motion to acquit）。如果法官认为辩方的请求成立，将直接依职权或指示陪审团作出无罪判决，不再要求辩方举证。在中国，控方的案件并不需要经过如此严格的中间审查程序。更何况，即使设立这一程序，检察官的指控也能够通过这一审查，因为通过讯问被告人和在宽松证据规则下的举证，证明指控表面上成立的责任基本上能够完成。所以，辩护方的单独举证在中国的庭审中就显得格外重要。不过，从所调查的40起案件来看，大多数的被告人及其辩护人都放弃了这一宝贵的机会，以质疑控方的主张或证明己方的案件。在这40起案件中，辩方在控方举证结束后进行单独举证的为11起，放弃举证的为29起。这也就是说，有72.5%的案件都是在没有辩方单独进行举证的情形下结束审理的，"审判过程往往成为检察官单方面的立证过程。"①

3．控方证据的天然可采性

控方的单方面举证使庭审中出现的绝大部分证据都是不利于被告人的，那么辩护人会不会对其可采性提出异议？提出异议后，法官又是如何处理的呢？通过上述可以看出，有部分辩护人还是会对控方证据的真实性和相关性提出异议的，但是效果几乎为零。法官通常对这种异议要么漠然置之，要么当庭驳回。控方证据可以畅通无阻地直接转化为定案的根据。即使是在辩方提出证据是通过刑讯逼供的手段得来的，也是如此。从所列的40起案件来看，以刑讯逼供抗辩口供可采性的仅有1例，即第34号案件，让我们先来看一下控辩双方的质证过程：

［辩护人］：在公安侦查阶段，是否有刑讯逼供情况？

［被告人］：有。

---

① 龙宗智：《论书面证言及其运用》，载《中国法学》2008年第4期，第141页。

[审判长]：公诉人是否有补充发问？

[公诉人]：被告人张××，你刚才说公安机关刑讯逼供，那么公安机关给你作了几份笔录？

[被告人]：在公安局作了两份。

[公诉人]：在看守所作了多少份？

[被告人]：三份。

[公诉人]：每份笔录你是否都看过？

[被告人]：看过。

从这则案例可以看出，检察官对口供的合法性是如此证明的：既然被告人看过了其所作供述的笔录，那么就可以推定他是在不受强制的情况下作出有罪供述的，因此该供述是合法的。但是，不仅看过笔录不代表没有受到刑讯，就连亲笔写出供述也可能是在强制下所为。虽然最高人民法院和最高人民检察院在其司法解释中都明确规定，凡经查证属实属于采用刑讯逼供或者威胁、引诱、欺骗等非法的方法取得的……被告人供述，不能作为定案的根据或指控犯罪的根据。① 但是，由于对刑讯事实是否存在的证明责任和证明标准不明，实践中非任意性的侦查供述被排除的概率微乎其微。为了验证这个看法，笔者从北大法意数据库随机抽选了51个刑事判决书，在这51个判决书中，辩方均在一审或二审中提出了刑讯逼供的事由。除了有1起案件获得一审法院的采纳外，② 其他的50起案件中的辩解均被法院宣布为“不予采信”。无论是传闻证据③、

① 参见《法院解释》第61条和《检察规则》第265条第1款。

② 不过法院排除证据的理由不是认定有刑讯逼供的存在，而是违法采取强制措施的结果。这似乎有点儿超前法治了！法院在判决书中认为：“公诉人提供的证据中，吉某某的供述笔录系在其被违法采取强制措施期间所作的有罪口供，属于非法证据，不能作为认定案件事实的依据。”参见［2005］赣中刑二抗字第2号《刑事判决书》。

③ 以此40起案件来看，仅有4起案件有（部分）证人出庭，出庭率仅为10%；90%的案件都是通过调查书面的证言笔录来进行举证质证的。

品格证据①、意见证据②，还是辩方提出异议的“非法证据”，既不能在审前实现有效的过滤，也不能在庭审中被排除，如果借用达马斯卡的话来说，控方几乎没有什么实实在在的“定罪的证据障碍”（evidentiary barriers to conviction）。

（三）作为法庭“主角”的被告人

任何一个观看过中国刑事庭审的人或许都会同意这个论断：被告人是法庭上“戏”最多的一个人。从审判长宣布审判开始并对被告人进行身份调查，到公诉人、辩护人、审判人员对被告人的讯问，再到控方举证时被告人的答辩，再到辩方举证时的亲自参与，再到法庭辩论时的意见阐述，最后还有一个最后陈述的机会。被告人的话语次数是审判中最多的。

根据我国《刑事诉讼法》第155～160条所规定的法庭调查程序，其调查顺序首先为“公诉人讯问被告人”，“被害人、附带民事诉讼的原告人和辩护人、诉讼代理人，经审判长许可，可以向被告人发问”，“审判长可以讯问被告人”；其次为“公诉人、当事人和辩护人、诉讼代理人经审判长许可，可以对证人、鉴定人发问”；再次为“公诉人、辩护人应当向法庭出示物证……勘验笔录和其他作为证据的文书，应当当庭宣读”。可见，我国现行刑事审判案件事实认定程序从制度设计上就是一个“被告人口供中心主义”的程序，其他证据基本上围绕被告人口供展开，在某种意义上其他证据成为“补强口供”的次等证据。

---

① 被告人是否有前科以及是否受过其他处罚是审判长宣布开庭后，应当核查的被告人基本情况之一。参见《法院解释》第125条第（二）项。而在庭审中，鉴于定罪量刑程序的合一，提出作为从重情节的先前罪行是理所当然的事。

② 在证言处于一种自由式陈述的制度下，监控所谓的“意见证据”往往很难，对事实的描述与对事实的猜测和评价往往会结合在一起。例如，在第36号案件中，公诉人向共同被告人甲问道：“当时刀在谁身上？”该被告人回答道：“不清楚，应该是在岳小强身上。”

1. 如实回答的义务

根据《刑事诉讼法》第93条的规定，犯罪嫌疑人在接受侦查人员的讯问时，有如实回答与本案有关所有问题的义务。那么，当犯罪嫌疑人的身份转变为被告人后，他是否还有如实回答讯问的义务呢？至少从中国目前的法律文本中是找不出这一规定的，那么是不是借此反推被告人在庭审上享有沉默权呢？每一个了解中国刑事司法实践的人都知道，被告人在接受审判时同样有如实回答讯问的义务。法官通常会在庭审开始的权利告知阶段顺带告知被告人如实回答的义务："作为本案的被告人，你（们）除了享有上述权利以外，还有义务如实回答法庭组成人员、公诉人、辩护人对你提出的问题。"检察官对被告人进行讯问的第一句话通常都是："被告人×××，今天是法庭正式开庭审理你的案子，希望你实事求是地回答问题。"

至少从这40起案件来看，几乎没有哪一个被告人在接受讯问时保持沉默。① 从【表4—1】中可以看出，完全作无罪辩护的案件为7件，部分作无罪辩护的案件（共同被告人中的一个被告人或数项指控事实中的一个）为4件，还有1件被告人作无罪辩护而辩护人却作罪轻辩护的蹊跷的案件，合计12件，占全部案件的30%。这也就是说，70%的案件都是在被告人表示认罪的情况下进行审理的。但是，我国并无英美法系国家的有罪答辩制度，依照普通程序审理的案件被告人没有放弃接受审判的权利，公诉人对被告人的讯问是"法定的"必经程序之一，当然公诉人可以放弃这一权利。② 不过，大多数的公诉人即使在被告人认罪的情形下依然会

① 唯一的一个例外是第30号案件，不过仅仅是对一个有明确答案的问题表示默认罢了。该案的被告人涉嫌遗弃罪，据起诉书的指控，被告人因将自己刚出世的孩子遗弃在公园里而导致其死亡。公诉人问道："你知道自己有把孩子抚养大的义务吗？"被告人沉默不答一分钟。

② 参见【表4—2（续）】，共有3件案件中的公诉人放弃了讯问被告人的机会。

要求被告人亲自展示其犯罪的手段、动机、目的等，从而可以收到良好的法庭教育效果。在被告人不认罪或否认部分事实的情况下，公诉人当然更加不会放弃讯问被告人的机会，从而可以通过讯问从被告人的口中引出犯罪事实或有利于控方的事实。① 鉴于被告人的口供在法庭调查中的中心地位，公诉人通常会采取如下策略“迫使”或“诱使”被告人同其“合作”：明确要求被告人遵守公诉人的要求、明示合作有利于被告人、明示不合作将会对其量刑产生不利影响、批评被告人不合作的态度和重复问话。公诉人和被告人在庭审中的不平等地位在这些对话里昭然若揭。

明确要求被告人遵守公诉人的要求通常是公诉人讯问被告人的第一个步骤，即强调被告人的“如实回答”义务。这是公诉人对被告人回答内容的质量要求，即“如实”。当然，是否“如实”的判断标准由公诉人掌握，其依据就是被告人在审前所作的供述，如果一致即为“属实”，否则即为“撒谎”。公诉人在讯问之前的义务告知会对被告人产生事实上的“心理强制”，让其放弃敌意，配合调查。

公诉人有时也会在其讯问前的告知里加上一些其他内容，明示合作将有利于被告人。在第25号案件中，公诉人在讯问前这样对被告人说道：“今天法庭公开审理你的案件，望你把握机会、实事求是、如实回答。把毒品犯罪的事实如实向法庭陈述。”公诉人在这里除了一再强调应该“实事求是”、“如实回答”和“如实陈述”外，还明确告诉被告人回答公诉人的讯问是他的“机会”，其背后的含义无非是如果不合作，那么你将失去这个“宝贵的”表现机会。

---

① 公诉人对不认罪的被告人在讯问一开始时通常还会加上这么一句话：“你以前在公安机关（和检察机关）的交代属实吗？”如果被告人回答是，也就等于是承认了犯罪。

在被告人"顽固不化"时，公诉人还会"警示"他如果不合作将可能对其最终判处的刑罚产生不利影响，以"威胁"被告人同公诉人"合作"。例如，第3号案件里的一段对话：

[公诉人]：你过去说的和今天说的，有很大的出入，以哪一次为准？

[崔××]：这一次为准。

[公诉人]：现在对你的问题怎么认识？

[崔××]：我给被害人造成巨大的损失和伤害，我现在说什么也没有用了，我想告诉他，我根本不想伤害他，我愿意承担责任，我认罪，我知道我触犯了法律。

[公诉人]：提醒你，你有忏悔之意，首先必须在尊重事实的基础上，才能争取宽大处理。

[崔××]：明白。

在被告人拒绝提供公诉人所要索取的信息时，公诉人有时会当庭"批评"被告人不友好的态度，以迫使被告人同其合作。例如，第34号案件中的一段讯问：

[公诉人]：你们三个人去踩点，之后张××又告诉了你厂内情况，是否这样？

[陈××]：是。

[公诉人]：你必须真实回答，不要前后回答不一致。

[陈××]：知道。

……

第1号案件中的公诉人则用反问句批评被告人的"不老实交代"的行为：

[公诉人]：郭××找的什么人，你清楚吗？

[王××]：当时不清楚。

[公诉人]：你以前在公安机关、检察机关说是郭××找老六干的这个事情，这个是属实的吗？

[王××]：是属实的。

[公诉人]：你为什么当庭不这么说？

[王××]：因为当时只是听他说过要找老六。

我们有时会在日常生活中的交谈中进行重复提问，原因一般为没有听清楚对方先前的回答。但是在公诉人对被告人的讯问中，重复问话的意义却不是这个，它所传达的意图在于：你没有合作，你要跟我合作，知道吗？例如，第1号案件中对另一个被告人的讯问：

[公诉人]：何时起意报复被害人？

[常×]：一开始我没有想报复他，我只是想找人跟他说一下这个事情。

[公诉人]：何时起意对被害人进行报复的？

[常×]：就是我和王××聊天的时候，之前没有这种想法。

2. 定罪和量刑程序的合一

定罪程序和量刑程序的分离是英美刑事审判不同于大陆法系的独特地方之一，它对于证据规则的贯彻和法庭对抗性的增强具有重大的意义。日本和意大利在移植英美的刑事审判制度时，并没有改变原先的罪刑合一的法庭调查模式。以笔者现有的资料来看，只有我国台湾地区在2003年进行所谓的“改良的当事人主义”改革中，适度地借鉴了英美定罪和量刑分离的审判机制，规定审判长对量刑所需的事实应在就定罪事实调查完毕后进行。[①] 我国台湾地区有学者认为：“此条规范认定事实与量刑程序应分别程序为之，其目的亦系为避免法官就量刑所需之前科资料、犯罪动机、目的、手段、所受刺激、生活、品行、智识程度、与被害人关系、违反义务程度、所生损害或危险、犯罪后态度等量刑资料，于认定事实前知

① 参见我国台湾地区“刑事诉讼法”第288条。

悉，产生预断，而对于被告为不利之事实认定。”①

在定罪量刑合一的审理程序下，如果被告人主动放弃提出有利于自己的量刑事实，那么就没有机会再次于该程序中提出。况且在70%的案件中，被告人都是认罪的，那么对被告人来说，所谓审判就是一次量刑程序，即争取到最有利于自己的刑罚处罚。在这种情况下，如果被告人一言不发，不仅失去了提供有利于自己的量刑事实的机会，而且他在庭审中保持沉默本身就是不真诚认罪的行为。在“坦白从宽、抗拒从严”的刑事政策下，真诚地认罪并积极地配合公诉人和审判人员对案件的调查，是酌定从轻处罚的前提。换句话说，即使被告人在法庭上没有提出任何从轻处罚的证据，那么他积极地配合法庭调查也可以给他带来一定的量刑优惠。② 可见被告人当然还是多说为好，而且是多多地忏悔为好。

正是这个缘故，我们可以在部分庭审笔录中看到，有些被告人在尚未进行最后陈述程序时就开始表达自己的认罪悔过决心。例如，在第3号案件中，当审判长要求被告人对起诉书指控的事实发表意见时，被告人即说道：“首先，我向被害人的家属造成的伤害和损失表示深深的忏悔，我知道我现在说什么都没有用了。”在有的案件中，辩护人或法官会在讯问被告人阶段直接要求被告人表达其认罪悔过的态度，如第35号案件：

[辩护人]：是否认识到错误并后悔？

[周××]：认识了，很后悔。

---

① 陈贻男：《刑事诉讼新制实务运作之研究》，中国台湾地区台湾大学社会科学院政治学系硕士论文2007年1月，第85页。

② 认罪“态度”是中国刑事审判中一种重要的证据。在安徽省副省长王怀忠案件中，济南市中级人民法院在判决书中写道：“被告人王怀忠无理狡辩，认罪态度不好，依法从重判处死刑。”而在毕玉玺案件中，由于被告人认罪态度较好，尽管受贿数额大约超过了王怀忠一倍，但是却被判处了死缓。参见陈瑞华：《证据法学研究的方法论问题》，载《证据科学》2007年第2期。

……

［审判长］：你现在有何想法，是否后悔？

［周××］：非常后悔，因为自己一时的糊涂毁了一生，给被害人家人造成伤害。

……

3. 被告人的自我辩护

郎本教授认为：“普通法刑事诉讼中的不被强迫自证其罪特权的确立实际上是18世纪末期和19世纪初期辩护律师的功劳。没有辩护律师的帮助，被告人的沉默权就等于是放弃任何辩护；事实上，在一个强调死刑的制度下，沉默权等于是自杀权。”① 按照郎本教授的观点，即使赋予被告人沉默权，如果没有一个人代替他为其进行辩护，那么他将无法沉默。换言之，被告人能够在庭审中沉默不语的前提是将其自我辩解的角色分化给另外一个人承担；否则，沉默即意味着默认。反观中国的刑事司法，一个为学者们普遍认可的结论即是中国的律师出庭辩护率比较低。不过从【表4—4】中可以看出，这40起案件中律师出庭率竟高达77.5%。但是需要提请注意的是，这40起案件有19起（将近一半）都是由中级人民法院来审理的，而基层人民法院审理的案件中也排除了按照简易程序和被告人认罪案件处理程序的案件。这也就是说，这40起案件都是罪行相对较为严重或案情相对复杂的案件。如果对加入中国法院网网络直播栏目下的所有刑事案件进行统计，那么辩护律师在基层法院的出庭率为42.6%。（见【表4—5】）这一数字显然与普通的估计（30%左右）仍有差距。为了验证该数字，笔者对《中国法律年鉴》提供的数据进行了统计分析，最终得出出庭率平均为34.1%。（见【表4—6】）但是，这个出庭率是以案件而非被告

① John H. Langbein, “The Historical Origins of the Privilege Against Self - Incrimination at Common Law,” 92 *Mich. L. Rev.* 1047(1994), pp. 1084 - 1085.

人为单位的，且根据律师参与刑事诉讼的下滑趋势（见【图4—2】），目前中国单个被告人获得律师辩护的比例可能还要小于这个数字。

如果上述统计代表中国刑事审判的运行现状，那么大部分案件都是在没有辩护律师的参与下进行审理的。在没有律师为被告人分担辩解职能的庭审下，加之定罪量刑程序的合一和法官在庭审中的消极被动，被告人在庭审中保持沉默将意味着什么？它不仅意味着对指控事实的默认，也意味着对从轻情节的放弃，同时还意味着消极抵抗的不悔罪的态度。被告人当然还是开口说话为宜。令人困惑不解的是，在中国的刑事审判中居然会出现被告人的辩护方向和辩护律师的辩护方向背道而驰的情况。例如，在第16号案件中，被告人进行无罪辩护，他在庭审中坚决否认自己构成了合同诈骗罪，而辩护人在庭审中的辩护则构成了合同诈骗罪，但是处于预备阶段，应减轻处罚。在这种情形下，被告人当然还是要自己承担辩护角色，因为他的律师“背叛了”他。①

---

① 有时，由于辩护律师法律知识素养有限，竟会出现“罪重辩护”的情形。报载，首届“星城”杯台球男女混合大奖赛冠军李峥以能够弄到经济适用房房号为由，收取了35名购房者的250余万元，却迟迟不能交付房号，最终被公诉机关以涉嫌诈骗罪起诉。作为李峥的辩护人，北京国首律师事务所赵宇律师在宣读的辩护词中，首先明确表示对控方指控的诈骗罪罪名有异议，同时也明确表示不为被告人李峥作无罪辩护。但是，他特别请求法官给被告人李峥一条出路。在这样的情况下，主审法官见其语焉不详，便一再追问他应定什么罪名。赵宇律师未经深思熟虑便脱口而出：“类似非法集资或合同诈骗。”此言一出，立刻遭到了被告人李峥的强烈反对，在场法官和检察官及媒体为此也惊诧不已。因为非法集资这样的罪名量刑更重，如此一来，本该为被告人作罪轻、无罪辩护的律师却作了“罪重辩护”。后来，该律师被媒体戏称为“最终辩护律师”。参见刘桂明：《律师踢了一个“乌龙球”》，载 http://blog.ifeng.com/article 1573707.html#，最后访问日期2008年12月19日。

【表 4—4】辩护律师在普通程序中的出庭率（单位:%）

辩护律师的出庭率	中级人民法院的出庭率	基层人民法院的出庭率
77.5	89.5	70.0

【表 4—5】辩护律师在基层法院的出庭率（单位:%）

辩护律师的出庭率	普通程序中的出庭率	认罪案件的出庭率	简易程序中的出庭率
42.6	70.0	33.3	16.7

【表 4—6】全国辩护律师的出庭率①（单位：件,%）

年份	律师参与总件数*	法院指定律师的件数	被告人自已聘请律师的件数	其他**	法院审理的刑事案件数***	被告人自已聘请律师率	辩护律师的出庭率
1998	296668	29369	146823	120476	551141	26.6	32.0
1997	275188	22733	147826	104629	505125	29.3	33.8
1996	245877	20272	181926	43679	683763	26.6	29.6
1995	204382	14991	156433	32958	550024	28.4	31.2
1994	208806	14534	167402	26870	533493	31.4	34.1
1993	191657	12933	155045	23679	450869	34.4	37.3
1992	219739	14389	180254	25096	480019	37.5	40.5
平均						30.6	34.1

表格说明：

*：是指律师参与刑事案件的总件数，包括辩护律师，附带民事诉讼当事人聘请的律师和自诉人所聘请的律师。

**：是指附带民事诉讼当事人和自诉人所聘请的律师。

***：是指一审和二审法院年度所审结的案件数。

① 根据 1993—1999 年《中国法律年鉴》统计得来。由于自 2000 年《中国法律统计年鉴》开始，只有一个律师参与刑事案件的总件数，所以无法统计 2000 年之后的律师出庭率。

4. 被告人的最后陈述权抑或最后忏悔权

赋予被告人最后陈述的权利是大陆法系和英国刑事审判的共有特征，我国《刑事诉讼法》第160条也赋予了被告人在法庭上说最后一句话的权利。据权威教科书的说法，它的意义在于“在作出判决前，再给他一个陈述的机会，听取他对案件的意见，可以弥补在法庭调查和法庭辩论中辩护的不足之处”[①]。但是，在司法实践中，被告人的最后陈述权能否“弥补在法庭调查和法庭辩论中辩护的不足之处”呢？不难想见的是，经过讯问、举证和质证以及法庭辩论，该调查的应该都调查了，该辩护的也应该都辩护了。在控方占主导地位的法庭程序中，如果被告人对这次最后的说话机会再不好好把握，恐怕就没有机会向法庭表达其真诚悔过的决心了。恐怕没有哪一个被告人不知道真诚地悔过可以给他们带来一点量刑上的优惠。因此，实践中的最后陈述几乎完全演变成了最后忏悔，公开忏悔率达68.1%，如果再加上“弃权型内在忏悔”的话，忏悔率则为85.7%。（见【表4—7】）公开忏悔的一般表述如：“我认罪伏法，希望看在孩子的分上对我从轻处罚”；“我在工作上确实存在错误，恳求法庭从轻处理”；“认罪伏法，我为我的行为深感后悔，希望法庭给我一次机会”；“我贪慕虚荣，目无法纪，导致犯罪。我家里也很困难。希望法官对我从宽处理”，等等。也有一些最后陈述声情并茂，其对情感的冲击力非常大，如在轰动全国的马加爵一案中，马加爵的最后陈述令在场的许多旁听者落下了眼泪：

尊敬的审判长、审判员、陪审员！谢谢你们！我这个案件受害者太多了。其实我认为我自己的家里才是最大的受害者。我对不起他们啊！父母的养育之恩，我是再也报答不了了。（开始抽泣）还

---

① 陈光中、徐静村主编：《刑事诉讼法学》，中国政法大学出版社2002年版，第280页。

有三名受害者的家属，可怜天下父母心！每一个父母都是很疼爱自己的孩子的，他们三个受害者的家人，我也是很对不起他们！我知道社会上有很多人，在关心着我的事情。我对这些好心人，不知道说什么。对不起很多人啊！还有这个案件确实是很惨的，我的手段极其残忍，我也不想逃避责任。希望法院能够处以极刑。我也希望很多同龄人，能够从我的身上吸取教训，凡事看开点。其他的我就不知道说什么了。①

当然，并不是所有的被告人都放弃了这个最后陈述的机会，有7人在最后陈述阶段明确地表达了自己的要求，如第1号案件中的被告人在最后陈述中说道："我希望法律面前能够做到人人平等，不能因为我伤害的是国家公务员就给我重罚。"在第40号案件中，由于被告人坚决否认曾经参与过其他3起盗窃活动，而认定其盗窃的主要证据仅为已被定罪的两名被告人，于是被告人在最后陈述中要求："希望法庭审查叶××和郭××陈述的情况。"

【表4—7】被告人最后陈述类型表

类型	自责、认罪、请求从轻型	弃权型	希望查明事实型	发表意见型
人数(人)	62	16	6	7
比例(%)	68.1	17.6	6.59	7.69

（四）"说话权"受限的量刑辩护人

1. "说话权"受限的辩护人

一位律师曾这样描述他的出庭窘境：

随着审判制度的改革，法庭由"查案"变成"听案"，有证举在法庭，有理讲在法庭。开庭前，律师们大都经过了充分的准备，"摩拳擦掌"，可有时开庭就"身不由己"了。在某些法庭上，法

① 这段文字来自于中央电视台《中国法庭》节目中的《庭审直击马加爵》。

庭调查时，你向法庭提供的证据，假如不合合议庭的“口味”，审判长就会“规劝”你：你所提供的证据合议庭认为与本案无关（而这些证据恰恰是律师认为对己方当事人最有利的），不要再举了。如果你坚持举证，合议庭定会拒绝审查证据的“真实性、合法性”。当事人望着律师，一脸的茫然，让你自己给自己下不了台。法庭辩论时，假若你说的话审判长认为“不中听”，你马上就会听到“劝阻”：你讲的这些均与本案无关（哪些与案件有关，哪些与案件无关，太难把握了。律师认为至关紧要的，法官往往说无关），不要再讲了。律师如果“充耳不闻”，合议庭立即就会警告你：如不听法庭指挥，审判长将责令你退出法庭。至此，律师们大都“免谈”了，因为谁也不愿被驱逐出法庭。①

那么，他所说的情况是否正确呢？从这 40 起案件来看，辩护律师主动举证的案件共计 11 件，我们不时地看到这位律师所描述的“说话权”受限的情形。例如，在第 1 号案件中，辩护人只是准备宣读一份公安机关的破案报告，以证明被告人郭××只是在被告人张××提出犯罪的意图后，才被动地参与犯罪的，具有从犯的身份。还未等辩护人宣读，审判长就说道：“请针对本案事实举证。”这也就是说，审判长认为这个证据与案件事实没有相关性。但是，在定罪量刑程序合一的审判制度下，从犯辩护虽然与是否犯罪没有关系，但是与应受刑罚的轻重却有重大关系，怎么能说没有相关性呢？而在第 6 号案件中，被告人被指控犯重大责任事故罪，辩护人为了证明被告人一直都是爱岗敬业，恪尽职守，没有疏于管理安全管道，就出示了由被告人所在单位和当地群众对二被告人平时表现的资料。公诉人在发表质证意见时已明确表态：“对辩护人提供的二人的工作表现没有意见。”但是法官还是依职权主动排除

① 刘保成：《浅谈律师在法庭上的“说话权”》，载《律师世界》1998 第 3 期，第 12～13 页。

了该证据：“对两被告人的表现，与本案无直接关系，且证明系法人，不符合证据要求。”像这种情况，同样出现在第11号案件中。

法官对辩护人辩护权的干预最明显地体现在为媒体和社会广泛关注的第3号案件中，下面先摘录其中最为“精彩”的部分：

[审判长]：各辩护人是否有证据向法庭提供？

[辩护人]：有。请求法院收集证据，证明执法城管大队是否是一个行政机关。

[辩护人]：因为公诉人指控的杀人行为里面，有指控被告人妨害公务。

[审判长]：这个和公诉机关指控的故意杀人罪有什么关系？

[辩护人]：我们在起诉书里面看到，公诉人指控的崔××以暴力手段妨害城管执法人员依法执行公务，我要证明城管是否是一个行政机关。

[审判长]：是否准许你们提出的申请，合议庭待评议、研究后再作出决定。

[辩护人]：好的。

[审判长]：你们是否还有证据向法庭提供？

[辩护人]：有，主要证明崔××是一个没有违法违纪前科的公民。

[审判长]：这些证据是关于崔××的表现，这些证据与本案的事实无关，辩护人可以在庭后提交法庭，在当庭就没必要出示了。

[辩护人]：可以。崔××同事的证言，证明崔××的良好品质。我们认为本案涉及起诉我的当事人是否具有杀人的故意，我要求在庭上宣读。

[审判长]：请问辩护人，人的性格能决定犯罪吗？

[辩护人]：我们只是一个请求。

[审判长]：对于辩护人的请求，审判长不予以支持，辩护人

可以庭后提交法庭。

在该案中，辩护人提出了一个请求法院调查证据的申请，法院未置可否。但是，对于辩护人准备提交的两份品格证据，审判长直接以没有相关性为由拒绝其在法庭上予以提出，并要求其“庭后提交”。辩护人所提交证据的可采性在公诉人未发一言的情况下即被法庭认定为不可采，这同上面审判长对待公诉人的证据形成了强烈的反差。法庭在证据的采纳上采用的是两套标准：对于公诉人所提交的证据，如果辩护人没有提出异议，那么当然具有可采性，而在辩护人对其相关性表示质疑的情况下，法官通常以具有真实性（客观性）为由予以驳回或不予理睬；对于辩护人所提交的证据，即使公诉人未表示异议，法官也会主动就可采性进行审查，而其审查的标准不再是是否具有真实性，而是以模糊的相关性为由予以排除。

那么，律师在法庭辩论阶段是否依然会被法官限制发表辩护意见的权利呢？在2007年北京某法院的一审中，16位被告人中绝大多数都不认为自己的行为是犯罪，大多数辩护律师认为，这是单位犯罪，有些律师甚至认为是经济纠纷，不应该以刑事案件起诉。法庭辩论非常激烈。几乎每一个辩护律师发言后，公诉人都要宣读证言证词予以反驳，庭审进度缓慢。法官为了加快审理节奏，不停地提醒辩护律师：“不要重复相同的辩论观点。”这时，一位40多岁的辩护律师拿着厚厚的辩护词，辩论道：“我认为这是经济纠纷……就算是诈骗，也应该以合同诈骗论……”当他再次提出这样的观点时，法官提醒道：“请律师明确自己的观点，抓紧时间。你要作无罪辩护还是有罪辩护？”在辩护律师继续宣读辩论词时，法官再次打断这位律师的辩论：“你认为你的当事人有罪还是无罪？请说明！”律师义正词严地反驳道：“我正常行使当事人给予的辩护权，怎么啦？法官不能总左右我的辩护意见。”然后，律师继续阐述自己如此辩论的理由。此次，法官提醒道如果律师坚持这种方式，将被请出法庭，同时法官示意法警，坐在犯罪嫌疑人边上的法警便站了起来，律师看到情况不对，起身离开法庭。① 律师在发表辩护词时被法官赶出法庭并非稀罕事，一位重庆的律师曾经为了维护自己在法庭上的“说话权”（即对被法官赶出法庭提出抗议）要求法院监察室对法官的行为进行监察，结果法院监察室人员告诉他：“这些事情是经常发生的，很正常。”②

2. 作为量刑辩护人的律师

被告人聘请律师为其辩护的目的无非是为了洗脱罪名或者是争取到最轻的刑罚。在中国的刑事庭审中，由于大部分被告人都是认罪的，因此辩护人就将辩护的主要任务集中在如何争取到最轻的刑罚上，如证明被告人是从犯、未成年人、认罪态度好、没有前科、品格良好，等等。因此，在法庭调查阶段，当法官问及辩护人对公诉人的举证有无异议时，辩护人的回答几乎总是“没有”，从而成为“没有异议的辩护人”。辩护人都知晓，实际上由于法官对公诉人举证的纵容和不干涉态度，即使提出了异议，也不会有多大的效果，反而徒增与审判人员之间的紧张关系。根据广东省顺德市某区法院在2005 年所作的调研，辩护律师的辩护意见采信率虽然达75.2%，但其辩护意见中针对被告人存在法定从轻、减轻情节而提

① 《北京一辩护律师和法官争吵被逐出法庭》，载《北京晨报》2007 年 9 月 25 日，第 2 版。一位辩护律师曾在他的博客中这样写道：“由于体制原因，人们不难发现：当法庭上控辩双方火药味甚浓时，通常是辩护人遭到法官‘引导’、指责、甚至训责，却鲜有公诉人得到法院此种待遇的，最多也是善意的提醒。给人印象深刻的是：本人两年前辩护一起数名被告人侵占公司财产上诉案，其中一名老律师就因在法庭与公诉人积极抗辩，情绪激烈，在审判长提醒无效情况下，被当庭严厉警告，最后差点被当场逐出法庭，但对于公诉人消极诉讼行为却不置一词。”参见孙云康：《刑事辩护业务感想》，http://kangyun28.fyfz.cn/blog/kangyun28/index.aspx？blogid = 415241，最后访问日期 2008 年 12 月 19 日。

② 李甘林：《“律师被赶出法庭”很正常?》，载《中国经济时报》2004 年 7 月 12 日，第 3 版。

出的占86.9%，针对控方证据存在问题、作无罪辩护、提出指控犯罪事实不当及其他意见的占13.1%；法庭采信的辩护意见中，针对被告人存在法定从轻、减轻情节的占97.6%；其他辩护意见占2.4%。[①] 由此可见，在刑事辩护中，律师的辩护方向及成效往往局限于某些法定情节，而这些意见在审判实践中，无论律师是否提出，法庭均会依照法律规定从轻、减轻对被告人处罚。因此，在大部分刑事案件中，自行辩护与律师辩护的成效差别并不大。

因此，即使是在为被告人作无罪辩护的情况下，辩护律师也不会放弃进行罪轻辩护的机会。这看似非常矛盾：一方面为被告人辩解称其没有构成起诉书指控的犯罪，另一方面又为被告人的罪行轻重进行辩护，而罪行轻重辩护的默认前提当然是被告人已经构成犯罪。这或许是由于一方面中国的辩护律师对其进行无罪辩护的信心不足，另一方面又不想放弃为被告人争取有利判决的机会，我们可以把这种辩护策略称为“留有余地的辩护”。[②]例如，在第3号案件中，一名辩护人认为被告人崔××不构成故意杀人罪，另一名辩护人认为被告人张×不构成窝藏罪，但是在发表辩护词时均进行了“留有余地的辩护”。崔××的辩护人在发表辩护词一开始用了洋洋几千言为被告人进行无罪辩护，但是在行将结束的时候，他又说道：“我认为崔××的犯罪行为就算是故意杀人，无论是从情理、

---

① 该资料由笔者的同学提供，为“保密”起见，不列出具体法院的名称，该报告的名称为《关于保障辩护人庭审作用问题的调研报告》。

② 这种困境并非中国辩护律师才会遇到，它是定罪量刑程序合一所造成的“体制性压力”，“力争取得英美和大陆传统刑事程序的最佳混合”的德国刑事审判也不例外。魏根特教授指出：“因为审判处理罪与罚的问题，辩护方在作总结陈述时，经常面临两难困境：辩护人如果（现实中他应当这么做）请求法院在对被告人定罪时从轻量刑，则无疑削弱了他对当事人所作的无罪答辩的可信度。”［德］托马斯·魏根特著：《德国刑事诉讼程序》，岳礼玲等译，中国政法大学出版社2004年版，第145页。

法理、天理来说，崔××不属于是必须立即执行死刑的犯罪分子。”① 而张×的辩护人也是如出一辙，一开始在发表辩护意见时说道：“一、从法律明文规定上，我认为张×不构成犯罪。……”并对其进行了详细的论证，但是在最后又说道：“综上所述，我认为张×的罪行是比较轻微的，如果按照犯罪构成来讲，其属于犯罪罪行明显轻微，对社会危害性不大，应该免除处罚，建议法庭对张某定罪量刑时予以考虑。”

（五）法庭调查的书面化

根据《刑事诉讼法》第48条和第47条的规定，凡是知道案件情况的人，都有作证的义务，证人证言必须在法庭上经过公诉人、被害人和被告人、辩护人各方讯问、质证，听取各方证人的证言并且经过查实以后，才能作为定案的根据。据此，证人证言必须要经过程序上的质证和实体上的真实性保障才具有证据能力。但是，证人证言与证人并非一回事。那么证人是否必须要出庭以其口头证言作证呢？根据《法院解释》第141条的规定，证人应当出庭作证。不过该条同时列举了不具有可预期性的例外规定，符合规定的可以免除出庭作证的义务，他们为：未成年人、庭审期间身患严重疾病或者行动极为不便的、其证言对案件的审判不起直接决定作用的；有其他原因的。关键在于最后一项的“其他原因”到底是何原因？从这40起案件来看，只有4起案件有证人出庭，两起属于控方证人，另两起属于辩方证人。90%的案件都是在无证人出庭的条件下审结的，既不管被告人是否认罪，也不管该证人的证词对认定事实是否起到一锤定音的关键性作用。同样，在被告人及其辩护人已经明确表示怀疑证言的真实性时，证人还是无须出庭接受

① 该案的一审判决结果已出，被告人崔××被判处死缓，看来辩护人“留有余地的辩护”比之无罪辩护的成功率要更大。参见王阳、周逸梅、王俭：《杀城管小贩一审被判死缓 一心求死想上诉》，载《京华时报》2007年4月11日，第2版。

质证，那么在这种情况下，法官到底如何判断证言的证明力呢？例如，在第40号案件中：

公诉人：宣读证人杨××（第125~135页）、陈××（第136~141页）的证言。

审判长：被告人及其辩护人有何意见？

被告人：我不认识这两个人，连名字都没有听过。

辩护人：这两个人的证言只是说了卖车之后的过程，与被告人没有关系。

公诉人：不能说没有关系，可能包括被告人帮忙更改。

审判长：公诉人继续举证。

由于受调查样本的数量限制，10%的出庭率可能估计过高，据左卫民教授所进行的实证研究结果，2004年中国西部某省某市两级法院（基层和中级人民法院）刑事案件中的证人出庭率仅为0.38%。[①] 另据最高人民法院研究室应用法学研究所所长胡云腾的调查，全国各地的法院刑事案件的证人出庭率普遍在10%以下。[②] 如果不是以案件作为单位，而是以证言的个数作为单位，那么，在被告人不认罪的案件中，共有53份证言（不包括被害人陈述和鉴定结论[③]），其中控方证人出庭作证的仅有3个，约占0.06%。（见【图4—1】）

---

① 参见左卫民、马静华：《刑事证人出庭率——一种基于实证研究的理论阐述》，载《中国法学》2005年第6期，第166页。

② 参见胡云腾：《证人出庭作证难及其解决思路》，载《环球法律评论》2006年第5期，第557页。

③ 如果加上被害人和鉴定人出庭作证数，那么书面调查的特征就更为显著，因为除了一起案件有鉴定人出庭外，其他的案件都没有鉴定人出庭作证，被害人陈述在40起案件中都是通过调查书面的被害人陈述进行的。

【图4—1】被告人不认罪案件书面调查和证人调查的比率图

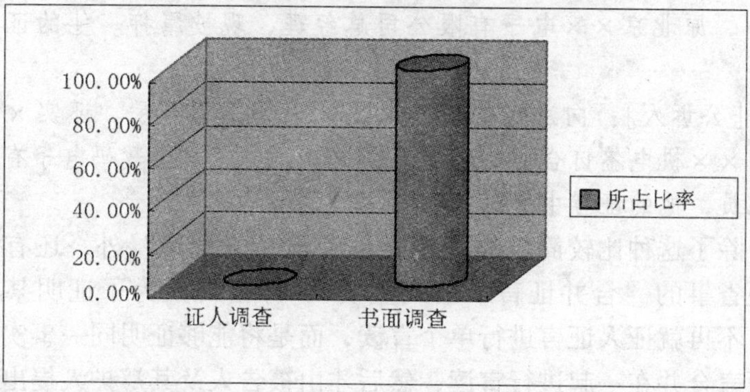

在证人普遍不出庭作证的背景下，刑事审判只能主要以书面证据而展开。从这40起案件来看，对证人证言（和被害人陈述）①的调查主要都是通过宣读证言笔录的形式进行的，具体又可分为两种类型：一种为“节录式宣读”，另一种为“概括说明式解读”。

由于证人、被害人通常会在审前做过几份询问笔录，而且笔录的内容也比较长，如果把书面证言全部予以宣读，在审判人员和公诉人看来，不仅浪费时间，而且没有必要。于是就产生了“节录式宣读”，它是指公诉人并不将证人或被害人所作证词全部予以宣读，而只是宣读某一份证词的某个部分。这种证言调查方式是这40起案件中的常态，即使是在4起有证人出庭的案件中，绝大部分的证言依然采用这种模式。比较典型的如第2号案件：

［公诉人］：首先向法庭宣读证人于××的证言节录。证实1999年初于××收受陈××42万元的事实经过，该款于2002年退还给陈××。于××，男，52岁，原中国农业发展银行副行长、现被羁押。他的证言中提到：“……”

① 在这40起案件当中，无一起案件有被害人出庭，即使是提起附带民事诉讼的，通常也是由其亲友或律师代理。

[公诉人]：向法庭宣读证人蔡××的证言节录。蔡××，男，41岁，原北京××电子有限公司总经理，现被羁押。他的证言中提到："……"

[公诉人]：向法庭宣读证人高××的证言节录。证实××公司与××机电签订合同的经过。高××，男，××数码电子有限公司职员，他的证言中提到："……"

除了这种比较简单的"单个证言节录式宣读"外，还有更加简便省事的"合并证言节录式宣读"，即公诉人为了证明某个事实，不再就证人证言进行单个宣读，而是将能够证明同一事实的所有证言合并在一起进行宣读，然后才由被告人及其辩护人提出质证意见。例如，第5号案件：

[公诉人]：第二组证据：宣读本案有关证人证言。在2卷第52页至第137页。这些证人包括"××网"站的工作人员及部分"××网"VIP会员，主要证实"××网"上有淫秽图片和邓××以"××"的网名发表过淫秽图片等情况，其目的是为了吸引更多人加入会员。我宣读主要部分。

证人苏×（网站工作人员）证言；第78页。

证人何××（网站工作人员）证言；第85页。

证人徐×（网站工作人员）证言；第92页。

证人周×（网站工作人员）证言；第97页。

证人任××（网站工作人员）证言；第103页。

证人郭××（网站工作人员）证言；第112页。

证人周×（网站工作人员）证言；第117页。

证人王××（网站VIP会员）证言；第124页。

证人王××（网站VIP会员）证言；第130页。

在"节录式宣读"下，由于辩护方难以提出有力的质证意见，对控方证据的审查变得非常快速。不仅如此，在有的案件中，公诉人就连"节录式宣读"都嫌麻烦费时，于是干脆按照自己的理解对所有证人证言进行一个概括性说明就完了。这就是“概括说明式解读”，之所以将这种举证法不再称为“宣读”，是因为在这种举证方式下，辩护方根本就不知道证人的原始陈述内容到底是什么，公诉人只是按照自己的理解和概括对证言进行一个说明而已。例如，第5号案件：

［公诉人］：另外，还有证人李×、邓××、郑×、王××、徐××、谢××等均证实“××网”的经营情况及收取会费的标准等情况，由于其证明内容基本相同，这里作一个说明，不再一一宣读了。

如果说在“节录式宣读”下，辩护方还能够了解证人到底说了什么（虽然这只是一部分），那么在“概括说明式解读”下，连证人陈述的原始内容都被省略了。法官和辩护人得到的并不是证人的证词，而是公诉人对证词的“解读”。这种出示证据的方式不仅彻底剥夺了辩护人对证人进行当庭质证的机会，而且在法官与提供证言的证人之间加入了一系列中间环节和隔阂物，使法官根本无法判断公诉方所概括的证言内容是否真实可靠。最终，这种出示证据的方式不仅会造成法庭审理过程完全流于形式，而且使审判变成了自侦查开始的接力赛的最后一棒，为流水线式的刑事司法创造了条件。正如林钰雄教授所说：“侦讯笔录的记载，断简残篇、不一而足，单单藉由朗读侦讯笔录，根本难以还原证人当初陈述时的氛围……承认此种证据之替代品，本来功能不同的侦查程序与审判程序，容易变成接力赛关系，即由侦讯官员先跑完前段，再交棒给法院，由法院接力跑完后段。”①

① 林钰雄著：《严格证明与刑事证据》，中国台湾地区新学林出版股份有限公司2002年版，第51~52页。

(六) 中国刑事审判的“双高现象”

随着法官在庭审中消极性的增强，刑事审判的对抗性理应增强。但是，由于控方对审判的单方面主导，法官对待公诉人和辩护人的不同态度，辩护人出庭率的低下，粗疏的证据规则和以书面证据调查为中心的法庭调查模式，辩护人对其自身作为量刑辩护人角色的定位，刑事审判无法呈现出真正对抗的局面。被告人如实供述义务的存在，如实而真诚地忏悔作为一个酌定量刑情节，辩护人的功能受限或无辩护人，被告人在法庭上不得不为自己进行辩解或认真地表示悔罪。在这种缺乏对抗的被告人说话式审判下，与其说法庭审理是对控方案件进行审查的过程，倒不如说法庭审理是对控方主张进行确认的过程；与其说法庭是被告人公开维护自己权利的场合，倒不如说法庭是被告人进行一次公开忏悔的场合；与其说审判是一次对案件事实真相的调查，倒不如说审判是一个结局已定的仪式。“控辩式”审判所预期的使庭审实质化的目标并未实现，同改革前的法庭审判相比，唯一显著的变化就是法庭的真正主导者发生了转变：由审判长转变为公诉人。如果我们假设法官在庭审中的客观公正性比检察官要更大，那么在这种境况下，庭审的变化非但没有改变被告人的境遇，反而可能使其更加不堪。

在几乎没有对抗且被告人积极配合公诉人调查案件事实的审判方式下，刑事审判出现了“双高现象”：高速度和高定罪率。根据对前31起刑事审判庭审时间的计算，按照普通程序审理的刑事案件平均审理时间为139.8分钟（约2小时20分钟），其中基层人民法院的平均审理时间为114.8分钟（约1小时55分钟），中级人民法院的平均审理时间为196.7分钟（约2小时37分钟）。需要提请注意的是，这31起案件中有9件是对共同被告人审理的案件，如果以单个被告人来计

算，庭审的平均时间要更少，还不到1个半小时。[①]（见【表4-8】）

控方对审判的单方面主导和微弱的对抗性，几乎造就了审判人员对控方证据照单全收的效果，在这种情况下，被告人被判决无罪的可能性有多大？根据《中国法律年鉴》和《最高人民法院工作报告》所提供的数据，从2002年至2006年这5年间，我国无罪判决的平均比率为0.32%，即平均有罪判决率为99.68%。换句话说，1000名被告人中约有3名被告人被判无罪。（见【表4—9】）以现有的资料来看，如此高的有罪判决率可能只有以"精密司法"著称的日本能够与中国"一比高低"，其他法治国家都无法与中国"同日而语"。（见【表4—10】）

我们没有准确的数据来判断在如此快捷的庭审下，这么大批量的有罪判决下有多少无辜者被判有罪？事实上这也是无法做到的。但是，我们有理由提出怀疑，在如此短暂的时间内能够把案件事实查得一清二楚吗？在主要依靠控方证据的庭审模式下，一旦控方的证据存在瑕疵，出现如林德等人所提出的"取样错误"（sampling error），[②] 那么

---

① 中国的刑事庭审时间与比较典型的对抗式刑事审判国家反差之大可以参见下属数据：到19世纪末期，美国加利福尼亚州奥克兰县陪审团审判的平均时间达半小时左右；到1968年，洛杉矶的重罪庭审平均时间为7.2天。由美国州法院信息中心对20世纪80年代中期9个县的法院所作的调查表明，重罪审判（不包括可能判处死刑的案件）的平均持续时间超过14小时。在加利福尼亚州的奥克兰县，谋杀罪审判（约占所有刑事审判数量的1/3）的平均持续时间（不包括陪审团评议）为44小时，即通常至少为2个星期。参见Robert A. Kagan, *Adversarial Legalism: The American Way of Law*(2ed.), Harvard University Press, 2003, p.82.

② 林德等社会心理学家通过实验认为，审问制下的事实认定方式会使法官在特定的时点上终止调查，这个特定的时点就是法官已经通过调查证据确信了被告人的行为是否构成犯罪。但是，由于审问制下的法官调查对象的范围通常主要限于检察官或预审法官所收集的证据，因此一旦出现"取样错误"（sampling error），那么审判者就可能一错到底。这也就是说，裁判者在审判中对自己早期所形成的结论缺乏自我纠正和反思的能力和条件。参见E. Allan Lind, John Thibaut & Laurens Walker, "Discovery and Presentation of Evidence in Adversary and Nonadversary Procedures," 71 *Mich. L. Rev.* 1129(1973), pp.1140-1144.

审判者有能力进行纠错吗？高效率和高定罪率满足了现阶段依法“从重从快”打击刑事犯罪的现实需要，充分彰显了我国刑事审判在维护社会秩序和安全方面的价值，但是存在着巨大的风险：太过迅速的审判和过于强调有罪判决率，不仅会相应压缩被告人的权利保障空间，无法凸显程序的内在价值，而且也容易造成审判的形式化，“客观真实”的目标有可能受到损害。尤其在我国目前，审前程序几乎是一种缺乏任何外部司法监督的行政化程序，一旦在审前出现错误，现有的审判运作方式将难以加以有效的纠正，无辜者可能会面临着极大的定罪风险。

【表 4—8】按照普通程序审理刑事案件的平均时间（单位：分钟）

<table>
<tr><th>总平均时间</th><th colspan="3">基层人民法院的平均时间</th><th colspan="3">中级人民法院的平均时间</th><th colspan="3">单个被告人的平均时间</th></tr>
<tr><td rowspan="2">139.8</td><td rowspan="2">114.8</td><td>有辩护人</td><td>135.2</td><td rowspan="2">196.7</td><td>有辩护人</td><td>214.4</td><td rowspan="2">89.1</td><td>基层法院</td><td>88.1</td></tr>
<tr><td>无辩护人</td><td>67.2</td><td>无辩护人</td><td>37.0</td><td>中级法院</td><td>91.5</td></tr>
</table>

【表 4—9】全国刑事案件生效判决中的无罪判决率（单位：人，%）

年份*	生效判决人数**	宣告无罪的人数***	无罪判决率
2006	890715	1713	0.19
2005	846879	2162	0.26
2004	767951	2292	0.30
2003	747096	4835	0.65
2002	50750	108	0.21
平均			0.32

表格说明：

*：2002—2004 年的数据来自于 2003 年、2004 年、2005 年《中国法律年鉴》，2005—2006 年的数据来自于 2006 年、2007 年《最高人民法院工作报告》。

**：年度所有生效判决的人数。

***：年度所有被宣告无罪的人数。

【表4—10】世界各主要法治国家的无罪判决率①

国家	年度	无罪判决率（%）
英国	1994	9.7
美国	1998	11.8
加拿大	1994	5.5
法国	1994	4.7
德国	1994	3.1
日本	1992	0.2
意大利	1994	22.3

三、为什么没有对抗和无法沉默

（一）社会现实原因

1. 曲线攀升的犯罪率和“严打”刑事政策

1978年改革开放以来在经济建设取得巨大成绩的同时，伴随着经济和社会的双重转型，我国的社会治安形势也相对严峻，犯罪问题日益突出，对人们的生命财产安全与社会和谐稳定构成了一定程度的现实威胁。转型期我国犯罪的突出特点主要表现为，犯罪增长速度过快，基本上表现为经济发展与犯罪同步增长的特点；刑事犯罪的危害日益严重，每年死于各类刑事犯罪案件的人员近7万人，直接经济损失400亿元，经济犯罪涉案金额平均每年都在800亿元以上。② 2004年我国刑事犯罪案件总数增长到471.8万起，比1981

① 该数据来自于 Mike P. H. Chu, "Criminal Procedure Reform in the People's Republic of China: The Dilemma of Crime Control and Regime Legitimacy," 18 *UCLA Pac. Basin L. J.* 157(2000), p.164.

② 参见胡联合、胡鞍钢：《转型期中国犯罪治理的基本对策》，载《法学杂志》2005年第5期，第2页。

年增加了5.3倍。[①]这些都从不同侧面反映出我国转型期的治安形势的严峻性。

在这种社会背景下，主流政治意识形态必然更加关注对社会秩序的维护，强调稳定，并且要高效率地打击严重刑事犯罪分子。“严打”刑事政策就是应对这种现实问题的基本战略，它要求政法机关应当“依法从重从快地严厉打击严重刑事犯罪活动”。这种“运动式”的犯罪治理模式在短期内确实能够带来实效，以中国先后开展过的三次“严打”战役（分别为1983年、1996年和2001年）来看，每一次“严打”过后都会呈现出发案率短暂下滑的现象。（见【图4—2】）但是，“严打”一过，新一轮的犯罪高峰又会接踵而至，而且每一次都会攀升到新的制高点。（见【图4—2】）正是这个缘故，有人提出中国的“严打”应该年年打、月月打、天天打，即将“严打”政策制度化。

在以快速而严厉地打击犯罪为主旋律的“严打”刑事政策下，公检法之间本来就配合有余、制约不足的法律关系进一步演化成全面合作惩治犯罪的关系，法院难以从整个打击犯罪的司法网中超然独立出来，它的目的与公安机关和检察机关的目的高度叠合：快速而严厉地打击犯罪。赋予被告人沉默权、让证人出庭作证、使律师可以畅所欲言地发表意见、以程序上的瑕疵为由排除可靠的口供等加强对抗和促使庭审节奏减缓的做法，必然与“严打”的政策相抵牾。另外，为了对公检法的“严打”绩效进行具有可操作性的评估，一种数字化的绩效评价机制得以建立。对于检察机关来说，“有罪判决率”几乎成为评估检察机关公诉质量最重要的指数。因此，为了不破坏检法两家的关系，法院不可能对检察机关的诉求弃之不顾，自顾自地“依照事实和法律”轻易地作出无罪判决，同

---

① 根据1982年和2004年的《中国法律统计年鉴》，1981年公安机关的立案数为890281件，2004年则增长到4718122件。

时也会对检察机关在法庭上的举证多多支持。

【图 4—2】公安机关刑事案件立案数的变迁图①

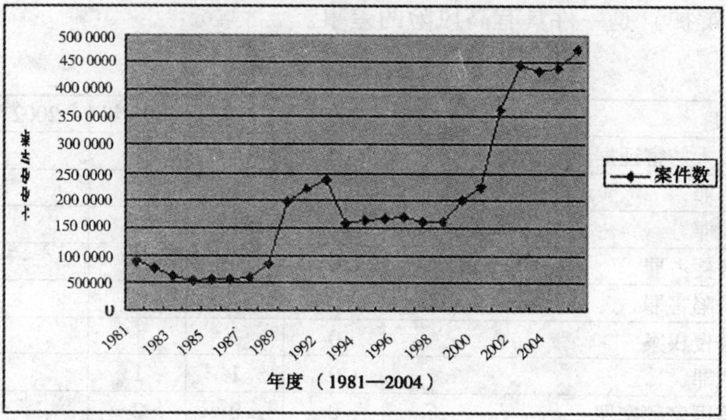

2．刑事辩护的高风险

中国律师对是否进行无罪辩护通常都非常慎重，律师事务所也都有作无罪辩护必须经过集体研究（或者经过律师事务所主任审批）和对难以决定是否进行无罪辩护的案件请示司法行政部门的

① 根据 1982—2005 年的《中国法律年鉴》所提供的数据绘制而成，原始数据可参见下表：

1981—2004 年公安机关刑事案件立案数（单位：件）

年度	案件数	年度	案件数	年度	案件数
1981	890281	1989	1971901	1997	1613629
1982	748476	1990	2216997	1998	1986068
1983	610478	1991	2365709	1999	2249319
1984	514369	1992	1582659	2000	3637307
1985	542005	1993	1616879	2001	4457579
1986	547115	1994	1660734	2002	4336712
1987	570439	1995	1690407	2003	4393893
1988	827594	1996	1600716	2004	4718122

规定。[1] 中国的律师为什么会对无罪辩护如此谨慎，有的律师甚至从来未涉足过这一领域呢？这是因为律师从事刑事辩护（尤其是无罪辩护）是一件具有高风险的差事。

【表4—11】全国律协维权案件统计表[2]

年 度	1999年	2000年	2001年	2002年
辩护人妨害证据罪、伪证罪	3	4	7	
贪污罪	0	2	1	
诈骗罪	1	1	2	
职务侵占罪	0	0	1	
诬告陷害罪	0	1	0	
名誉侵权案	0	1	1	
偷税罪	0	1	1	
泄露国家秘密罪	0	0	2	
律师执业责任赔偿案	0	0	1	
中介机构出具虚假证明文件罪	0	0	0	2
律师被非法拘禁、拘留、传讯、扣押律师证	2	2	3	
律师被扣作人质、绑架、拘禁、殴打	5	5	4	
律师被阻碍履行律师职务	6	10	15	
其 他	1	3	3	
合 计	18	30	31	
总 计		79		

从中华全国律师协会的上述统计资料可以看出，律师涉嫌的罪名集中在“辩护人妨害证据罪”、“贪污罪”、“诈骗罪”等罪名

① 陈范、韦人：《无罪辩护过多了吗》，载《律师世界》1999年第9期，第38页。

② 该表的数据来源自《全国律协维权工作报告》，www2. acla. org. cn/article/20021094299. html，最后访问日期2008－01－17。

上，占全部维权案件的27%；此外，涉及律师职务犯罪的新罪名不断出现，如"偷税罪"、"泄露国家秘密罪"、"中介机构出具虚假证明文件罪"；另外，律师在执业过程中的合法权益（被非法拘禁、绑架、传讯、被阻碍履行律师职务）受到侵害的案件呈不断上升的趋势，此类案件多达52起，占维权案件总数的65.8%。我们姑且不讨论把这些罪名套在律师的头上是否合适或者律师的素质本来是否就低下等问题，但是它传递给律师的信息却是明确的：刑事辩护还是少作为好！这对于本来就不太发达的刑辩业务无疑是雪上加霜。同民商事诉讼代理业务相比，律师进行刑事辩护无论是在实现个人价值上还是在经济回报上都逊色不少，加上律师承担刑辩业务还要冒着随时可能被追究刑事责任和人身权利被侵犯的风险，律师们当然宁愿选择少做或不做刑事辩护业务。刑事诉讼法在1996年修改之后，曾经为律师参与刑事诉讼带来不小的信心，但是后来一直在走下坡路。如【图4—3】所示，刑事诉讼法修改之后的1997年的律师参与刑事诉讼率高达54.5%，此后几乎呈现出一路下滑的局面，到2004年则下降到44.9%。①

律师刑辩的高风险使大量优秀的律师选择回避刑事案件，而在有律师辩护的案件中，大部分并非来自于被告人的聘任，而是通过法律援助途径获得的指定律师。（见【表4—6】）在没有律师参与的审判中，被告人无论是从法律知识储备、论辩技巧还是从收集证据上都是无法同检察机关进行对抗的，但是他又要充当自己的辩护人进行辩解或求得宽恕。缺乏对抗的被告人说话式审判在这种情形下体现得最为显著。通过指定获得的律师通常都是一些刚刚进入律

① 据北京市学者的考察，北京律师人均办理刑事案件从1990年的2.64件下降到2000年的0.78件，律师为犯罪嫌疑人、被告人辩护的比率不足10%。参见田文昌、陈瑞华主编：《〈中华人民共和国刑事诉讼法〉再修改律师建议稿与论证》，法律出版社2007年版，第5~6页。

师行业的新手，而且捉襟见肘的“500元”法律援助费用也根本难以为其开展有力的取证提供物质上的保障，甚至连复印案卷和资料的费用都保不住。① 所以即使是出庭辩护的律师大多也是没有“异议”的量刑辩护人，甚少与检察官展开激烈的争辩。

【图4—3】律师参与刑事诉讼的比率变化图②

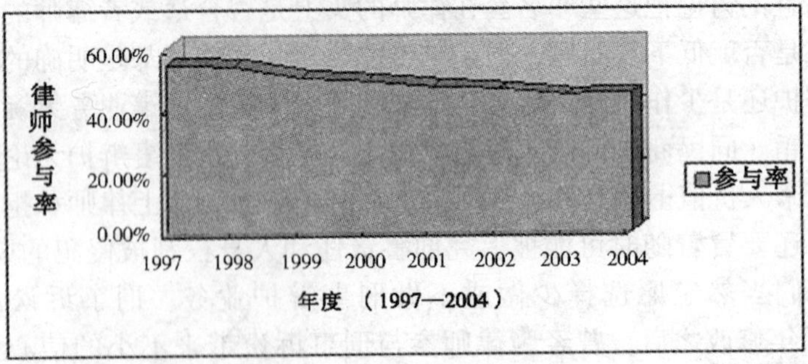

---

① 朱雨晨：《刑事辩护法律援助在困难中前行》，载《法制日报》2008年1月6日，第8版。

② 该表格的原始数据来自于1998—2005年《中国法律统计年鉴》，具体数据参见下表：

辩护律师参与刑事诉讼率（单位：件，%）

年份	律师参与刑事诉讼的总件数	法院审理的刑事案件数	辩护律师的出庭率
2004	332688	740452	44.9
2003	324454	731750	44.3
2002	335267	725346	46.2
2001	339549	721949	47.0
2000	317108	646730	49.0
1999	309767	618138	50.1
1998	296668	551141	53.8
1997	275188	505125	54.5

3.“律师型”法律人才与“法官型”法律人才

在美国法学院，主导性的教学方式为“案例讨论”。案例教学所选取的典型案例多包含着对立的意见。在这些成案中，除了作出判决的“多数法官意见”（majority opinion）之外，还附有其他法官的“反对意见”（dissenting opinion）以及虽认同多数法官的判决结果但不同意其分析的“并存意见”（concurring opinion）。对于这些案例，在课堂讨论过程中，教师通常不预设对与错的标准，学生们可自由发表各种各样的意见。在美国法学院，案例讨论往往采用苏格拉底式的方法。该方法的特点是，在课堂上，教授扮演“智者”和“批判者”的身份，不断地向学生发问，挑战学生的看法，引导和激发学生自己进行概括和推理，并就各种不同的观点展开激辩。苏格拉底式的对话、讨论方法不但能提高学生的学习积极性，而且可促使他们在自己探求的基础上，与教师和其他同学进行交锋，展开攻防训练，以不断地充实和深化自己的观点，训练法科学生“偏执型”分析能力。在这种法学教育模式下，律师不仅在从事实务工作之前就培养了善辩的思维和技巧，而且还为对抗式刑事审判的运作输送了必要的法律人才。

而中国法学院不同，教师课堂“授业”是关键的教学环节，学生容易充当被动接受者角色；同时，要求教师所授应为法律基础知识、基本原理和基本技能。因“三基”具有公认性，于是就少有学生质疑。显然，通过“课堂讲授”教学方法，难以使学生养成“偏执己见”的思维和能力。中国的案例教学法与美国的做法有所区别：美国的“案例讨论”是对抗式的，相互争论的焦点是何为对案件最适用的规则，训练的是学生“偏执型”的分析能力；而中国的案例教学法严格来说不是“案例讨论”，而是“案例分析”，其主要探讨如何将现行的法律规则适用于具体案件的问题，这些供分析的案例往往存在一个正确的答案，即便交由学生讨论，通常也无法达到各种观点相互对抗之效果，难以做成美国式的

“案例讨论”课。最明显的例证是，美国法学院测试学生的多为“案例讨论型”考题，教师一般不预设固定的答案。不同的是，中国法学院的考题多为“案例分析”题，实际上只要求学生充当“法官”，意在考查学生发现可以何种法律规定解决纠纷的能力；而且，对这样的案例题，教师一般事先已备有用以评分的标准答案。①

法学教育模式的差异对法律人品格和素质的培养是潜移默化的，一个以课堂教授为主和以标准答案为唯一评价指数的法学教育，怎么能够培养出对抗式刑事审判所需要的“偏执型”人才？这个问题并非中国特有，几乎所有具有大陆法系传统的国家在移植对抗制后都会面临这个问题，意大利也不例外。② 虽然法学教育模式对中国刑事审判对抗性较弱的影响相对较小，因为律师实际上并无多少真正可以发挥自己论辩技巧的机会。但是，即使是在一些有对抗机会的案件中，由于缺乏论辩技巧和思维的前期训练，整个审判依然缺乏活力。例如，在第27号案件中，控方共传唤了3名“控方证人”出庭，辩护律师居然缄口不语，没有对任何一个“控方证人”进行反询问。（见【表4—3】）在法庭辩论阶段，所谓法庭辩论，通常都演变成朗读事先准备好的“公诉词”和“辩护词”比赛，而你来我往的激烈辩论情形甚少看到。

（二）诉讼制度原因

1. 笔录卷宗式裁判

1996年修改刑事诉讼法时，为了实现“控辩式审判”的改革目标，即发挥控辩双方在庭审中的主导性作用，防止法官的预断和

---

① 徐崇利：《中美法学教育模式之比较：“法官型”人才V.“律师型”人才》，载《厦门大学法律评论》2006年总第11辑，第16～17页。

② 参见David M. Siegel, “Training the Hybrid Lawyer and Implementing the Hybrid System: Two Tasks for Italian Legal Education,” 33 *Syracuse J. Intl L. & Com.* 445(2006), pp. 452－455.

偏见，以使庭审实质化，起诉方式也作了相应的修改。因为在当时的立法者看来，案卷移送制是导致法官先定后审审判流于形式的罪魁祸首之一。于是，检察机关在提起公诉时，不再将全案卷宗一股脑儿地移交给法庭，只向法庭移送“证据目录、证人名单和主要证据复印件或者照片”。相对于先前的“卷宗移送主义”，学者们通常将之称为“复印件主义”公诉方式。“复印件主义”并非不移送任何证据的“起诉书一本主义”，而是一种“有限度的卷宗移送主义”。我们可以看到，“复印件主义”在中国的刑事审判中并非完全没有发挥实效，至少在保证法官在庭审上的被动性上它功不可没。毕竟法官已经无法在审前对所有的卷宗材料进行仔细的研究，而只能接触到一小部分没有实质内容的“复印件”，由于审判人员在审前无法进行详尽的准备，他就必然会在庭审上尽量保持一个克制的态度，以让熟悉案卷内容的检察官进行调查。

但是，如果让习惯于以笔录案卷为基础来制作裁判的法官实现彻底的转变，那么他就必须“要通过听取控辩双方的举证、质证和辩论来形成裁判结论，这无论是在观念还是在工作方式上都是一个巨大的挑战”①。为此，1998 年，最高人民法院、最高人民检察院、公安部、国家安全部、司法部、全国人大常委会法制工作委员会，联合发布了《关于〈中华人民共和国刑事诉讼法〉实施中若干问题的规定》（以下简称《六机关规定》），规定人民法院不得以证据目录、证人名单和主要证据复印件或者照片等资料不足为由而不开庭审判，进一步确立了“形式审查原则”。不过，如果缺少上述材料的，人民法院可以通知人民检察院补充。② 此外，人民检察院对于在法庭上出示、宣读、播放的证据材料应当当庭移交人民法

---

① 陈瑞华：《案卷笔录中心主义——对中国刑事审判方式的重新考察》，载《法学研究》2006 年第 4 期，第 65 页。

② 《六机关规定》第 37 条。

院，确实无法当庭移交的，应当在休庭后3日内移交，而且如果证人曾作过不同的证言，还应当在休庭后3日内把证人的全部证言移交给法庭。[①] 这就使过去的审前卷宗移送制转变成了现在的庭后卷宗移送制。加之中国的法院大多都是采用"定期宣判"而非"当庭宣判"的做法，由侦查机关制作并经检察机关整理和补充的审前卷宗笔录就这样如潮水般涌入到法官心证的门口，并可以轻而易举地转化为"定案的根据"。

如果说审前的"复印件主义"确实起到了一定排除预断或偏见的作用，那么庭审结束后的全案卷宗移送制则完全抵消了它的功效，所不同的只是推迟而不是排除法官对检察院所提交证据的单方面依赖。[②] 正是由于法官在庭审结束后拥有相对充裕的时间仔细地研读卷宗内所载的全部证据资料，并且几乎可以不受阻碍地将其转化为裁判的依据，所以法官即使在庭审中保持被动又有何妨，反正事后有时间再对全案的材料进行研究。所以，法官通常对辩护人过于执著的辩护行为横加干涉，反正是"你辩你的，我判我的"，何必浪费这"宝贵的"审判时间。对于那些有出庭经验的律师来说，

---

① 《六机关规定》第42条。

② 以笔录案卷作为裁判直接依据的做法不仅是一审法院的常规裁判方式，也是二审法院的常规裁判方式。二审法院据以判断一审法院的判决是否"事实不清，证据不足"的主要根据主要是笔录案卷，这就促使一审法官在认定事实时把主要的精力放在如何根据笔录案卷所载的证据得出一个合理的结论上，这进一步加剧了一审法官对笔录案卷的过度依赖。正如陈瑞华教授所言："案卷笔录不仅是二审法院进行所谓'全面审查'的依据，还是审查一审法院事实认定能否成立的标准。这种根据公诉方移交的案卷笔录来审查一审法院判决是否成立的二审裁判方式，对一审法院造成了较大的压力，并迫使一审法院不得不尽力追求判决结论与案卷笔录的吻合一致。否则，二审法院就有可能根据案卷笔录对一审判决作出否定性评价。"陈瑞华：《侦查案卷裁判主义——对中国刑事第二审程序的重新考察》，载《政法论坛》2007年第5期，第110页。

他们也知道反正作刑事辩护也就是走个过场，① 何必多费口舌在法庭上与检察官进行辩论，于是他们通常都不对控方的证据提出异议和进行有针对性的质证，他们通常都把辩护的重心放在控、辩、审三方通常都没有多少争议的量刑情节上。检察官的证明责任在这种裁判模式下也无落实的必要性，检察官同辩护律师一样，都是在庭审中走个过场，把各种书面证据宣读完毕并念完事先准备好的公诉词就算完事，即使是在辩护人对其举证提出质疑的情况下，他也甚少展开有针对性的回击，还是会自顾自地宣读下一个证据。

2. 以口供为中心的印证证明模式

龙宗智教授认为，与典型的自由心证（内心确信或排除合理怀疑）相比，中国的证明模式可以归纳为“印证证明模式”。虽然它本质上仍属于自由心证，但它更加强调证明的“外部性”而不是“内省性”。“外部性”，特指一个证据外还要有其他证据；而“内省性”，则是意指通过接触某一证据在事实判断者心中留下的印象与影响。自由心证中的“心证”原则，是强调证据（无论是单个还是多个）所能达到判断者确信的程度。为了能够达到“外部性”所要求的证明标准，印证证明模式强调证据的数量而不是特别强调证据的质量。②

在这种强调外部性吻合讲究证据数量而非质量的印证证明模式下，裁判者必须要能够获得尽可能多的证据。各种各样规范证据可

---

① 一位在重庆执业不久的年轻律师告诉我，他在刚进律师事务所不久就接到了一起法律援助案件，为了能够展示自己的才华，这位律师在庭审前进行了充分的准备并在法庭审理时针对控方提出了有力的辩驳。法官对这位年轻律师的行为感到有些诧异，并在开庭后向这位律师反问道：“怎么能这样？”这位律师告诉我，“法官的意思是，国家花钱让你担任援助律师不是让你来捣乱的。”这位律师后来在接手援助案件时就“沉稳”了许多，因为如此积极的辩护不仅无法改变结果，而且还耗费精力，得罪检察院和法院，可谓“吃力不讨好”。

② 参见龙宗智：《印证与自由心证》，载《法学研究》2004 年第 2 期，第 111 ~ 112 页。

采性的规则在这种证明模式下是无立足之地的，如果以非法证据排除了被告人的口供、以传闻证据规则排除了证人的询问笔录、以非法取证排除了搜查、扣押或超期羁押所获得的物证，等等，都会在客观上减少裁判者能够作出裁判所需要的证据数量。而在强调证据间相互印证的模式下，法官除了人为地降低证明标准外将难以作出判决。此外，在这种印证模式下，其他证据往往围绕在一个核心证据的外围起补强作用。这个证明的核心就是被告人的口供，所有其他证据都是用来进一步补强口供真实性和可信性的凭据。在一部分案件中，没有被告人的口供，单纯凭借间接证据是无法达到“印证”标准的，如所谓的“一对一”案件或对主观心理状态进行证明的案件。因此，被告人成为印证模式下的核心证据来源之一，赋予被告人沉默权，不仅在总量上减少了法官可以获得的证据数量，而且还可能使一部分案件完全达不到证明的标准，所以在此种证明模式下确认犯罪嫌疑人、被告人的沉默权是比较难的。

3. 弱小的辩护权：一场从起点开始就不平等的竞赛

一个能够与控诉权相抗衡的辩护权，必须要有相应的制度保障来弥补两者在事实上的不平衡状态。其举措可分为两种：一种是对控诉权的行使叠加层层障碍，以增加其指控成功的难度；另一种则是加强辩护方自身能动性，以能够与控方进行真正的抗衡。

1996年《刑事诉讼法》的修改虽然对一审的庭审方式进行了较大的改动，但对于侦查程序的改革相对有限。公安机关在侦查阶段享有的权力之大非其他法治国家所能比：第一，除了逮捕需要受到检察机关的事先批准以外，其他的强制措施和所有的强制性侦查措施（如搜查、扣押等）都可以由公安机关自己决定；而且这些侦查措施的条件存在极大自由裁量的空间。此外，还有一些本属于刑事诉讼法规范对象的侦查措施（如诱惑侦查、监听、窃听等）游离于法律的规制之外。被告人对所有的侦查行为都没有诉诸司法救济的机会，顶多只能向决定机关或其上一级机关申请行政性的复议或复核。第二，被告人在接受公安机关的讯问时依然负有如实回答一切与案件相关问题的义务，没有确立可以保持意思自治的沉默权。除此之外，证据规则没有任何变化，在既没有大陆法直接言辞原则也没有英美法传闻排除法则的情形下，控诉方的（书面）证据转化为最终的定案根据殊少受到真正的限制。同时，除了带有宣言性的“严禁刑讯逼供、引诱、欺骗以及其他非法的方法收集证据”外，对于非法取得的证据是否应当排除语焉不详。

同控诉机关在追诉犯罪时所享有的极大便利形成对比，辩护人在履行辩护职能时却重重受阻：第一，虽然修改后的刑事诉讼法规定了犯罪嫌疑人在侦查阶段就可以聘请律师并可以同其律师会见，但是“涉及国家秘密的案件，犯罪嫌疑人聘请律师，应当经侦查机关批准”，而且律师在会见其当事人时，侦查机关可以根据案件情况和需要派员在场，对于涉及国家秘密的案件，律师会见犯罪嫌疑人还应当经过侦查机关批准。第二，律师虽然享有调查取证权，但是必须“经证人或者其他有关单位或个人同意”，而对于“被害人或者其近亲属、被害人提供的证人”进行调查取证，则必须先“经人民检察院或者人民法院许可”，再经被调查人许可，方可向他们收集与案件有关的材料。而对于无法获得的证据资料，辩护律师虽然可以申请人民检察院或者人民法院收集、调取，但是是否同意其申请则完全取决于人民检察院或人民法院的决定，辩护人没有对不同意的决定寻求法律内救济渠道的机会。第三，在自行取证权受到上述限制的情形下，辩护人的阅卷权同样不容乐观。在检察院审查起诉阶段，他只能查阅、摘抄、复制“本案的诉讼文书、技术性鉴定材料”，而到了法院受理案件后，他也只能查阅到“与本案有关的犯罪事实的材料”。随着公诉方式的变革，“与本案有关的犯罪事实的材料”无非就是“证人名单、证据目录和主要证据的复印件或者照片”，且根据《六机关规定》和《检察规则》的相关规定，何谓“主要证据”则由检察机关的办案人员根据案件的具体情况而定。[1]

在中国现行的诉讼体制下，控辩之间的失衡从侦查阶段开始就出现了。追诉方在审前享有的权力与被追诉方在审前享有的权利形成了巨大的反差，为追诉方的查证行为提供了极大的便利。审判阶段之所以没有对抗的果子实际上是结在审前控辩失衡的树上。有学者因此而感叹道："所谓的'刑事审判方式改革'原来是一栋奠基在沙漠之上的大厦，尽管外表很漂亮，但其根基有着致命的缺陷，因此注定难以取得预期的成效。"[2]

在这种侦查构造下，被告人及其辩护律师在审前能够获得有利于自己的证据非常之难。被告人在审前的人身自由通常被剥夺，处于侦查机关的控制之下，不仅无法为自己进行取证，就连会见其聘请的律师也要受到限制；整个讯问程序都是在没有律师参与的封闭程序下进行的，被告人必须要对自己涉嫌犯罪的行为进行解释；辩护律师的调查取证权和阅卷权同样也受到了重重阻碍，难以获得真正实质性的辩护证据。因此，期待被告人及其辩护律师能够在庭审中提出一些真正有助于帮助被告人洗脱罪名的证据非常困难，所以庭审中大部分被告人及其辩护律师不仅无法对控方的证据提出有针对性的质疑，同时也无法在己方举证时提出多少有力的证据。

4. 行政化运作的司法程序

在古代中国，越是重大的案件程序也就越复杂。但是这种复杂的程序设置是一种纵向的权力配置关系，而非横向的权力制衡和权利制约。从普通刑事案件到死刑案件，自秦、汉到明、清，地方各级审判的权力虽有变化，但诉讼程序的"逐级审转复核"制度却始终未变。以清代刑事程序为例，几乎所有的案件都由州、县级开

---

① 参见《六机关规定》第36条和《检察规则》第283条。

② 陈瑞华著：《问题与主义之间——刑事诉讼基本问题研究》，中国人民大学出版社2003年版，第1页。

始立案侦查，但均按照案件的大小、轻重分别由不同职级的官吏行使终审权。这种制度的本质就是司法的行政化，其原因在于中国的司法官同时也是当地最高行政长官，于是根据事务的重要性，凡重要事务均由更高一级官吏处理，其背后的潜台词为：“官吏职级越高越可靠。”①

中国当今刑事司法中的诸多程序设置都可以在此种制度传统中寻求到历史依据。在中国的刑事司法制度中，作为案件“承办人”的法官，要负责进行庭前准备、组织法庭审理、提出审理报告以及草拟裁判文书，并要对案件的审判结果接受审查并承担主要责任。审判长制度本来是为了发挥合议庭的集体决策作用而建立起来的，却演变成法院内部的一种行政审批制度。承办法官在向庭长、院长提出审批申请之前，一般还会将案件裁判结果报送审判长审查。遇有重大、疑难或者存在较大争议的案件，法院院长还有权召集审判委员会会议，在听取承办法官的口头汇报之后，对案件的裁决作出决定。不仅如此，在很多情况下，一个正在审理案件的一审法官，为了使其裁决意见获得上级法院的首肯，或者为了避免案件被上级法院发回重审或者加以改判，可以通过内部的途径秘密请示上级法院的法官，从而使一审裁决结论直接体现出上级法院的意见。而上级法院遇有事实不清、证据不足或者需要依法改判的情况，也往往会借“发回重审”之机，向下级法院发布作出某种裁决的内部指导函，从而对下级法院的司法裁判直接施加影响。这在普通一审和二审程序中已经成为不成文的惯例。② 中国的死刑复核程序基本保持了一种行政报核的制度格局，而没有转化为一种以不告不理、控辩双方同时参与为特征的“诉讼程序”。这是基于死刑案件在量刑

① 孙笑侠著：《程序的法理》，商务印书馆2005年版，第21页。

② 参见陈瑞华：《中国刑事司法的三个传统——以死刑复核制度改革问题为切入点的分析》，载《社会科学战线》2007年第4期，第207~208页。

方面的严厉性所设计出来的下级法院主动报请最高人民法院审查和批准裁决的制度。这与中国古代的复审制度设计如出一辙。

伴随着20世纪中后期的国家政权建设与权力集中化态势，同一侦查、起诉、审判机关内部的等级化与内部等级审查的常规性与深入性得到强化，司法机关的等级化构造与决策的等级化，上级审查（包括上诉、死刑复核、审判监督等）的常规性与深入性（不仅审查法律适用和程序适用，而且审查事实认定）也得到强化，这集中体现在死刑复核权的回收。① 在这种行政化的司法程序下，法官关注的重心不是进行一场实实在在的庭审并据以作出相应的判决，而是能否在作出判决后经受住上一级别的审查。为了能够确保自己的判决不被推翻，合议庭关心的是庭长、法院院长、审判委员会和上一级法院的意见，而不是被告人及其辩护人的意见。同时，对司法官员的等级化控制进一步削弱了权力制约和分权制约的必要性，因为通过上级机关对下级机关的严格控制和审查能够适当地弥补权力制约和分权制约不足的缺陷。因此，即使被告人被赋予了如实回答的义务也无大碍，因为判决还有上级可以把关，甚至于自动上报给最高司法机关，出现了错误也可以纠正。②

---

① 参见左卫民：《中国刑事案卷制度研究——以证据案卷为中心》，载《法学研究》2007年第6期，第110页。

② 早在1976年，一位研究中国刑事审判的美国学者就认为，找不到一个可以同西方词语“trial”等同的中文词语，他认为中国的刑事审判只是整个国家行政治理的一个组成部分，因此倾向于上下级控制，而不是权利制约和权力制衡。他这样说道：“研究中国刑事审判的结构……不能单从形式上去研究，而应从其现实运作来研究。从实际运作来看，研究中国的审判就是研究中国的行政体制。因此，对审判的价值评价主要取决于它实现特定目的的能力，不管这些目的是什么，反正肯定不是西方意义上的正当程序标准。这并不意味着它忽视公正等价值。相反，它们都是中国审判所欲追求的目标，只是它追求这些目标的方式不是采用对抗式刑事审判的方式，而是以其他的方式。换言之，它促使官员遵守法律规定的方式不是通过给予被告人及其辩护人挑战官员意见的权利，而是通过行政控制的方式。”William C. Jones, “A Possible Model for the Criminal Trial in the People's Republic of China,” 24 *Am. J. Comp. L.* 242(1976), p. 243.

（三）文化原因

1. 对权力的信任

在传统中国的社会统治哲学中，有两种不同的观点：一种是性善论，另一种是性恶论。前者的推论是，政制的存亡取决于人心，人只要发掘内心，就可以找到善的源泉，从而达到道德上的完善境地；这种道德完善是一个称职的统治者的先决条件。此观点为儒家所信奉。① 后者的推论是，他们不相信人性本善，更不相信礼教道德可以收到改善人性而致天下大治的功效；反之，他们认为人性是恶的，所以现实中的人总是贪生怕死、趋利避害，因此在政治态度上应该取法而排礼，具体到刑事政策上则是以恶去恶、以杀去杀。

无论是在哪一种政治哲学下，根本的权力观则是一致的。性善论的教化效果和内心的自省挖掘，在很大程度上主要取决于一两位在位者的潜移默化之功，社会风气有赖于他们的人格感召力，即以极少数人的言行为标准，要求全体臣民赋予这些人以示范性与绝对的权威性。性恶论的法家则将权力的至上性、唯一合法性赋予了君主，使君主成为国家的象征，帝王的言行就是法律，违法就是背叛皇帝、背叛国家；皇帝可对全体臣民施用法律，唯独他自己可以免除法律的监督制约。因此，性善论和性恶论可以说是殊途同归，共同统一于对权力的膜拜和信任之中。② 在这种权力观下的个人是无自由可言的，正如梁漱溟所言，中国人自来没有“个人”，没有民主和自由，“中国人不当他是一个立身天地的人，他当他是皇帝的臣民，他自己一身尚非己有，哪里还有什么自由可说呢”③？

当代中国的社会治理方式同古代中国当然不可同日而语，但是

① 梁治平：《说“治”》，载甘阳主编：《文化：中国与世界》（第3辑），三联书店1989年版，第236页。

② 张中秋著：《中西法律文化比较研究》，南京大学出版社1999年版，第293～294页。

③ 梁漱溟著：《梁漱溟全集》（第一卷），山东人民出版社1990年版，第365页。

在对待权力的态度上却未有太大变化，其在刑事诉讼中的体现就是强调权力自由行使和轻视权利保障的“权利压抑型”诉讼体制。一些为当今各法治国家和国际公约所普遍认可的权利：沉默权、同不利证人的对质诘问权、禁止重复追究权等公正审判权，尚未得到立法的确认；反之，公检法机关的权力行使甚少受到来自犯罪嫌疑人、被告人方面的有力制约和监督，权力的行使主要仰赖执法者的道德自觉和领导及上级的行政监控。具体以刑事审判为例，控辩双方并不是地位平等的当事人，检察机关不仅享有法律上的优势而且还受到法官的袒护；被告人不仅有如实回答的义务，而且就连其辩护律师的发言也经常为法官所打断；法官在证据的取舍上享有极大的自由裁量权，作为约束法官采证行为的证据规则粗疏且效力低下。在这种权力观下，实现真正的对抗（无论是积极的还是消极的）是非常困难的。

2. 和合文化

梁治平先生曾经对中国古代的和谐价值观如此描述：

古代中国人由天道—自然—和谐的信仰出发，创造出一整套与众不同的价值体系。在处理纷繁的人际关系时，他们把宇宙的和谐奉为楷模，力图创造一个合乎自然的社会。在他们看来，这不仅是必要的，而且是可能的。因为，人道与天道并非全无干系，它们相通乃至相合，天道就在人心之中，并且是人间全部道德的最后依据。人依其天性而生活，理想中的和谐社会就一定能实现。……在经验的层次上，这些内在的信念……渗透在几乎每一个人（当然也包括被统治者）的观念、心态里面。正是这些东西从根本上决定了古代中国人对于诉讼的态度。①

在这种价值观下，社会的目标是实现无讼无争的安宁景象，而

① 梁治平著：《寻求自然秩序中的和谐》，中国政法大学出版社 1997 年版，第 216 页。

一旦起了纷争，则尽量通过各种教化手段使当事人“息讼”；而讼师则被视为教唆词讼者，是社会不安定的制造者之一，所以应当打压；人际关系的处理应当“以和为贵”；致富的秘诀在于“和气生财”；处理事情的方式讲究折中和调和，重人情而不重规则，等等。

这种和合文化对中国的刑事审判也产生了深远的影响，是导致中国刑事庭审无法真正对抗的深层次文化根基之一。和合文化重视和合而轻视分立，所以公检法三机关之间应当“互相配合”，共同对付犯罪；即使在事实认定上出现了分歧，也应由政法委出面协调。被告人在公检法的和合态势下，必然会处于孤立无援的境地。在没有沉默权的保障下，且有“坦白从宽、抗拒从严”的刑事政策要求合作的告诫，被告人在法庭上当然应尽量采取积极配合的态度，而不是顽固抵抗的态度。辩护律师在发表辩护意见时的一个常见现象就是首先申明：“对于起诉书所指控的犯罪事实没有异议……”，而在法庭调查时，即使检察官或法官不当地阻碍了其依法行使辩护权，辩护律师也尽量不会与检察官尤其是法官发生正面冲突。正如美国学者所言：“中国辩护律师的工作方式或多或少地受到了……注重和谐、秩序和集体利益的儒家文化的影响。在此传统下，人们期望辩护律师同法庭合作，而不是对抗。中国的律师，尤其是那些久经考验的律师，知道通过‘争斗’或‘抵抗’的方式是无法为其当事人谋取最大利益的，而应通过法庭上的‘顺从’和‘低调’才能为其当事人谋取最大利益。”① 对于有能力的律师来说，他们往往深谙中国的和合之道，“打关系才能打赢官司”，所以他们往往把辩护人的真正职责从法庭上为辩护人进行有力的辩护转向通过各种关系来打通审判人员之上。“信仰‘和为贵’的中

---

① Hong Lu, Terance D. Miethe, Legal Representation and Criminal Processing in China, 42 *Brit. J. Criminology* 267(2002), p. 277.

国人一般并不拒绝在法庭外提供证言，如果警察、检察官、法官私下走访证人了解情况，证人通常乐于配合，但要求他们出庭作证，这些证人却往往不愿意合作，因为他们不愿意到法庭上面对他的证言不利的那一方，习惯做一个老好人的中国人不愿意得罪那些于自己的利益不相干的人。”① 这就使法庭上难以寻觅到证人的踪影。

四、中国刑事审判的未来改革方向

中国1996年《刑事诉讼法》所确立的“控辩式审判”已运行达10年之久了，但是从其实际运作来看，并不理想。于是，有一些学者开始质疑改革当时所选定的当事人主义化的目标，认为以英美对抗式刑事审判为改革目标，是一个错误的定位，应当以大陆法系国家职权主义或主要以大陆法系国家职权主义为改革的榜样。其理由可归结为：

第一，两大法系刑事诉讼模式的根本区分点在于当事人主义诉讼模式侧重于保障人权，职权主义诉讼模式侧重于打击犯罪。1996年《刑事诉讼法》是我国从职权主义诉讼模式向当事人主义诉讼模式转化的一种尝试，但囿于我国的立法传统和国人的法律思维，立法者对于当事人主义诉讼模式仅限于原则性的规定，在规定具体程序时则偏向职权主义模式，如《刑事诉讼法》一方面要求在法庭审理阶段由控辩双方举证、辩论，希望通过控辩对抗的方式揭示案件的事实真相，另一方面却出于打击犯罪的需要没有为辩方提供相应的程序保障，也未建立直接言辞原则及证人出庭作证制度，导致《刑事诉讼法》的可操作性极差。

第二，《刑事诉讼法》实施7年的情况表明，当事人主义诉讼模式需要相当多的配套措施，如完全不同于我国的陪审制度、判例

---

① 张建伟著：《司法竞技主义——英美诉讼传统与中国庭审方式》，北京大学出版社2005年版，第469页。

制度、司法区划、法官来源、证据展示制度、辩诉交易制度等，因此我国虽然想引进当事人主义模式，但由于《刑事诉讼法》不符合我国司法传统，效果却适得其反。

第三，当事人主义诉讼模式的诉讼成本相对较大，不符合我国国情。在当事人主义国家，多数案件都是通过辩诉交易实现的，只有一小部分案件进入审判程序。这部分案件办理起来成本过高，效率太差，而我国简易程序发展不成熟。所以，如果完全按照当事人主义诉讼模式办理案件，根本不能满足人们对打击犯罪的要求。①

第四，我们有70%的刑事案件没有律师辩护。这一比例在短时期内降低的可能性不大。我们绝对不能无视这一事实，强行推行对抗制，而应当注意加强对没有获得律师帮助的犯罪嫌疑人、被告人的人权保障。一个刑事案件中，可能没有律师，但不可能没有侦查人员、检察官、法官。在犯罪嫌疑人、被告人无法得到律师帮助的情况下，唯一能够为他们提供帮助的，就只有对其进行追诉、裁判的人。如果追诉者、裁判者不同时扮演犯罪嫌疑人、被告人的保护人的角色，那么，不但犯罪嫌疑人、被告人的合法权益得不到应有的保护，案件的真相也无法查明，在刑事诉讼中实现正义和通过刑事诉讼实现正义的目标就会化为泡影。②

第五，英美法系以个人主义为基础，不适合我国国情，而中国系群体主义国家，采取职权主义更为适宜，因此我国司法体制的配

① 前三点理由，参见晏向华：《诉讼制度：符合国情才是最好的》，载《检察日报》2004年1月5日，第4版；汪建成教授则认为，对抗制的配套制度有判例法传统、独具特色的律师业和陪审团审判，由于中国没有这些制度，所以不具备建立对抗式诉讼的可行性。参见汪建成：《刑事诉讼法再修订过程中面临的几个选择》，载《中国法学》2006年第6期，第87~89页。

② 参见李昌林：《刑事诉讼模式的立法选择》，载《甘肃政法学院学报》2007年第2期，第60~62页。

置基本沿袭的是大陆法系模式。受自给自足的自然经济条件限制，再加上几千年封建专制统治和儒家文化思想的熏陶，中国民众已经养成了“温、良、恭、俭、让”的民族性格特征，民众普遍对政府权力抱有很高的信任感，寄托了较高的期望，对犯罪行为表现了深深的憎恶和恐惧。守法的公民遵守的是“人不犯我，我不犯人”，对被害人给予了极大的同情，并宁愿牺牲较大一部分自由来换取政府有力的保障。这也在很大程度上决定了我国的诉讼制度与大陆法系有较强的亲和性。对秩序或安全的向往与追求自由一样无可厚非——只要寻求秩序或安全的手段合法、有序且不突破尊重人之基本尊严、人格权和自由的底线。每个人对安全与自由的向往不同，每个民族、每个国家对安全与自由的选择也各异。我国民众对秩序、安全有所倾斜的法文化决定了我国不可能将程序正义置于实体正义之上，这种状况决定了对抗式诉讼模式在我国无合适之土壤。①

笔者对上述论点不敢苟同，理由在于：

第一，主张以职权主义审问式审判为改革榜样的学者认为，中国的刑事诉讼以前是职权主义，这是对中国刑事诉讼的误读，所以所谓“重新回到职权主义”也就无从谈起。单以审判阶段来看，中国刑事诉讼与某些大陆法系国家的诉讼确实存在诸多的相似点：实行陪审人员参审制而非陪审团制；定罪程序和量刑程序合二为一而非相互分离；被告人的认罪行为只是法庭的证据来源之一而无终结犯罪事实调查程序的效力；鉴定人是提供专业鉴定意见的“法庭助手”而非控辩双方各自雇请的“专家证人”；被告人提供虚假证词不会受到伪证罪的追诉；被害人可以提起附带民事诉讼而非刑

① 参见汪海燕：《法文化共性、相异性与我国刑事诉讼模式转型》，载《政法论坛》2005 年第 5 期，第 156 页；张泽涛：《反思帕卡的犯罪控制模式和正当程序模式》，载《法律科学》2005 年第 2 期，第 101 页。

民诉讼分离制，等等。但是，据此将中国的刑事审判形式归结为职权主义，似显不足。

职权主义审问式审判和当事人主义对抗式审判并非特指哪一个国家、哪一个时期具体的审判方式，而是一种理论上的抽象和类型化。不过二者并非学者凭空想象的臆造之物，而是来自于对欧陆和英美审判制度进行高度对比后的产物。两者之间的主要区别在于对审判程序（当事人推进主义或职权推进主义）和结果（当事人处分和职权调查）控制权的分配；以当事人推进主义和当事人处分主义为特征的审判为对抗式刑事审判；反之，以职权推进主义和职权调查为特征的审判则为审问式审判。任何一个具体国家的审判都是介于此两点之间某个位置的“混合式审判”，没有任何一个国家在任何时期是“纯对抗式审判”或“纯职权主义审判”。从两大法系国家的现实司法来看，英美法系国家的司法制度是较接近于对抗式刑事审判的；大陆法系国家的司法制度情况则较为复杂：不仅有保留职权主义传统较多的法国式职权主义审判，而且还有以德国为模板的“研讨辩论式”审判，[①] 还有西班牙和俄罗斯所实行的有限度的陪审团审判，更有背叛职权主义传统的意大利式对抗式刑事审判。据此，把“英美法系刑事审判”等同于“对抗式审判”或把“大陆法系刑事审判”等同于“审问式审判”都是对两大法系刑事审判的误读；同理，把中国的刑事审判称为职权主义审判也难以成立。

① “研讨辩论式”审判的术语来自于中国台湾地区学者林钰雄对德国刑事审判的概括，具体参见林钰雄著：《严格证明与刑事证据》，中国台湾地区新学林出版股份有限公司 2002 年版，第 249 ~ 251 页。

既然当事人主义和职权主义之间的区别主要在于二者不同的程序权力配置方式，那么认为“当事人主义诉讼模式侧重于保障人权，职权主义诉讼模式侧重于打击犯罪”的观点就难以成立。从历史发展的脉络来看，大陆法系自第二次世界大战以来，出于历史经验教训的深刻反省以及国际人权公约的深刻影响，特别是《欧洲人权公约》及其执行机构欧洲人权法院的影响，不断地加强了被告人在刑事诉讼中的权利保障。某些方面的权利保障甚至要超出英美国家，如德国法对非法口供的自主性禁止使用规则。由于法国、德国等大陆法系国家强调检察官的客观性义务和法官的澄清义务及照料义务，弱势被告人①在这些国家或许能够受到更为充分的保障。认为职权主义诉讼模式侧重于打击犯罪，进而将之与中国的刑事诉讼画上等号，可能是法、德等国人士所难以认同的。② 如果从理念上追本溯源，可以说两者之间在人权保障上并不是有无或多少的问题，而是保障内容和方式的问题，即职权主义侧重于被告人平等权的保障和国家的职权保障，当事人主义侧重于被告人自由权的保障和当事人的自主保障。③

第二，将中国刑事审判制度法律规定的粗陋、缺乏配套制度和实践的弊病作为拒绝对抗制的理由是难以成立的。其一，中国的刑事审判制度于1996年所进行的改革本身即具有一定的过渡性和妥协性，因此在立法上出现粗糙和疏漏的现象在所难免，这可以通过深化改革进一步完善立法予以改进；由于立法本身就没有确立对抗

---

① 指没有辩护人帮助的被告人或其辩护人辩护技巧和能力拙劣。

② 德国学者 Kühne 于 2006 年 12 月 12 日在我国台湾地区的学术讲演中说道：“根据职权主义，法院主导并型塑整个审判程序；而根据当事人主义，法院之功能则化约为仲裁人。对于被告之权利保护而言，基本上两者并无差别。” ［德］ Hans－Heiner Kühne：《刑事诉讼法之结构与个人权利之保障——一个比较法的考察》，王效文译，载《成功法学》2007 年第 13 期，第 185 页。

③ 参见本书第三章第四部分“谁更有利于保障权利”一节。

制，这就不能将病因归结为对抗制，进而推论对抗制不能在中国实行。其二，英美式的对抗式刑事审判当然需要诸多的配套制度，论者罗列的有“陪审制度、判例制度、司法区划、法官来源、证据展示制度、辩诉交易制度等”。从前面章节的分析我们可以看出，陪审制和判例制只是增强法庭对抗性的因素之一，本身并非对抗制运行的必要条件；司法区划和法官来源与对抗制更是无须配套；证据展示制度是对抗制发展到一定历史阶段后的产物，是英美国家加强审判前的职权干预以增进实体真实发现力的措施，本身非但不是对抗制的必备要素，反而是英美司法由对抗走向合作的表征。辩诉交易制度是对抗制下当事人处分主义的鲜明体现，它自身就是另一种形式的对抗制，而非对抗制的配套制度。实际上，从英美刑事审判的运作来看，对抗式司法的运作主要需要两个配套制度，一个是严格而完善的证据规则和程序规则，以阻断侦审之间的流水关系，为法庭对抗提供一个公平竞技的环境；另一个则是发达的律师辩护制，以使控辩双方能够展开平等的对抗。对于中国来说，并不是缺少这些制度，而是这些制度都处于一个较低的发展层次。

第三，相对于中国高效率的审判来说，对抗式刑事审判的确显得成本高昂。但是，对于司法制度来说，最为根本的价值目标不应是效率，而是公正。只有在确保审判公正的基础上才能追求有限度的效率。否则，就地正法岂不是最低廉的方式吗？刑事司法如果过于执著于效率的追求，不仅有损于程序正义，而且还可能会导致审判的彻底无效（误判）。对抗式刑事审判因其严格的证据和程序规则而使审判耗费时日，但是对于中国来说，完全可以选择一种对抗程度适宜的对抗制审判。实际上，如果借用帕卡的说法，对抗制审判存在着两种形式：正当程序模式和犯罪控制模式。前者如同一起为控方指控设置重重障碍的跨栏赛，后者则如同车间的流水作业。[①] 正式的陪审团对抗式刑事审判就是一起跨栏赛，而辩诉交易下的有罪答辩则是高效的流水线司法。辩诉交易或有罪答辩难道不比中国的刑事审判更加高效吗？况且从前文的分析中，我们可以看出，依照普通程序审判的刑事案件绝大部分被告人都当庭表示认罪，对于这一部分案件还有进一步简化程序提升效率的空间，如此一来，即可节省出一部分案件的司法资源以弥补另一部分案件加强对抗性所造成的资源不足。

第四，律师的低出庭率的确是阻碍中国推行对抗制的主要因素之一，因为对抗式刑事审判是一种“律师主导型”审判。没有律师的参与，弱小的被告人不仅无法同强大的公诉人展开有针对性的积极对抗，而且还因其辩护角色无人分担而无法进行消极的对抗（即保持沉默）；更为严重的，在公诉人当事人化和法官消极化之后，没有律师帮助的被告人在对抗式庭审下可能会处于相比以前更为不利的境地。但是，问题在于律师的低出庭率到底是何种因素造

---

① 帕卡的学说一度在国内引起巨大关注，并将其抽象出的“正当程序”模型（due process model）和“犯罪控制”模型（crime control model）作为比较刑事诉讼法学的分析工具。帕卡本人可能并不会同意，正如他在开篇就指出的：“笔者所设计的刑事程序并不是放之四海而皆准的程序，而是以当下的美国社会作为其背景的（one that operates within the framework of contemporary American society）。”这也就是说，“正当程序”模型和“犯罪控制”模型是帕卡所设计的用来分析20世纪60年代美国刑事诉讼的模型，其社会背景为沃伦法院的“正当程序革命”并因之所导致的“辩诉交易”的扩大化。虽然帕卡没有明确地提出正式的陪审团审判代表的是“正当程序”模型，高效简洁的“辩诉交易”或“有罪答辩”代表的是“犯罪控制”模型。但他的模型实际上是从这两种现实的制度中所提炼出来的，这可以从他的这段话中得到印证：“犯罪控制模型倾向于减弱诉讼的对抗性；正当程序模型则倾向于使对抗成为程序的核心。两者的共同之处且非常重要的一点在于，每一个受到追诉的人都有选择进行积极对抗的潜在可能性。”换言之，被告人的决定将直接影响到刑事诉讼的进行方式到底是以正当程序模型还是以犯罪控制模型来运行。参见 Herbert L. Packer, “Two Models of the Criminal Process,” 113 *U. Pa. L. Rev.* 1 (1964), p.7., p.9.

成的。是中国的律师太少以至于根本难以满足市场需求？还是因为被告人财力微薄而无力聘请所致？还是因为律师本身就不愿意接收刑事案件？我们通过上述可以看出，导致中国律师低出庭率的原因主要在后两点：法律援助的有限性和刑事辩护的高风险、低回报和形式化。那么改革的方向应该是非常明确的，扩大法律援助的范围、扩大被告人的辩护权和降低刑事辩护的风险，使辩护律师能够真正有用武之地。假如我们满足于现状，企图通过强化公检法机关的职权照顾义务来维护被告人的权利，实质上只是一种美丽的幻想。作为大陆法系传统的最顽固的坚守者之一的法国，一直以来都认为对抗制不利于对弱势群体的保护，以对抗制为蓝本扩大被告人的辩护权将导致法律适用中的不平等，因此它一直以来都强调司法官的职权照顾义务，即对被告人有利与不利的情节尽到同等注意和澄清的义务。但是，从司法实践来看，这种美好的理想还是破碎了。从侦查阶段来看，司法官的照顾义务无法落实，因为93%的案件都是由警察进行侦查的，预审法官所侦查的案件仅占7%。在这93%的案件中，从理论上来说都应该在检察官的监控下进行，以防止警察滥用权力。但是，在实践中，检察官几乎都是放任警察自行调查，而且对警察延长拘留（garde à vue）期限的请求几乎是有求必应，甚至主动向警察局提示是否要延长拘留期限。[①] 2004年，法国出现了一起最惊人的司法错案，13人因Outreau镇恋童癖连环案被错误指控，造成这种后果的一个根本原因是进行调查的法官完全独立地工作，以至于产生了误判[②]。假如连法国这样的法治国家的检察官和法官都如此疏于自己的义务，我们怎么能够期望中

① 参见Jacqueline Hodgson, French Criminal Justice: *A Comparative Account of the Investigation and Prosecution of Crime in France*, Hart Publishing, 2005, chap. 5.

② 欲了解该案的详细情节及法国司法机构的反应，参见Jacqueline Hodgson, "The Investigaiton and Prosecution of terrorist Suspects in France," *An Independent Report Commissioned by Home Offiece*(Nov. ,2006), p. 11.

国几乎不受任何司法控制的警察、检察官和没有独立性的法官尽到客观性义务呢?

第五，就文化因素来说，论者认为中国的法律文化注重秩序和群体主义、对权力持信任的态度；而对抗制则注重自由和个人主义，对权力持怀疑的态度。因此，中国的刑事审判应该以与文化更为接近的大陆法系为改革蓝本，而不能以文化差异悬殊的英美法系为改革蓝本。在此，论者忽略了这样的事实，即英美的对抗式刑事审判经历了从古典自由主义下的对抗制向新自由主义下的对抗制的转变历程。论者所说的对抗制文化只能看做是古典式的对抗制文化，现代型的对抗制不仅强调检察官公正执法的义务和裁判者对程序的适度干预，而且还强调国家对当事人的福利性保障以及对特殊案件中被害人的特殊保障。[①] 它是在对自由、平等和秩序价值进行综合权衡后的新型对抗制。此外，英国于20世纪中后期以“法律和秩序”为导向的刑事司法改革表明，秩序价值已经成为立法者和政府部门的首要价值。对于我们来说，需要借鉴的当然不是已成为历史的古典式对抗制，而是新型对抗制或现代英美的司法制度。虽然在价值权重上中国与美国还有重大差异，但是与英国已经开始从相反的方向渐趋一致。[②] 主张以职权主义诉讼为改革目标的学者忽略了这样一个事实，即中国和法国、德国等大陆法系国家所信任的权力是不同的。在法、德等大陆法系国家，警察权作为行政权，无论是从组织体制、法律素养，还是从其本身的性质来看，都是不值得信任的，所以法、德等大陆法系国家一直都没有把警察权放置于司法权的监控之外。在法国，领导和指挥侦查的不是司法警察或宪兵警察，而是检察官和预审法官，两者都是司法官（magistrat），

① 参见第三章第六部分“对抗式刑事审判的现代转型”。

② 参见第一章第八部分“对抗式刑事审判在英国的衰落”；李晓明：《中英刑事司法改革比较研究》，载《中外法学》2007年第3期，第304页。

只不过前者被称为"立席司法官"，后者被称为"坐席司法官"而已。美国学者休斯如此解释道："在法国人看来，授予警察在侦查犯罪和指控犯罪方面更大的权力会危及公民的自由。为了公正和自由的利益，应该把如此重要的权力仅授予司法官员。"① 德国在废除了预审法官制度后，也是由检察官领导和指挥警察侦查的，而德国的通说也认为检察官是接近和近似法官的"中介司法官"。② 堪称德国检察制度创始人的法学大师萨维尼在探讨引入检察官制度时曾说道："警察官署……的行动自始蕴藏着侵害民权的危险，而经验告诉我们，警察人员经常不利关系人，犯下此类侵害民权的错误。检察官的根本任务，应为杜绝此类流弊并在警察一行动时就赋予其法的基础，如此一来……此新创制（指检察官）才能在人民眼中获得最好的支持。"③ 可见，大陆法系国家所相信的是能够从组织和身份上获得独立性保障的司法官，尤其是对法官的信任，而不是行政官员。正如德国教授魏根特所言："欧洲刑事诉讼最为根本的特征在于：法官无论是在审前还是在审判中都居于主导性地位（dominating position）。"④ 但是，反观中国的刑事司法，无论是从制度层面，还是从现实层面，公安机关都享有几乎不受任何外部监控的强大权力，但是司法的权威则一直未能树立。这与中国历史上长期侵染于行政官兼理司法的制度不无关系，也与当前强调以经济

---

① Graham Hughes, "English Criminal Justice: Is It Better than Ours?" 26 *Ariz. L. Rev.* 507(1984), p. 532.

② 有关德国检察官的法律地位，参见林钰雄著：《检察官论》，中国台湾地区学林文化事业有限公司 1999 年版，第 95 ~ 104 页。

③ Zitiert nach Roxin, *Rechtsstellung und Zukunftsaufgaben der Staatsanwaltschaft*, DriZ 1969, 385 f.; Eb. Schmidt, *Die Rechtsstellung der Staatsanw? lte im Rahmen der rechtsprechenden Gewalt und ihre Einbeziehung in das Richtergesetz*, DriZ 1957, 273, 277. 转引自林钰雄，同上注，第 17 页。

④ Thomas Weigend, "Continental Cures for American Ailments: Eruopean Criminal Procedure as a Model for Law Reform," 2 *Crime & Just.* 381(1980).

建设为中心的保驾护航观有关。因此，法、德等大陆法系国家刑事诉讼的司法官主导性文化和中国的公安机关中心主义怎能视为同一种文化呢？即使假设中国的文化与对抗制所依赖的文化有别，但是“逆传统文化改造诉讼制度，是一剂对症良药，有利于克服我国刑事诉讼制度及其运作的固有弊端。从我国的情况看，传统文化的主要弱点是有国家而无个人，人的个体在社会中缺乏支撑点。而现代社会的发展，市场经济的推进，必然要强化公民权利意识，必然需要作为救济制度的司法程序具有尊重人、发挥人的主观能动性的特征，而当事人主义，正可以作为一种攻我们国家主义之玉的他山之石”①。

还有部分学者主张兼采职权主义与当事人主义两者之长，认为刑事诉讼制度可分为传统型刑事诉讼和现代型刑事诉讼，前者的特征为在程序理念上人权保障理念缺位、在程序结构上普遍缺乏诉讼职能的分化独立、在程序运作上非理性色彩浓厚；后者的特征则与之相对，表现为人权保障优先、诉讼职能的分化整合和理性化。传统型刑事诉讼以古代的弹劾式诉讼和中世纪的纠问式诉讼为代表；现代型刑事诉讼以大陆法系国家的职权主义和英美法系国家的当事人主义为代表。作为现代型刑事诉讼的职权主义和当事人主义只有技术上的差异，在根本的价值观念上并无分歧。我国的刑事诉讼并非职权主义（或强职权主义或超职权主义），而是一种“带有强烈的纠问主义色彩的传统型刑事诉讼制度”，将我国刑事诉讼归为职权主义并认为职权主义存在重大结构性缺陷，应当向当事人主义学习的观点是错误的。由传统型刑事诉讼向现代型刑事诉讼转型是现代社会发展的共同趋势，因此我国刑事诉讼的改革目标定位是由传统型向现代型转变，具体的路径选择是“兼采当事人主义和职权

---

① 龙宗智：《试析我国刑事审判方式改革的方向与路径》，载《社会科学研究》2005年第1期，第82~83页。

主义诉讼制度的优势”。[①] 随着英美法系传统的对抗式被削弱，而大陆法系国家职权主义审问式则越来越强调控辩参与和控辩平衡，当事人主义对抗式与职权主义审问式两分法，在最近几十年的发展中遇到了难题，两种制度正在从不同方向融汇成为一种大体相当的混合的刑事诉讼程序。所以，中国刑事诉讼改革应当坚持兼收并蓄、兼容并包，搞混合式，而不搞标签式的英美法或大陆法模式。[②]

这种观点的主张者虽然认识到了中国刑事诉讼迥异于当事人主义和职权主义，难以用这两个术语来概括中国的制度，但是其对中国刑事诉讼的概括也难以令人信服。按照“兼采论”者对“传统型刑事诉讼”特征的归纳，“传统型刑事诉讼”的特征为：在程序理念上人权保障理念缺位；在程序结构上普遍缺乏诉讼职能的分化独立；在程序运作上非理性色彩浓厚。那么中国当今的刑事诉讼符合上述各项特征吗？就程序理念来看，中国的刑事诉讼不仅在人权保障理念上没有缺失，而且呈现出逐步加强的趋势。这可以从1979年《刑事诉讼法》与1996年《刑事诉讼法》的若干条文的对比中得出这一结果，尤其体现在强制措施的完善、收容审查的废除、法院统一定罪原则的建立等条款上。相较于“纠问式诉讼”，中国的刑事诉讼不仅明令禁止刑讯逼供，而且还确立了“仅有被告人口供，不得认定有罪”的口供补强法则，这同欧洲中世纪纠问式诉讼下口供具有完全的证明力及刑讯的合法化有天壤之别。中国刑事诉讼缺失的不是人权保障理念，而是人权保障与控制犯罪并重的衡平司法观念。就程序结构上而言，虽然公检法三机关在中国目前的体制下配合有余、制约不足，但是相较于“纠问式司法”

① 参见左卫民、万毅：《我国刑事诉讼制度改革若干基本理论问题研究》，载《中国法学》2003年第4期，第138～147页。

② 参见刘计划著：《中国控辩式庭审方式研究》，中国方正出版社2005年版，第21～31页。

下的审问官一竿子插到底的侦、诉、审职能完全不分的体制，不可同日而语，公安机关、检察院和法院不仅在组织体制上完全分离，而且在刑事诉讼中也有明确的分工，任何一个机关都不能随意超越各自的权限范围而越俎代庖，如法院不能在接到报案或自首后主动对案件展开侦查；在没有提起公诉的条件下，法官也不得主动开启一审，等等。从程序运作上来讲，以“神判法”为认定事实主要方法的弹劾式诉讼和以“法定证据制度”为认定事实方法的“纠问式诉讼”在今天看来是“非理性的”，不过这两种事实认定方法怎能与中国当前刑事审判所运用的事实认定方法相提并论呢？没有哪一个法官在事实存疑不明的时候敢于采用“掷硬币”的方法来认定事实，同样也没有哪一个法官会认为“两个目击证人的证言”或“一个自愿的口供”即可定案。中国的刑事审判同当今诸多国家一样，都是以理性和经验认知作为认定事实的主要方法，属于一种理性认知法。

主张兼采大陆法系国家职权主义和英美法系国家当事人主义两者之长的学者同样犯了对中国刑事审判制度定位不当的错误。同时，它对当今世界刑事司法的整体走向的判断也显得过于短视，只看到两大法系不断地融合借鉴而没有从长时段上看到大陆法系借鉴英美法系改造其制度是一个长期的历史走向。

从两大法系国家刑事诉讼的历史发展来看，大陆法系国家移植借鉴英美法系国家的诉讼制度可分为两个时期：一是于法国大革命后，当时法国激进的革命者看到了先前的纠问式诉讼所存在的弊端，于是以英国的法制为蓝本，在审判阶段实现了“弹劾化”改造，确立了言辞、公开审理原则，创造出了法国人所称的“混合式诉讼”制度。该制度后来为大陆法系国家纷纷效仿。二是于第二次世界大战后，具体的路径可分为两种：一种为全方位地革新，对其传统的“混合式诉讼”进行了体制性的改头换面，最明显的例证即为意大利；另一种则是不断加强被告人的权利保障以增强诉讼的对抗性并削弱诉讼的“纠问性”，具体表现为：“不断增强当事人及其辩护律师在诉讼中的主导性地位，职业法官权力的削弱，程序规则和证据规则的重要性和复杂性增加，诉讼的重心开始由审前向审判阶段转移，不断弱化审问式诉讼传统下过度依赖被告人作为案件的证据来源，越来越依赖传统审判方式的替代性方式。”① 但是，迄今为止，英美法系国家还没有哪一个国家倒戈到大陆法系国家的家庭之中。虽然英国的刑事诉讼在20世纪中后期发生了重大的变化，但是其基本的结构尚没有变形，只是在局部出现了裂缝。如果我们撇开法、德等大陆法系刑事诉讼与英、美等普通法系诉讼两者价值上的优劣不谈，单从历史发展的轨迹来看，借鉴移植英美诉讼才是一个总的历史趋势。此外，从移植对抗制后的意大利②和日本③的刑事司法的走向来看，不断地巩固和深化改革成果也是一个不争的事实。

德国著名刑事诉讼法学者赫尔曼教授认为，大陆法系国家借鉴移植对抗式刑事审判的诸多要素是当今世界刑事诉讼的总趋势，其原因在于：第一，欧洲国家的司法机关在20世纪真正成为了可以制衡其他国家权力的第三大权力机关，它的职能也因此发生了变化，成为裁断政府部门与个人纠纷的中立第三者，以保障公民自由不受政府的不当压制。最能体现这一变化的就是宪法法院和行政法院的设立。审问制下的法官虽然把其在纠问制下的部分职能分解给

① Gordon Van Kessel, “European Trends toward Adversary Styles in Criminal Procedure and Evidence”, in Malcolm M. Feeley and Setsuo Miyazawa, ed. *The Japanese Adversary Syetem in Context: Controversies and Comparisons*, Palgrave Macmillan, 2002, p. 225.

② 参见第一章第九部分“对抗式刑事审判在意大利的移植”。

③ 这主要表现在：把国选辩护人的指定时间从原来的审判阶段提前到侦查阶段；建立了裁判员参与刑事审判的制度；建立了庭审前的争点整理程序并扩大了控方证据开示的范围；创设了新的被告人自愿认罪案件的即决审判程序，等等。参见顾永忠、薛峰、张朝霞：《日本近期刑事诉讼法的修改与刑事司法制度的改革——中国政法大学刑事法律中心赴日考察报告》，载《比较法研究》2005年第2期。

了检察官，实现了刑事审判的弹劾主义，但是仅此而已，法官依然是审判程序的主导者和控制者，并积极地调查所有与案件有关的事实。这与宪政体制下的法官作为中立裁判者的角色产生了冲突，对抗式刑事审判下的法官则更加吻合于这一角色要求。第二，对抗制之所以取代审问制还有心理学上的动因。在审问式审判下，法官必须要同时扮演多个角色：询问证人、鉴定人和被告人，既要作主询问又要作反询问，要评价证言的证明力，最后还要认定是否有罪。在这种审判方式下，法官不仅要充当控诉人（调查所有不利于被告人的证据）还要充当辩护人（调查所有有利于被告人的证据），并最终还要作为裁判者（认定指控的罪名是否成立）。这些性质不同的工作都由法官来承担会使法官承受过度的心理压力（psychologically overburdened）。此外，法官在审问式审判下还会受到警察和检察官所提交的案件卷宗的不当影响。法官为了准备庭审调查活动，必须要在审前研读卷宗，他可能会不经意地预设一个同警察和检察官看法一致的结论。虽然卷宗内的内容未经严格证明程序，原则上不得作为定案的根据，但是法官预设的结论必然会使其难以保持“积极中立”，并对辩方的质疑产生一定的排斥。第三，审问式审判还为辩方的辩护工作带来了结构上的不利负担。在审问式审判下，案件并无控辩之分，并不存在“控方案件”或“辩方案件”，英美法意义上的证明责任机制是无法在这种审判构造下运行的。这就使辩方无法展开强有力的辩护，因为他只能在法官调查证据的过程中构建自己的辩护，这就可能使两者之间产生观点上的冲突，进而导致法官的反感。①

---

① See Joachim Herrmann, “Models for the Reform of the Criminal Trial in Eastern Europe: A Comparative Perspective,” 1996 *St. Louis – Warsaw Trans'l* 127 (1996), pp. 129 – 132. 德国刑事法大家罗科信虽然对“纯粹的对抗制”持保留态度，但是他也认可职权主义审判的上述缺陷，这也可印证赫尔曼的上述观点在德国具有普遍性。参见［德］克劳斯·罗科信著：《刑事诉讼法》，吴丽琪译，法律出版社2003年版，第410页。

除了赫尔曼所述的审问制诉讼的内在运作机理不符合宪政体制下的法官角色、人的心理活动规律和对辩护行为所造成的结构性不利外，美国学者凯瑟尔还从宏观的政治法律文化背景对产生这种历史现象的原因进行了解释。在凯瑟尔看来，大陆法系国家不断地趋向对抗制的原因有：《欧洲人权公约》及其执行机构欧洲人权法院设置了一个最低限度的“对抗式”程序性权利保障体系(a common floor of procedural rights with an adversary - style)，促使欧洲大陆由侦查中心主义和书面中心主义向审判中心主义和言辞中心主义转变；因种族、民族和宗教的多元化所导致的政治多元主义，削弱了国家的权威，提升了个人主义的价值，从而赋予了被告人及其律师更多的程序主导权；美苏两级对立格局的瓦解证实了美国式的资本主义、私有化和竞争的优势，进而显示出其制度（包括刑事诉讼制度）上的魅力；美国文化（尤其是法律题材的影视剧）对欧洲的大规模输出使欧洲民众越来越喜欢上了“如同影视剧的审判”。①

笔者认为，还有一个更为根本性的原因促使当今大陆法系国家纷纷走向实质性的对抗制，即不再把被告人仅仅作为审判的证据来源，而是同时把他作为有权处分自己实体性权益并直接影响诉讼方式的“当事人”。大陆法系在传统上是不承认英美法系国家的有罪答辩制度的，因为被告人的口供只是法庭的证据来源之一，即使被告人自愿认罪，法庭依然要严格按照既定的程序调查所有有利于或不利于被告人的事实。正如一位法国学者所言：“诉权在一般情况下并不由诉讼当事人所享有，而是由国家以公共秩序维护者的身份承担。……在当事人主义诉讼中，国家在裁判中缺位或远离，审判属于当事人个人间直接的事务，因此，相当自然地，当事人之间可

---

① Gordon Van Kessel, “European Trends toward Adversary Styles in Criminal Procedure and Evidence”, in Malcolm M. Feeley and Setsuo Miyazawa, ed. *The Japanese Adversary Syetem in Context: Controversies and Comparisons*, Palgrave Macmillan, 2002, pp. 234 - 238.

进行交易。……辩诉交易程序……与我们的立法理念以及平等主义相冲突：我们难以相信，在刑事案件中，被告人可以与检察官就其判决的结局进行商谈。”① 第二次世界大战以后，随着刑事诉讼的人权保障不断加强甚至宪法化，指控犯罪的难度增加，审判开始变得复杂化。如果大部分刑事案件都进入审判，那么刑事司法的人力和财力就会变得非常紧张。这使欧洲许多国家以实用主义的态度建立了各种“协商性司法”制度，以德国为例，在未经立法许可的情况下，法院和当事人的“协商”已经扩展到了所有的案件中。② 法国也不例外，根据1994年国民议会通过的“刑事指令”（injonction pénale）而发展起来的刑事调解（médiation pénale）程序获得了1999年6月23日第99-515号法律的确认。该程序规定，对已经承认自己犯有主刑当处罚金或刑期在5年或5年以下监禁刑的一项或数项轻罪的自然人，以及相应场合，承认自己犯有一项或数项违警罪的自然人，共和国检察官均可直接或者通过中间人实行刑事和解。被告人同意和解建议并获得法官确认的，和解协议将直接生效，不再进行审判。③ 因此，该程序又被称为“法国式的辩诉交易”。虽然大陆法系各国所建立的“协商性司法”与英美的“辩诉交易”在范围、主体和效力上还是有差异，但是它们都有一个共同的特点：被告人自愿认罪将代表其放弃接受正式审判的权利，一旦予以确认，审判程序将直接予以简化甚至省略。这明显是对抗式刑事审判下当事人处分主义的体现，以至于一位美国学者将这种现

① Burgelin Jean-François, “Un faux problème: accusatoire contre inquisitoire,” *Regards sur l'actualité* 2004, n° 300, pp. 52-53.

② Mirjan Damaska, “Negotiated Justice in International Criminal Courts,” 2 *J. Int'l Crim. Just.* 1018(2004), p. 1030.

③ 参见《法国刑事诉讼法典》第6条，第41-2条。

象称为“辩诉交易的全球化和刑事诉讼的美国化”[①]。

主张兼采“两者之长”的用意是好的，不过“兼采论”者并没有指出职权主义审判和当事人主义审判二者的长处何在。职权主义审判和当事人主义审判的价值都是相对的，相对于对抗式刑事审判来说，审问式刑事审判的价值在于：由独立和权威的法官依职权调查所有有利于或不利于被告人的事实，这可以充分防止弱势被告人沦为追诉机关的牺牲品，保障每一个被告人不分贫富贵贱和能力悬殊都能得到平等的审判。但是，对于中国的刑事审判来说，职权主义的长处难以发挥作用，一是因为审判者的独立性无论是从身份上还是从组织上都无法获得保障；二是因为司法者的权威远未树立。[②] 在一个司法权威性和独立性均有限的国家里，借鉴这种职权主义的长处，会使被告人连基本的防御机会都可能丧失，所谓保障每一个被告人都能够获得平等的审判有可能演变为保证每一个被告人都能获得有罪的判决。对抗式刑事审判的价值则在于可以有效地抵制裁判者先入为主地形成不利于被告人的偏见，充分保障决定制作者的中立性并能够最大限度地实现当事人对程序的参与，以及有力地保障被告人的消极自由不受国家机关的任意侵犯。当然对抗式

---

① 参见 Maximo Langer, “From Legal Transplants to Legal Translations: The Globalization of Plea Bargaining and the Americanization Thesis in Criminal Procedure,” 45 *Harv. Int'l L. J.* 1(2004).

② 我们可以从下述事件中看到“司法权威”相较于“政府权威”的弱小性。2007 年，湖南新邵县法院执行局的三位法官前往广东某市执行标的为 50 余万元的案件，由于执行对象最终依法转到了当地政府头上，于是让新邵法院的三位法官感受了一番“政府权威”的强大。先是信用社营业员的电话通风报信和眼疾手快地转款，然后干脆直接转达政府有关领导的指令拒绝划款，继而是常务副市长亲自带领 20 多名警察到达现场，并对三位法官说：“你们扰乱金融秩序，要拘留你们。”即使在后来的协商中，这位副市长仍强硬地表示：“给你们 5 万元，多一分钱也不行。”最终三位法官竟先后走进了地市和省人大的信访部门，搞得信访接待人员都好生纳闷：“法官怎么也来上访？”参见夏敏：《当司法权威遭遇政府权威》，载《方圆法治》2007 年第 5 期，第 12 页。

审判价值目标的实现也是以裁判者的独立和权威为前提的，但是相对于审问式审判来说，由于裁判者在对抗式刑事审判下能够受到多方面的约束和限制，其能够自由发挥的空间就相对较小。通过审判程序的对抗式改造，一方面可以实现当事人的有效参与，充分保障当事人的程序主体地位，从而增加他对审判结果的接受度，进而减少审判后的信访、上访活动，并间接地促进审判的独立性；另一方面通过程序规则和证据规则的约束，可以为审判活动构造出一个"隔音空间"，也可以减弱外部干预的可能性。在目前的社会治理结构、政治体制和司法体制下，司法独立和权威是难以从制度上寻找到突破点的，因为"在程序没有根本性改革之前，加强法律实效和司法独立性的许多措施都无从落实"①。那么借由审判程序的对抗制改造，不仅可以改变我国刑事审判的现实弊端，即增强审判从程序内得出结果的能力，也可以增强司法独立性和有利于司法权威的树立。②

职权主义的长处不仅无法在中国的司法体制下发挥，某些大陆法系国家的弊端倒是与中国极其相似。以法国为例，其审理重罪的重罪法庭（the cour d' assise）审判同样存在着法庭审判走过场、过度依赖侦查案卷的书面审理主义以及强调被告人口供的弊端。法国学者普拉岱尔在为职权主义辩护时也承认："在审判阶段，职权主义是庭审相对平静的审判，因为庭审建立在预审法官所精心准备

---

① 季卫东著：《法治秩序的建构》，中国政法大学出版社 1999 年版，第 64 页。

② 季卫东教授指出："权威来源于确信和承认。对于有理性的现代人而言，确信是由证明过程决定的，承认是由说服效力决定的。这也就是说，在服从某一决定之前，人们必须作出该项决定的正当化（justification）前提。这种前提主要就是程序要件的满足。因为在公正的程序之中，当事人的主张或异议都可以得到充分表达，互相竞争的各种层次上的价值或利益都可以得到综合考虑和权衡，其结果，不满被过程吸收了……这样作出来的决定极大地缩小了事后怀疑和抗议的余地。"季卫东著：《法治秩序的建构》，中国政法大学出版社 1999 年版，第 53 ~ 54 页。

的案卷材料上。”① 澳大利亚悉尼大学学者麦克乐普在对法国的一起重罪案件审判进行“解剖”后得出如下结论：

法国刑事司法是以侦查为中心的，审判只不过是对侦查结果的公开展示。……侦查阶段所形成的卷宗成为随后各种决定的基础，并成为一起案件在不同处理阶段的连接线。卷宗的书面性表明刑事诉讼在整体上依然是书面的诉讼。负责整理卷宗的都是该体制下的职业官员，他们在各自的权限内，协同作战以实现他们的目标。……一方面由于侦查乃至整个刑事司法体制的官僚性（bureaucratic character），另一方面则因为追求客观真实的目标，犯罪嫌疑人、被告人被迫（pressured）要满足侦查和整个司法体制的需要，即“协助官方的调查活动”，提供有利于查明真相的所有信息。……一个不合作或持对立立场的被告人是不受该体制欢迎的。②

在德国留学多年的林钰雄教授认为，德国刑事诉讼中所确立的直接原则，尤其是实质的直接性原则（materielle Unmittelbarkeit）比美国或日本的传闻规则还要严格，从而解决了困扰大陆法系国家刑事审判的书面式审理的难题。所谓实质的直接性原则，“就是禁止法院以间接的证据方法替代直接的证据方法之原则，简称为证据

① Jean Pradel, “Défense du système inquisitoire,” *Regards sur l´actualité*, n° 300, 2004, p. 60.

② Bron Mckillop, “Anatomy of a French Murder Case,” 45 *Am. J. Comp. L.* (1997), pp. 582 – 583. 法国的轻罪法庭（the tribunal correctionnel）审判的书面化和形式化比重罪法庭审判更为严重，参见 Bron Mckillop, “Readings and Hearings in French Criminal Justice: Five Cases in the Tribunal Correctionnel,” 6 *Am. J. Comp. L.* 757 (1998).

替代品之禁止。”[①] 但是，这种看法既与达马斯卡的看法相左，[②] 也迥异于德国学者对其国家刑事审判现状的描述，魏根特教授说道：

审判是刑事诉讼程序的中心这一传统论断不再代表德国刑事诉讼的现状。虽然法律要求法庭在审判时引入最终与判决相关的所有事实。但是，实践部门的人都认为，实际上大多数案件在审判之前就已经被决定了。他们所指的不仅是“辩诉交易”，更重要的是，当法官看完检察官的卷宗后很难再说服其形成另外的完全不同的印象。因此，审判不过是警察在侦查阶段所收集证据的生动简要的展示和确认。[③]

笔者认为，虽然1996年所确立的“控辩式审判”并没有实现改革者的预期目标，这是由多种因素所造成的，不能据此认为加强刑事审判对抗性的方向是错误的。之所以应该坚持借鉴对抗制的改革方向是因为：

第一，从两大法系国家刑事司法长时段的历史演进轨迹来看，借鉴对抗制改造审判方式及诉讼结构，是一个总体趋势。中国作为一个法制后发型国家，移植借鉴法治发达国家的制度是法制建设的必然选择，它可以充分地节省法制建设的成本。自清末以来，中国

---

① 林钰雄著：《严格证明与刑事证据》，中国台湾地区新学林出版股份有限公司2002年版，第49、90页。

② 据达马斯卡教授对传闻证据规则和直接原则的比较研究，他认为德国的直接原则主要是学者所提出的理论，而且深受英美传闻证据规则的影响，在实践中法官对二手证据的采纳还是比较自由的，德国法对法官采纳“证据替代品”的限制主要是通过上诉审查机制来进行的，即必须要对采纳二手证据的原因进行详细的论证，否则上级法院有可能撤销一审法院的判决。同上诉审查机制相比，直接原则的作用有限。为此，他最终给大陆法系国家的建议是：“就大陆法系未来的改革而言，他们似乎应当朝着以下方向前进：应该更加严格地限制对第二手材料的自由使用。”参见 Mirjan Damaska，“Of Hearsay and Its Analogues，” 76 *Minn. L. Rev.* 425（1992）.

③ ［德］托马斯·魏根特著：《德国刑事诉讼程序》，岳礼玲等译，中国政法大学出版社2004年版，第134页。

的法制就被纳入西方的话语之中，自此再也难以同西方完全割裂。虽然沈家本于1906年（光绪三十二年）所草拟的中国第一个单行诉讼法，所采用的审判方式即为英美的当事人进行主义。但因张之洞为首的礼教派人士反对，未予公布即宣告作废。后来于1910年颁布的《大清刑事诉讼律》草案成为中国第一部刑事诉讼法草案，采纳的是大陆法系国家职权主义模式。自此，奠定了中国法律与大陆法系密不可分的联系。该模式后来为民国政府所承继，并一直在中国台湾地区实行。但审判实务被批评为：“审判庭上好似法官在诉追被告犯罪”、“法官成为纠问官”、“司法官动辄斥责嫌犯或被告”。为了消除人民对司法的不满情绪，中国台湾地区的职权主义于2002年1月17日寿终正寝，改采“改良式当事人进行主义”。①之所以在此举出中国台湾地区的例证，无非是为了进一步证明上述历史发展趋势的必然性，中国不但没有必要而且也没有时间和精力去走弯路。

第二，加强刑事审判的对抗性是进一步深化改革的需要。虽然1996年所确立的“控辩式审判”并没有彻底解决庭审走过场的老毛病，但是与以前相比，至少从制度层面来看还是有不小的进步。新的审判方式“强化了控辩双方的举证和辩论，形成控审分离、控辩对抗、法官居中裁判的审判格局，增强了刑事审判程序的对抗性和公正性；避免法官预断，防止‘先定后审’，强化庭审功能；强化辩护职能，庭审辩护方的防御能力”②。从司法实践来看，法官积极探知事实真相的角色开始发生转变，法官被动听审的格局也逐步形成，控辩双方对程序的主导性显著增强。但是，由于配套制

① 参见王兆鹏著：《当事人进行主义之刑事诉讼》，中国台湾地区元照出版公司2004年版，第5～6页。

② 陈光中主编：《刑事一审程序与人权保障》，中国政法大学出版社2006年版，第7页。

度的缺失，法官虽被动但不中立，控辩双方对程序的主导沦为控方的单方面主导，导致司法实践仍然无法呈现出真正对抗的局面，所以问题的关键不在于方向，而在于如何使已有的制度真正得到贯彻和落实，解决“控辩式审判”的配套机制建设问题。例如，如何确保法官独立审判权的实现和规范法官的采证行为？如何进一步扩大简易程序的适用或创设新的简易审判程序？如何确保重大案件关键证人和鉴定人的出庭作证？如何构建非法证据排除规则的适用程序？如何进一步扩大被告人的辩护权？如何确立被告人的沉默权？等等。

第三，加强刑事审判的对抗性是提升司法公正和司法公信力的需要。近年，我国媒体披露了一系列震惊全国的刑事冤案，直接影响到人民群众对司法的信心，也使司法机关追求客观真实的美好理想成为泡影。据陈永生博士的研究，公检法机关过分重视相互配合而轻视相互制约是导致误判的体制根源。[①] 换句话说，刑事审判成为整个刑事诉讼接力赛的下一棒，而非审查控方指控是否成立的专门活动，这是冤案频发的体制性原因。为此，要打断审判程序和审前程序的流水线式关系，必须要扩大被告人的辩护权以能够同追诉方形成有力的抗衡，从而减少误判，提升司法公信力。正如季卫东教授所言：

为了防止裁量权的滥用，中国的制度设计原理是在各司法部门之间形成内部分工负责、相互配合、交叉制约的机制。在这里，司法部门之外的、当事人委托的律师的辩护作用并不很重要，被告始终作为侦讯客体的定位也无从改变，调查取证结果的可信度不得不在某种程度上取决于司法预算的规模和职能部门的良心。事态的来龙去脉表明：在职权主义的框架里进行改良的余地其实很有限；只

① 参见陈永生：《我国刑事误判问题透视——以20起震惊全国的刑事冤案为样本的分析》，载《中国法学》2007年第3期，第58页。

有导入当事人本位的对抗制，才能使被告有机会进行充分的防御，从而发挥律师在维权方面的功能。①

第四，中国坚持对抗制的改革方向不仅有上述必要性，同时也具备进一步推进对抗制改革的经济、政治、文化和法律条件。

从经济体制来看，20 世纪 70 年代末我国开始进行经济体制改革，从原有的计划经济向市场经济转变，经济体制的改革带来了社会各方面的变革或转换，如政治体制的改革、社会观念的转换、生活方式的改变等。这些变革或转换也必然对刑事司法理论和实践产生影响。在市场经济体制下，商品生产者是独立的利益主体，具有独立的人格和平等的地位是商品经济活动的内在要求。“个人的人格主体性”是商品经济社会所提供的基本法律价值。该价值观的确立，打破了长期以来我国的刑事司法理论将犯罪嫌疑人、被告人作为打击对象、纠问客体的历史窠臼，为刑事诉讼主体理论的研究扫清了障碍。市场经济的发展刺激了公民权利意识的增长，在刑事司法中，如何保障诉讼参与人尤其是被指控人的权利不受侵犯，成为刑事诉讼理论研究中的一个核心问题。② 笔者前文已经充分地论证道，无论是从权力与权利的关系配置上来看，还是从信息的获取和采集上来看，对抗式刑事审判与英美的自由主义市场经济都具有内在的关联性，而古典自由主义向现代自由主义的转变也促使英美的对抗式刑事审判进行现代转型。因此，进一步推进对抗制不仅具有经济上的条件，而且还会随着社会主义市场经济的逐步发展而走向成熟。

从政治上来说，1997 年 9 月，党的十五大报告提出了“依法

---

① 季卫东：《拨乱反正话程序》，载《北大法律评论》2007 年第 8 卷第 2 辑，第 305 页。

② 熊秋红：《中国语境下的刑事司法改革》，载《法商研究》2007 年第 6 期，第 3 页。

治国、建设社会主义法治国家”的方略，并明确要求推进司法改革，从制度上保证司法机关依法独立公正地行使审判权和检察权，建立冤案、错案责任追究制度。1999年3月，第九届全国人大二次会议将“依法治国、建设社会主义法治国家”载入了《中华人民共和国宪法》。依法治国方略的确立，为刑事司法改革指明了基本方向。依法治国的核心是厉行法治，它着重强调“公权者要服从法律，居于法律之下而不是法律之上”，这种法治是“着重规制公共权力的法治，着重治官的法治，着重维护受治者尊严与自由的法治”[①]。对抗制的核心理念之一就是对公权力的不信任，[②] 为此，不仅需要严格限制国家机关在刑事诉讼中的权力范围，而且还为被告人提供了严密的权利保障网以防止权力的恣意和确保被告人有充分的手段以抵制公权力的滥用。从这点来看，中国构建依法治国的法治国家蓝图与庭审的对抗式改造在方向上是一致的，依法治国方略的宪法化将会进一步推动中国刑事审判制度的对抗式改造。

从文化上来说，文化不是宿命的，它是变量，不是恒量。随着我国的政治、经济的发展，中国的文化价值观也在发生着深刻的变化。下列观念逐渐成为人们普遍认同的观念：竞争观念、公平竞赛观念和不耻言利的观念。竞争观念的形成将有助于改变中国传统文化中的忍让、不争、中庸等观念，它是市场经济体制下所培育的新观念，它鼓励强者而不欣赏弱者，要求人们积极参与并在参与中发挥主动性和创造性。公平竞赛观念则要求一个公平的程序和规则，它不仅动摇了我国的和合文化，而且增强了人们的权利意识，从而使结果的正当性奠基于过程的公正性之上。不耻言利的观念则为个人追求合法的经济利益最大化提供了观念条件，这对于改变传统社

① 夏勇：《法治与公法》，载《读书》2001年第5期，第117、119页。

② 参见本书第三章第五部分。

会中形成的贱利重义的文化价值观多有裨益。① 竞争观念、公平竞赛观念和不耻言利的观念的养成将潜移默化地型塑对抗式刑事审判所需的个人自治和程序至上的理念。前任首席大法官肖扬的一段话充分体现了审判人员“重实体、轻程序”观念的改变：“经过多年努力，各级人民法院……对司法公正在理论上形成了许多共识。例如，司法公正不仅包括实体公正，而且包括程序公正；不仅要通过审判活动实现司法公正，而且要以人们看得见的方式实现司法公正；司法程序不仅是实现司法公正的必要手段和内在要求，而且本身具有独立的价值。”②

从法律上来看，自1996年《刑事诉讼法》修改至今，我国的刑事诉讼经历了不小的变化。2003年，最高人民法院、最高人民检察院和司法部联合发布了《关于适用简易程序审理公诉案件的若干意见》，对公诉案件简易程序中的一些问题作出了新的规定，其中有两个重大的变化：一是简易程序的适用必须要首先征得被告人、辩护人的同意；二是被告人自愿认罪，并对起诉书所指控的犯罪事实无异议的，法庭可以直接作出有罪判决。③ 这不仅是对被告人程序选择权的承认，也是对当事人实体处分权的尊重，充分体现了对抗式刑事审判的内在精神。于2003年3月14日试行的《关于适用普通程序审理“被告人认罪案件”的若干意见》吸收了英美法系国家有罪答辩制度的合理因素，简化了审判程序，在一定程度

---

① 张建伟著：《司法竞技主义——英美诉讼传统与中国庭审方式》，北京大学出版社2005年版，第470～472页。苏力教授在20世纪90年代中期也曾撰文指出，中国民事审判向对抗制转化“固然有外部文化的影响，但更重要的是由于中国近十几年来的经济、社会、政治和文化发展而产生的内部因素”。苏力：《关于对抗制的几点法理学和法律社会学思考》，载《法学研究》1995年第4期，第83页。

② 肖扬：《依法治国基本方略的提出、形成和发展》，载《人民司法》2007年第21期，第6～7页。

③ 最高人民法院、最高人民检察院、司法部《关于适用简易程序审理公诉案件的若干意见》第1条和第7条。

上实现了繁简分流和减轻审判压力的目标，使被告人获得了一定程度的实体处分权，对于确保被告人不认罪案件的公正审理起到了资源支撑的作用。2007 年死刑复核权收归最高人民法院行使，随着死刑复核权的回收，一审、二审的审判方式也得到了相应的改进。2007 年 3 月 9 日，最高人民法院、最高人民检察院、公安部和司法部联合发布的《关于进一步严格依法办案确保办理死刑案件质量的意见》强调，人民检察院、被告人及其辩护人对被害人陈述、证人证言、鉴定结论有异议，或者上述证据对定罪量刑有重大影响的，一审、二审人民法院应当通知被害人、证人、鉴定人出庭作证。经人民法院依法通知，被害人、证人、鉴定人应当出庭作证；不出庭作证的被害人、证人、鉴定人的书面陈述、书面证言、鉴定结论经质证无法确认的，不能作为定案的根据。[①] 这对于改变中国刑事审判书面化的弊端，保障被告人的对质诘问权和交叉询问技术的运行，无疑将起到积极作用。2007 年 10 月 28 日，第十届全国人大常委会第三十次会议通过了修改后的新《律师法》，这部《律师法》在很多方面超越了现行刑事诉讼法有关规定，部分地解决了长期困扰中国刑事司法的三大难题，即会见难、阅卷难和调查取证难。这部法律的通过标志着中国逐步加强被告人辩护权和加强律师权益保护的总体趋势，与加强刑事审判的对抗性在取向上是一致的。除了上述立法和法律解释等法律创制活动外，我国各地的立法和司法机关也积极探索加强对抗性和完善“控辩式庭审”配套措施的具体路径，如辽宁省抚顺市顺城区人民检察院于 1997 年便开始试行的“主诉检察官办案零口供规则”，2002 年黑龙江省牡丹江市铁路运输法院所实验的“中国辩诉交易第一案”，自 2004 年 8 月开始山东省寿光法院所进行的证据开示试点工作，等等。为了解

① 最高人民法院、最高人民检察院、公安部和司法部《关于进一步严格依法办案确保办理死刑案件质量的意见》第 32 条。

决我国刑事诉讼证据规范粗疏难以满足司法实践现实需要的矛盾，我国北京、江苏、湖北、四川等省市的司法机关或政法机关纷纷出台了一些地方性的证据规则，虽然它们有“逻辑混乱，科学性太差”，“用语不准确，要求太武断”，“实施效果不甚理想”等弊端，但是在一定程度上满足了控辩式庭审的现实需求，对于探索建立我国的证据规则具有重大的现实意义。①

五、刑事审判制度改革的具体设想

综上所述，对于我国来说，坚持对抗制的庭审改革方向不仅具有必要性，而且具有可行性。就目前来说，问题的关键不是要不要坚持对抗制，而是如何将已有的改革成果真正付诸实践，并积极探索相关配套制度的完善。当然，坚持对抗制的改革方向并非是将中国的刑事审判彻底地当事人主义化，因为事实上没有哪一个国家是彻头彻尾的对抗制。中国刑事审判的一元式法庭构造、检察官的法律监督者地位、被害人的当事人地位、定罪程序和量刑程序的合一等不同于英美刑事审判的地方，也决定了中国的刑事审判对抗式改造不会“英美化”，而是“中国式的对抗式审判”，正如意大利在移植美国的辩诉交易后创建了独特的“意大利式辩诉交易”，日本的刑事诉讼在借鉴对抗制后形成了“仁慈的父爱主义”（benevolent paternalism），② 德国在移植英美法系国家的交叉询问制度后形

① 参见房保国：《现实已经发生——论我国地方性刑事证据规则》，载《政法论坛》2007年第3期。

② “仁慈的父爱主义”是美国研究日本刑事司法的专家丹尼尔·福特对日本刑事诉讼整体特征的归纳。“仁慈的”，是指日本刑事司法的目标不在于惩罚犯罪，而是通过充分考量罪犯的特殊情节以确定一个最轻的刑罚，从而实现改造罪犯和使罪犯回归社会的目标；“父爱主义”，是指刑事诉讼法赋予了国家极大的裁量权，以充分收集有关被告人的各种证据。参见 Daniel H. Foote, “The Benevolent Paternalism of Japanese Criminal Justice,”80 *Calif. L. Rev.* 317(1992).

成了“轮替诘问制”（wecheslverh? r）一样，[①] 我国刑事审判的对抗式改造在经过实践的磨合、调和和整合后也会创造出另一种不同的对抗制。

就上述中所分析的问题来看，目前我国加强刑事审判对抗性的措施主要在于以下三个方面：一是通过程序规则和证据规则阻断侦审的流水线式的线性构造关系，并对法官的采证行为进行严格的约束；二是通过赋予被告人足以对抗控诉机关的权利以使二者能够在法庭上进行公平的对抗；三是进一步简化庭审程序，以实现繁简分流的目的和加强被告人对其实体性利益的处分权。就普通程序的改革来说，具体建议为：

（1）公诉人在法庭上宣读公诉书后，由被告人对公诉书指控的犯罪事实进行答辩。被告人在庭审答辩时承认公诉书指控的全部犯罪事实，法庭查明被告人出于自愿，并认为起诉书指控的犯罪事实清楚、证据确实充分、罪名准确的，在听取公诉人和被告人及其辩护人的陈述和意见后，合议庭可以径行作出有罪判决，并可从轻处罚被告人，但被告人可能被判处死刑、无期徒刑的除外。被告人否认起诉书指控的全部或部分犯罪事实的，按普通程序审理。（2）废除法庭审理过程中公诉人“讯问”被告人的程序，改为：在公诉人宣读起诉书后，如果被告人否认公诉书指控的公诉事实，审判长应告知被告人有权在整个庭审过程中保持沉默或者对具体提问拒绝回答。被告人表示愿意回答提问的，公诉人才能“询问”被告人。如果被告人表示不愿意回答公诉人的询问，公诉人应当举证证明公诉事实。在公诉人举证完毕之后，由辩方举证，此时如果被告

---

① “轮替诘问制”就是由法官指挥的研讨式询问法，没有“交叉询问”那么浓的火药味和攻击性，整个审判就好比是法官主持下的研讨课。有关德国在移植交叉询问后，法庭询问方式改变为“轮替诘问制”的原因，以及“轮替诘问制”的运作环境和方式，参见林钰雄著：《严格证明与刑事证据》，中国台湾地区新学林出版股份有限公司2002年版，第244～247页。

人表示要站在辩方的立场向法庭陈述案情时，首先由被告人陈述或者由辩护人向被告人询问，然后公诉人和共同被告人及其辩护人有权进行“反询问”。审判人员在控辩双方询问被告人完毕后，如果认为确有必要向被告人发问，以让他澄清部分问题，也可以依职权“讯问”被告人。如果被告人拒绝回答公诉人或者共同被告人的辩护人的“反询问”或者审判人员的“讯问”，合议庭在最后评议时可以把这一事实考虑进去。但是，不得仅根据被告人的沉默或者对具体提问的拒绝回答而直接推断被告人有罪，也不得把沉默、拒绝回答具体提问或者作虚假陈述作为从重处罚的依据。（3）如果有清楚且令人信服的证据证明被告人涉嫌犯罪，那么他在接受询问或讯问时，具有下列情形之一的，不得拒绝回答问题，拒绝回答的，公诉人可以发表不利于被告人的评论，合议庭可以对其作出不利的推论：在其身上或者身边、住处发现有犯罪证据的；有证据证明其案发时在犯罪现场的；被指控犯有贪污贿赂犯罪、危害国家安全犯罪、危害公共安全犯罪的。（4）除非具有下列情形之一的，证人（含被害人）应当出庭作证：证人已经死亡的；证人患有精神病或者其他严重疾病，无法出庭作证的；证人下落不明的；证人不在中国境内的；证人路途遥远、交通不便，出庭确有困难的；公诉人、当事人、辩护人和诉讼代理人对证言笔录均没有异议的。除非具有下列情形之一的，否则对于应当出庭的证人在庭外进行的陈述，不得向法庭提出和作为定案的根据：需要帮助证人回忆的；证人的庭上证言和审前陈述有矛盾的。证人对事实的了解来源于他人时，应当传唤最初提供有关案件情况的人作证。被害人、控方证人、鉴定人陈述后，由公诉人发问，再由被害人、辩护人发问；被告人的证人、鉴定人陈述后，由被告人、辩护人发问，再由公诉人发问。交叉询问应当遵循以下规则：发问的内容应当与案件的事实相关；申请证人出庭作证的一方不得以诱导方式提问；不得威胁证人、鉴定人或者被害人、被告人；不得损害证人、鉴定人或者被害人、被告人的人格尊严。（5）被告人及其辩护人认为指控犯罪的证据为非法取得并提出相关线索时，检察机关应当提供确实、充分的证据证明其为合法取得，人民法院在调查核实后有合理根据认为该证据是非法所得的，应当认定该证据为非法证据。被告人及其辩护人对指控犯罪的证据合法性不持异议的，人民法院发现该证据为非法取得有合理根据时，应当依职权认定该证据为非法证据。凡是被认定为非法证据的犯罪嫌疑人、被告人供述一律不得作为定案的根据；凡是被认定为非法证据的实物证据，则由法院根据取证行为的违法程度和案件的具体情况决定是否具有证据能力。法庭拒绝受理被告人、辩护人提出的排除非法证据的申请或者裁定驳回的，被告人有权在法庭上对案件作出判决后向上一级人民法院单独提起上诉，或者与不服一审判决的上诉一并提起。（6）审判人员有权在控辩双方对证人询问完毕之后，进行补充性询问或讯问。在确有必要时，合议庭可以在双方调查结束后主动地调取新的证据，以核实有疑问的证据。人民法院调查核实证据时，应当通知公诉人、辩护人到场。对于调取的新证据，未经法庭调查程序，不得作为定案的根据。（7）被告人具有下列情形之一而没有委托辩护人的，人民法院应当指定承担法律援助义务的律师为其提供辩护：盲、聋、哑或者限制行为能力的人；未成年人；可能判处无期徒刑、死刑的人；被告人有可能判处5年有期徒刑以上刑罚且有证据证明其年收入低于当地最低生活保障标准的。

在该方案中，第（1）点内容吸收了英美法系国家有罪答辩制度的合理因素，进一步简化了被告人认罪案件的处理程序，这不仅有助于解决因犯罪率居高不下而带来的资源有限性问题，也有利于缓解因加强刑事审判对抗性所造成的资源紧张压力，而且还进一步扩大了被告人对其实体性权益的自我处置权，符合对抗制下的“当事人处分主义”精神。考虑到中国刑事案件辩护率不高的现实以及重大案件中的国家利益和个人利益，这种有罪答辩只是一种

“适度的有罪答辩制”，其范围仅限于被告人有可能判处有期徒刑以下刑罚的案件，对于有可能判处无期徒刑或死刑的案件一律按照普通程序进行审理；另外，审判人员在确认有罪答辩时必须要确信答辩的自愿性和事实基础，且必须要先听取控辩双方的意见。为了使“坦白从宽”的刑事政策法定化，鼓励被告人作有罪答辩，法官可以在被告人认罪案件中给予其一定的量刑优惠。第（2）点和第（3）点内容确认了被告人在接受审判时的沉默权，并改进了当前讯问、询问被告人的法庭调查程序。在当前公诉人依职权“讯问”被告人程序下，被告人是作为追究的对象和不友善的“控方证人”来对待的，它完全违背了控辩平等对抗的内在要求，使被告人在庭审中的处境比大陆法系下的被告人还要尴尬。① 为此，必须要废除现行法中规定的公诉人“讯问”被告人程序。公诉人在新设计的程序下有两次询问被告人的机会，第一次是在审判长告知被告人沉默权后，此时被告人有权选择拒绝接受询问；第二次是在被告人作为辩方证人作证时，公诉人可以对其进行反询问，此时被告人有权保持沉默或拒绝回答特定的问题。这样，公诉人的证明责任得到了加强，不能再寄希望于通过调查口供来证明控方的案件，符合对抗制下的“控方主张审查型”结构，使被告人的主体地位得到了确认。考虑到中国侦查技术和能力的相对落后性与有限性，以及有效打击严重刑事犯罪的需要，被告人的沉默权只是“适度

① 正如孙长永教授所言：“在对抗制庭审方式下，由实质上处于原告一方当事人地位的公诉人‘强制’讯问处于对方当事人地位的被告人，是违反控辩平等的基本原则的。即使在职权主义刑事庭审中，公诉人也只能在被告人表示愿意陈述的情况下，在法官审问被告人之后作补充询问。……因为审判人员至少在理论上被推定为‘中立的’司法官，对于他讯问被告人的行为至少可以抱有一种‘应当公正’进行的合理期待。与此不同，公诉人……毕竟是被告人的直接对手，由他来首先‘讯问’被告人，不可能期待有什么‘公正’可言。”孙长永著：《探索正当程序——比较刑事诉讼法专论》，中国法制出版社 2005 年版，第 478 ~479 页。

的沉默权”，特定情形下的被告人在庭审中保持沉默或拒绝回答特定的问题，公诉人可以发表不利于他的评论，审判人员也可以作出不利于他的推断。但是被告人的回答“义务”必须要首先满足以下两个前提条件：一是证据要件，即公诉人必须将案件证明到“表面上成立”的程度，达到清楚且令人信服的证明标准，被告人才有回答问题的必要性；二是特定性要件，即并非所有的被告人都有“义务”回答问题，只有上述三种情形下的被告人才有回答“义务”。第（4）点内容旨在确立证人出庭作证制度和传闻证据规则。中国刑事审判的书面化和形式化是其突出弊端，由此进一步造成了无法展开有针对性的对抗。通过明确规定证人应该出庭作证的情形，可以保证交叉询问技术的有效运行，并进而保障被告人同不利证人进行对质诘问的权利得以实现。传闻证据规则的设立，会促使审判人员改变过分依赖书面证据的弊端，有助于改变中国当前“笔录卷宗式”裁判的现实，同时还加重了公诉人的证明负担，有助于加强其证据意识，并积极地引导公安机关或亲自收集第一手的可靠证据。如果符合法律规定的例外情况，审判人员可以把证人的庭外书面证言作为认定案件事实的根据，具体又分为两种情况：一是证人因法定事由而无法出庭作证的；二是用来帮助恢复证人记忆的或弹劾证人可信性的先前陈述。审判人员在上述两种情形下，可以根据案件的具体情况判断该证人庭外陈述证明力的大小。因此，该传闻证据规则既不同于英国把传闻证据的可采性主要授权于法官根据案件的情况进行自由裁量，也不同于美国把传闻证据的可采性建立在是否已经充分保障了被告人的对质诘问权上，它是一种介于二者之间的传闻证据规则，可称为“适度的传闻证据规则”。上述建议在吸收了《法院解释》相关规定的基础上，进一步明确了交叉询问的具体运作方式和基本规则，以充分保障被告人及其辩护人的反询问权，防止法庭对其不当干涉。第（5）点内容确立了非法证据排除规则的证明标准和证明责任，并根据非法证据的种类规定了不同的证据能力判断标准。我国之所以难以有效地贯彻《法院解释》第61条所确立的非法证据排除规则，主要原因之一在于非法证据的证明责任机制不明，且证明标准过高（“查证属实”），缺乏可操作性。为了防止侦查机关非法取证，增强被告人的防御能力，并兼顾实体真实的发现，上述建议要求被告人有提出线索和必要证据以形成合理疑点的“提出证据责任”，但是公诉人有证明非法取证行为不存在的“说服责任”。这种非法证据排除规则只是“适度的非法证据排除规则”：第一，公诉人无须将取证行为的合法性证明到排除合理怀疑的程度，只需提供确实、充分的证据证明系合法取得即可；第二，对于非法供述采取的是绝对排除原则，而对于非法的实物证据则采取裁量排除规则，无论在哪一种排除法下，以非法证据为线索而取得的其他合法证据不得排除，即“毒树之果”可以作为定案的根据；第三，非法证据排除规则的适用并不完全依靠当事人才能启动，法院有主动排除非法证据的权力。在司法实践中，法院对辩方提出排除非法证据的申请即使进行了审查，通常也只是以口头“决定”的方式作出裁决，而且绝大多数情况下都是驳回辩方的申请，这就意味着，第一审法院就排除非法证据问题作出的裁决规避了上诉审查，使被告人失去了司法救济的机会。为此，该方案规定了非法证据排除的再救济。第（6）点内容规定了法官依职权调查案件事实的时机、范围、方式和所得证据的证据能力。鉴于中国刑事审判历来重视发现客观事实的历史传统，以及因无陪审团而导致法官所承担的认定事实真相的责任，并为了防止法庭沦为控辩的竞技场，上述建议保留了法官的补充性讯问权和询问权，以及调查取证权。但是该权力的行使要受到严格的约束：第一，法官对被告人或证人的讯问、询问只能在控辩双方询问之后才能进行，且只能是补充性的；第二，法官依职权主动调查事实的条件是“确有必要”，且在调查时应接受控辩双方的监督，调查所得的证据必须经过法庭调查才能取得证据能力。因此，法官只具有“适度的询问权、讯问权和调查取证权”。第（7）点内容进一步扩大了被告人获得法律援助权。鉴于有罪答辩可能给被告人带来无法接受依照普通程序进行审理的机会，证据规则和程序规则的确立使诉讼更加专业化和技术化，以及为了切实保障被告人的沉默权能得到实现，必须使尽可能多的被告人都能得到律师的法律帮助。否则，上述改革有可能给被告人带来更为不利的后果。为此，上述建议将法律援助权延伸至“限制行为能力人”、“有可能判处无期徒刑的人”和“有可能判处5年有期徒刑以上刑罚①且有证据证明其年收入低于当地最低生活保障标准的被告人”。

该方案所构建的制度不是最为接近对抗制理想型的制度，但是正如一再所阐明的那样，完全符合对抗制理想型的国家是没有的。中国现在既没有条件也没有必要实现彻底的对抗式刑事审判，构建一个符合目前中国国情的“适度对抗制”，可能更容易转化为立法，并更易于贯彻执行。当然，即使是按照此方案实行，也不是没有障碍。因此，为了使上述方案真正得到落实，除了需要选拔高素质的法官，加强审判人员树立中立公正听审的观念和疑罪从无的观念，改进公诉质量的评价标准，加强公诉人和辩护律师论辩技巧的培训和提高，提高侦查技术、改进侦查装备以改变单纯依赖口供的侦查模式外，还必须进行多管齐下的全方位改革。

第一，逐步完善侦查程序，加强对侦查权的控制和约束。（1）废除《刑事诉讼法》第93条关于“应当如实回答问题”的规

---

① 根据《2008年最高人民法院工作报告》所提供的数据，2003—2007年，判处5年以上有期徒刑、无期徒刑和死刑的76万人，占判处罪犯总数的18.18%。平均每年判处5年以上有期徒刑的为152000人，即使我们假设他们全部通过法律援助获得辩护律师的帮助，按照目前法律援助费用标准（每件500元），那么国家需要投入的财政支持为7600万元，应该能够承受得起。根据《2005年中国法律年鉴》所提供的数据，2003年我国共有职业律师142534人，2004年则为145196人，基本上每人每年承办1件即可满足所设计方案的需求。

定，确认不被强迫自证其罪的权利。（2）对重大案件的讯问过程要建立全程录音录像制度。（3）有条件地允许辩护律师在侦查人员讯问犯罪嫌疑人时可以在场。（4）缩短逮捕和拘留后侦查羁押的最长期限，完善逮捕的实质要件，扩大取保候审和监视居住的适用范围，逐步建立侦查羁押的司法审查和司法救济制度。

第二，不断健全律师辩护制度。（1）明确规定律师在侦查阶段的“辩护人”身份，允许犯罪嫌疑人自被第一次讯问或者采取强制措施之日起有权委托律师担任辩护人。（2）为有可能判处无期徒刑、死刑的犯罪嫌疑人提供免费的法律援助。（3）取消现行《刑法》第306条规定的“律师伪证罪”的规定，以减小刑事辩护的风险，鼓励律师参与刑事诉讼。（4）除涉及危害国家安全或恐怖主义犯罪外，取消辩护律师会见犯罪嫌疑人时需要办案机关批准或者安排的规定，辩护律师只需向羁押机关出具律师执业证、委托书或法律援助公函和律师事务所的专用介绍信即可会见犯罪嫌疑人。（5）律师会见其当事人时，侦查机关不得派员在场，监管人员只能在看得见但听不见的地方进行监控。（6）逐步取消会见时间和会见次数的限制。（7）被告人及其辩护人有权申请法庭调取控方收集的有利于被告人的证据，有权申请法庭向其颁发证据调查令和证人出庭令，有权申请法庭强制调取证据。（8）除涉及国家安全或恐怖主义犯罪的案件外，规定辩护人自审查起诉之日起即可到检察机关查阅、摘抄和复印所有案卷材料，如果公诉人在庭审中出示了辩护人未曾查阅的证据资料，辩护人有权要求法庭给予一定的时间准备辩护；被告人如果准备在法庭上提出不在犯罪现场、无责任能力或正当防卫、紧急避险或依法执行公务等“积极抗辩”的，应当在收到起诉书之后开庭5日以前向检察院提供该辩护意见，并提供证人的基本情况和其他证据。被告人未开示上述证据的，合议庭可以裁定事后提交的证据不具有证据能力。

第三，进一步健全其他证据规则。除了第一种方案已经指出的传闻证据规则和非法证据排除规则外，还应逐步建立以下证据规则：(1) 建立证人出庭作证的相关配套制度，如强制证人出庭作证制度、证人出庭作证经济补偿制度、证人及其近亲属的安全保护制度等。对于特殊案件中的证人或被害人（性犯罪案件中的被害人和儿童证人），可允许其采取特殊的方式出庭作证，如远程视频、屏风等。(2) 建立意见证据规则，规定证人只能就其亲见、亲闻的事实作证，证人的意见或推测不得作为证据使用。(3) 建立品格证据规则，规定除非满足相似事实规则，否则被告人的先前定罪和不良品格不得作为认定犯罪事实的依据，但是可以用来弹劾被告人作证的可信性。(4) 对于共犯被告人的庭外陈述，准用第一种方案中有关证人庭外陈述的规定，即原则上应视为传闻证据。

第四，限制乃至逐步取消审判委员会制度，以逐步确立合议庭的独立审判权。就目前来说，可以从两个方面限制审判委员会制度的运作：一是从范围上进行限制，可以规定审判委员会只能就被告人有可能判处 15 年以上有期徒刑、无期徒刑、死刑和宣告无罪的案件进行讨论决定；二是从程序上进行限制，可以规定审判委员会讨论案件时应当允许公诉人和辩护人到场并发表意见，对控辩双方的意见采纳与否必须在判决书中载明。在条件成熟时，可以取消现有的审判委员会制度。

本章小结

我国的立法机关于 1996 年在吸收了对抗式刑事审判合理因素的基础上，创设了“控辩式审判”方式，以解决庭审走过场的弊端和实现控辩审职能的分化，其目标值得肯定。不过，从司法实践来看，改革者的目标并没有得到实现。我国的刑事审判在实际运作上是一种没有对抗的被告人“说话式审判”，具体表现在：庭审上趋于消极但不中立的法官、单方面主导审判的公诉人、作为法庭“主角”的被告人、“说话权”受限的量刑辩护人和法庭调查的书面化等。由此导致我国刑事审判制度的现象：高效率和高定罪率。刑事审判制度的“控辩式”改造之所以失败的原因是多方面的，它既有社会现实方面的原因，也有司法制度和文化方面的原因。社会现实方面的原因至少有：曲线攀升的犯罪率和“严打”刑事政策、律师辩护的高风险和“法官型”人才的法学教育模式。司法制度方面的原因至少有：笔录卷宗式裁判方式、以口供为中心的印证证明模式、弱小的辩护权和行政化运作的司法程序。文化方面的原因至少有：对权力的信任和和合文化。但是，我们不能因此否定当初的改革方向，加强刑事审判的对抗性，建立适合中国的适度对抗制不仅具有必要性，而且具有现实可行性。在具体设计改革方案时，不仅应当注意贯彻最低限度的刑事司法国际准则，吸收英美意日等国刑事司法制度中的合理因素，而且还应当充分照顾到中国的现实国情。单纯地进行审判制度的改革是难以达到预期目标的，1996 年刑事审判方式改革的失败就是一个例证。为此，还必须进行相关制度的配套改革，并需要司法人员转变诉讼观念，还需要公诉人和辩护人不断地加强论辩技巧的培养和提高，等等。

主要参考文献

（一）中文著作类：

1. ［美］艾伦·德肖微茨著：《致年轻律师的信》，王楚名、汤家芳译，上海人民出版社 2004 年版。

2. ［美］爱伦·豪切斯泰勒·斯黛丽、南希·弗兰克著：《美国刑事法院诉讼程序》，陈卫东、徐美君译，中国人民大学出版社 2002 年版。

3. 陈光中主编：《刑事一审程序与人权保障》，中国政法大学出版社 2006 年版。

4. 陈光中、徐静村主编：《刑事诉讼法学》，中国政法大学出版社 2002 年版。

5. 陈瑞华著：《问题与主义之间——刑事诉讼基本问题研究》，中国人民大学出版社 2003 年版。

6. 陈瑞华著：《刑事审判原理论》，北京大学出版社 1997 年版。

7. 程汉大、李培峰著：《英国司法制度史》，清华大学出版社 2007 年版。

8. ［英］丹宁著：《法律的正当程序》，李克强等译，法律出版社 1999 年版。

9. ［意］戴维·奈尔肯主编：《比较刑事司法论》，张明楷等译，清华大学出版社 2004 年版。

10. 冯象著：《政法笔记》，江苏人民出版社 2004 年版。

11. 顾学杰等编著：《英国革命史话》，上海人民出版社 1986

年版。

12. [美] H. W. 埃尔曼著：《比较法律文化》，贺卫方、高鸿钧译，清华大学出版社 2002 年版。

13. [美] 哈罗德·伯曼主编：《美国法律讲话》，三联书店 1988 年版。

14. 季卫东著：《法治秩序的建构》，中国政法大学出版社 1999 年版。

15. [德] K. 茨威格特、H. 克茨著：《比较法总论》，潘汉典译，贵州人民出版社 1992 年版。

16. [德] 克劳斯·罗科信著：《刑事诉讼法》，吴丽琪译，法律出版社 2003 年版。

17. 郎胜主编：《关于修改刑事诉讼法的决定释义》，中国法制出版社 1996 年版。

18. 梁漱溟著：《梁漱溟全集》（第一卷），山东人民出版社 1990 年版。

19. 梁治平著：《寻求自然秩序中的和谐》，中国政法大学出版社 1997 年版。

20. 林钰雄著：《检察官论》，中国台湾地区学林文化事业有限公司 1999 年版。

21. 林钰雄著：《严格证明与刑事证据》，中国台湾地区新学林出版股份有限公司 2002 年版。

22. 刘计划著：《中国控辩式庭审方式研究》，中国方正出版社 2005 年版。

23. [美] 罗纳德·德沃金著：《认真对待权利》，信春鹰、吴玉章译，中国大百科全书出版社 1998 年版。

24. [美] 罗纳尔多.V. 戴尔卡门著：《美国刑事诉讼——法律和实践》，张鸿巍等译，武汉大学出版社 2006 年版。

25. [美] 马丁·夏皮罗著：《法院——比较法上和政治学上

的分析》，张生、李彤译，中国政法大学出版社 2005 年版。

26.《马克思恩格斯全集》第 46 卷（下），人民出版社 1980 年版。

27. ［美］迈克尔. D. 贝勒斯著：《程序正义——向个人的分配》，邓海平译，高等教育出版社 2005 年版。

28. ［美］米尔顿·弗里德曼著：《资本主义和自由》，张瑞玉译，商务印书馆 1986 年版。

29. ［美］米尔吉安. R. 达马斯卡著：《比较法视野中的证据制度》，吴宏耀等译，中国人民公安大学出版社 2006 年版。

30. ［美］米尔建. R. 达马斯卡著：《漂移的证据法》，李学军等译，中国政法大学出版社 2003 年版。

31. ［美］米尔伊安. R. 达玛什卡著：《司法和国家权力的多种面孔》，郑戈译，中国政法大学出版社 2004 年版。

32. ［英］欧内斯特·巴克著：《英国政治思想——从赫伯特·斯宾塞到现代》，黄维新等译，商务印书馆 1987 年版。

33. ［美］P. S. 阿蒂亚、［美］R. S. 萨默斯著：《英美法中的形式与实质——法律推理、法律理论和法律制度的比较研究》，金敏等译，中国政法大学出版社 2005 年版。

34. ［美］潘恩著：《潘恩选集》，马清槐等译，商务印书馆 1981 年版。

35. ［意］皮罗·克拉玛德雷著：《程序与民主》，翟小波、刘刚译，高等教育出版社 2005 年版。

36. 钱乘旦、陈晓律著：《英国文化模式溯源》，上海社会科学出版社 2003 年版。

37. 钱满素著：《美国自由主义的历史变迁》，三联书店 2006 年版。

38. 孙长永著：《沉默权制度研究》，法律出版社 2001 年版。

39. 孙长永著：《探索正当程序——比较刑事诉讼法专论》，

中国法制出版社 2005 年版。

40. 孙笑侠著:《程序的法理》,商务印书馆 2005 年版。

41. [德] 托马斯·魏根特著:《德国刑事诉讼程序》,岳礼玲等译,中国政法大学出版社 2004 年版。

42. 王晋、刘生荣著:《英国刑事审判与检察制度》,中国方正出版社 1999 年版。

43. 王兆鹏著:《当事人进行主义之刑事诉讼》,中国台湾地区元照出版公司 2004 年版。

44. [英] 亚当·斯密著:《道德情操论》,蒋自强等译,商务印书馆 1997 年版。

45. [英] 亚当·斯密著:《国富论》(下卷),郭大力、王亚南译,商务印书馆 1974 年版。

46. 严维明著:《比较美国学》,西安交通大学出版社 1999 年版。

47. 易延友著:《陪审团审判与对抗式诉讼》,中国台湾地区三民书局 2004 年版。

48. [英] 约翰·密尔著:《论自由》,程崇华译,商务印书馆 1996 年版。

49. [英] 约翰·斯普莱克著:《英国刑事诉讼程序》,徐美君、杨立涛译,中国人民大学出版社 2006 年版。

50. [英] 詹妮·麦克埃文著:《现代证据法与对抗式程序》,蔡巍译,法律出版社 2006 年版。

51. 张建伟著:《司法竞技主义——英美诉讼传统与中国庭审方式》,北京大学出版社 2005 年版。

52. 张中秋著:《中西法律文化比较研究》,南京大学出版社 1999 年版。

53. 中国法学会主编:《中国法律年鉴》(1983—2006 年),中国法律年鉴社。

(二) 中文文章类:

1. 陈范、韦人:《无罪辩护过多了吗》, 载《律师世界》1999年第9期。

2. 陈瑞华:《案卷笔录中心主义——对中国刑事审判方式的重新考察》, 载《法学研究》2006年第4期。

3. 陈瑞华:《关于程序正义的若干理论》, 2002年10月27日在浙江大学法学院所作的演讲稿, http://www.chinalegaltheory.com/homepage/Article_Show.asp? ArticleID=607。

4. 陈瑞华:《侦查案卷裁判主义——对中国刑事第二审程序的重新考察》, 载《政法论坛》2007年第5期。

5. 陈瑞华:《中国刑事司法的三个传统——以死刑复核制度改革问题为切入点的分析》, 载《社会科学战线》2007年第4期。

6. 陈贻男:《刑事诉讼新制实务运作之研究》, 中国台湾地区台湾大学社会科学院政治学系硕士论文, 2007年1月。

7. 陈永生:《我国刑事误判问题透视——以20起震惊全国的刑事冤案为样本的分析》, 载《中国法学》2007年第3期。

8. 房保国:《现实已经发生——论我国地方性刑事证据规则》, 载《政法论坛》2007年第3期。

9. 顾永忠、薛峰、张朝霞:《日本近期刑事诉讼法的修改与刑事司法制度的改革——中国政法大学刑事法律中心赴日考察报告》, 载《比较法研究》2005年第2期。

10. [德] Hans-Heiner Kühne:《刑事诉讼法之结构与个人权利之保障——一个比较法的考察》, 王效文译, 载《成功法学》2007年第13期。

11. 胡联合、胡鞍钢:《转型期中国犯罪治理的基本对策》, 载《法学杂志》2005年第5期。

12. 胡云腾:《证人出庭作证难及其解决思路》, 载《环球法律评论》2006年第5期。

13. 季卫东：《拨乱反正话程序》，载《北大法律评论》2007年第8卷第2辑。

14. ［德］克劳斯.F. 勒尔：《程序正义：导论与纲要》，陈林林译，浙江大学法理与判例网：http://www.chinalegaltheory.com/homepage/Article_Show.asp? ArticleID=1291。

15. 李昌林：《刑事诉讼模式的立法选择》，载《甘肃政法学院学报》2007年第2期。

16. 李昌盛：《禁止双重危险原则在英国的发展》，载《人民检察》2006年第23期。

17. 李甘林：《“律师被赶出法庭”很正常?》，载《中国经济时报》2004年7月12日。

18. 李晓明：《中英刑事司法改革比较研究》，载《中外法学》2007年第3期。

19. 梁定邦：《公司治理与律师》，载《中国律师》2001年第1期。

20. 林钰雄：《对质诘问与上级审——欧洲法发展与台湾地区法走向之评析》，载《月旦法学杂志》2007年第4期。

21. 刘保成：《浅谈律师在法庭上的“说话权”》，载《律师世界》1998第3期。

22. 龙宗智.《试析我国刑事审判方式改革的方向与路径》，载《社会科学研究》2005年第1期。

23. 龙宗智：《印证与自由心证》，载《法学研究》2004年第2期。

24. 牟军：《理念、事实与证明标准——以英美国家刑事司法审判为中心》，载《西南民族大学学报》2002年第8期。

25. 苏力：《关于对抗制的几点法理学和法律社会学思考》，载《法学研究》1995年第4期。

26. 孙长永：《当事人主义刑事诉讼与证据开示》，载《法律科学》2000 年第 4 期。

27. 孙长永：《日本和意大利刑事庭审中的证据调查程序评析》，载《现代法学》2005 年第 5 期。

28. 张泽涛：《反思帕卡的犯罪控制模式和正当程序模式》，载《法律科学》2005 年第 2 期。

29. 汪海燕：《法文化共性、相异性与我国刑事诉讼模式转型》，载《政法论坛》2005 年第 5 期。

30. 汪建成：《刑事诉讼法再修订过程中面临的几个选择》，载《中国法学》2006 年第 6 期。

31. 王阳、周逸梅、王俭：《杀城管小贩一审被判死缓　一心求死想上诉》，载《京华时报》2007 年 4 月 11 日。

32. 夏敏：《当司法权威遭遇政府权威》，载《方圆法治》2007 年第 5 期。

33. 夏勇：《法治与公法》，载《读书》2001 年第 5 期。

34. 肖扬：《依法治国基本方略的提出、形成和发展》，载《人民司法》2007 年第 21 期。

35. 熊秋红：《中国语境下的刑事司法改革》，载《法商研究》2007 年第 6 期。

36. 徐崇利：《中美法学教育模式之比较："法官型"人才 V. "律师型"人才》，载《厦门大学法律评论》2006 年总第 11 辑。

37. 徐昕：《司法决斗考》，载《法制与社会发展》2007 年第 1 期。

38. 晏向华：《诉讼制度：符合国情才是最好的》，载《检察日报》2004 年 1 月 5 日。

39. 朱雨晨：《刑事辩护法律援助在困难中前行》，载《法制日报》2008 年 1 月 6 日。

40. 左卫民、万毅：《我国刑事诉讼制度改革若干基本理论问题研究》，载《中国法学》2003 年第 4 期。

41. 左卫民、马静华：《刑事证人出庭率——一种基于实证研究的理论阐述》，载《中国法学》2005 年第 6 期。

42. 左卫民：《中国刑事案卷制度研究——以证据案卷为中心》，载《法学研究》2007 年第 6 期。

（三）外文著作类：

1. A. Esmein, *A History of Continental Criminal Procedure*, Little Brown and Company, 1913.

2. Andrew Ashworth and Mike Redmayne, *The Criminal Process* (3rd), Oxford University Press, 2005.

3. Antony Duff et al, *The Trial on Trial* (volume 2), Hart Publishing, 2006.

4. Brian Fitzpatrick, *Going to Court*, Oxford University Press, 2006.

5. David J. A. Cairns, *Advocacy and the Making of the Adversarial Criminal Trial*: 1800 – 1865, Oxford University Press, 1998.

6. D. Luban, *Lawyers and Justice*: *An Ethical Study*, Princeton University Press, 1998.

7. D. Luban, *The Good Lawyer*, Rowman & Allanheld, 1983.

8. Glanville Williams, *The Proof of Guilt*: *A Study of the English Criminal Trial*, Stevens & Sons, 1963.

9. Jacqueline Hodgson, *French Criminal Justice*: *A Comparative Account of the Investigation and Prosecution of Crime in France*, Hart Publishing, 2005.

10. James Fitzjames Stephen, *A History of the Criminal Law of England*, William S. Hein & Company, 1883.

11. Jeremy Bentham, *Rationale of Judicial Evidence*, (vol. 2), Garland Publishing Inc., 1978.

12. John H. Langbein, *The Origins of Adversary Criminal Trial*,

Oxford University Press, 2003.

13. John H. Wigmore, *A Treatise on the Anglo – American System of Evidence in Trials at Common Law*(3rd ed.),1940.

14. John J. Sullivan and Joseph L. Victor, Criminal Justice 96/97, Brown & Benchmark Publishers, 1996.

15. John Jackson and Sean Doran, *Judge without Jury: Diplock Trial in the Adversary System*, Clarendon Press, 1995.

16. J. M. Beattie, *Crime and the Courts in England* 1660 – 1800, Princeton University Press, 1986.

17. John Thibaut and Laurens Walker, *Procedural Justice: A Psychological Analysis*, Laurence Erlblaum Associates Publishers, 1975.

18. Leonard Levy, *The Palladium of Justice: Origins of Trial by Jury*, Ivan R. Dee, 1999.

19. Malcolm M. Feeley and Setsuo Miyazawa, *The Japanese Adversary Syetem in Context: Controversies and Comparisons*, Palgrave Macmillan, 2002.

20. Mauet, *Fundamentals of Trial Techniques*, Little Brown, 1980.

21. McConville et al, Standing Accused: *The Organisation and Practices of Criminal Defence Lawyers in Britain*, Clarendon Press, 1994.

22. Michael H. Graham, *Tightening the Reins of Justice in America*, Greenwood Press, 1983.

23. Mireille Delmas – Marty and J. R. Spencer, *European Criminal Procedure*, *Cambridge University* Press, 2002.

24. Paul Roberts and Adrian Zuckerman, *Criminal Evidence*, Oxford University Press, 2004.

25. Robert A. Kagan, *Adversarial Legalism: The American Way of Law*(2ed.), Harvard University Press, 2003.

26. Robert Bartlett, *Trial by Fire and Water: The Medieval Judicial Ordeal*, Oxford University Press, 1986.

27. Roscoe Pound, *Criminal Justice in America*, Transaction Publishers, 1998.

28. Sanford Kadish, *Encyclopedia of Crime and Justice*, The Free Press, 1983.

29. Stefan Trechsel, *Human Rights in Criminal Proceedings*, Oxford University Press, 2005.

30. T. A. Critchley, *A History of Police in England and Wales*, Constable, 1967.

31. Thomas Buckles, *Laws of Evidence*, Delmar Learning, 2003.

32. Wayne R. LaFave, Jerold H. Israel and Nancy J. King, *Criminal Procedure* (3rd ed.), West Group, 2000.

33. William L. Dwyer, *In the Hands of the People: The Trial Jury's Origins, Triumphs, Troubles, and Future in American Democracy*, Thomas Duune Books St. Martin's Press, 2002.

(四)外文文章类:

1. Abraham S. Goldstein, "Reflections on Two Models: Inquisitorial Themes in American Criminal Procedure," 26 *Stan. L. Rev.* 1009 (1974).

2. Abraham S. Goldstein, "The State and the Accused: Balance of Advantage in Criminal Procedure," 69 *Yale L. J.* 1149(1960).

3. Adams, "The Small Claims Court and the Adversary Process: More Problems of Function and Form," 51 *Can. B. Rev.* (1973).

4. Albert W. Alschuler, "How to Win the Trial of the Century: The Ethics of Lord Brougham and the O. J. Simpson Defense Team," 29 *McGeorge L. Rev.* 291(1998).

5. Alec Samuels, "Crown Prosecution Service," 50 *J. Crim. L.*

432 (1986).

6. Andrew Choo, "Crawford v. Washington: A View from Across the Atlantic," *International Commentary on Evidence*, Volume 2, Issue 1, Article4, 2004.

7. Arthur J. Goldberg, "Can We Afford Liberty," 15 *Akron L. R.* 1(1981).

8. Bostjan M. Zupancic, "Truth and Impartiality in Criminal Process," 7 *J. Contemp. L.* 39(1982).

9. Bron Mckillop, "Anatomy of a French Murder Case," 45 *Am. J. Comp. L.* 527(1997).

10. Bron Mckillop, "Readings and Hearings in French Criminal Justice: Five Cases in the Tribunal Correctionnel," 6 *Am. J. Comp. L.* 757(1998).

11. Burgelin Jean – François, "Un faux problème : accusatoire contre inquisitoire," Regards sur l'actualité n° 300, 2004.

12. Carolyn Jin – Myung Oh, "Questioning the Cultural and Gender – Based Assumptions of the Adversary System: Voices of Asian – American Law Students," 7 *Berkeley Women's L. J.* 125(1992).

13. CJS, Justice for All (TSO, 2002).

14. Daniel H. Foote, "The Benevolent Paternalism of Japanese Criminal Justice," 80 *Calif. L. Rev.* 317(1992).

15. David A. Sklansky, "The Private Police," 46 *UCLA L. Rev.* 1165(1999).

16. David M. Siegel, "Training the Hybrid Lawyer and Implementing the Hybrid System: Two Tasks for Italian Legal Education," 33 *Syracuse J. Int'l L. & Com.* 445(2006).

17. E. Allan Lind, Bonnie E. Erickson, Nehemia Friedland, Michael Dickenberger, "Reactions to Procedural Models for Adjudicative

Conflict Resolution: A Cross – National Study," *The Journal of Conflict Resolution*, Vol. 22, No. 2 (Jun., 1978).

18. E. Allan Lind, John Thibaut & Laurens Walker, "Discovery and Presentation of Evidence in Adversary and Nonadversary Procedures," 71 *Mich. L. Rev.* 1129(1973).

19. Ed Cape, "The Rise (and Fall?) of A Criminal Defence Profession," (2004) *Crim. L. R.* 74.

20. Edward J. Eberle, "Human Dignity, Privacy and Personality in German and American Constitutional Law," 1997 *Utah L. Rev.* 963 (1997).

21. Edward L. Greenspan, "The Future Role of Defence Counsel," 51 *Sask. L. Rev.* 199(1983).

22. Edward L. Rubin, "Trial by Battle Trial by Argument," 56 *Ark. L. Rev.* 261(2003).

23. Elizabeth G. Thornburg, "Metaphors Matter: How Images of Battle, Sports and Sex Shape the Adversary System," 10 *Wis. Women's L. J.* 225(1995).

24. Elisabetta Grande, "Italian Criminal Justice: Borrowing and Resistance," 48 *Am. J. Comp. L.* 227(2000).

25. Ennio Amodio, "The Accusatorial System Lost and Regained: Reforming Criminal Procedure in Italy," 52 *Am. J. Comparative Law* 489 (2004).

26. Ennio Amodio & Eugenio Selvaggi, "An Accusatorial System in a Civil Law Country: The 1988 Italian Code of Criminal Procedure," 62 *Temp. L. Rev.* 1211(1989).

27. Gary Goodpaster, "On the Theory of American Adversary Criminal Trial," 78 *J. Crim. L. & Criminology* 118(1987).

28. Gavin Mackenzie, "Breaking the Dichotomy Habit: The Ad-

versary System and the Ethics of Professionalism," 9 *Can. J. L. & Juris.* 33(1996).

29. George Fisher, "The Jury's Rise as Lie Detector," 107 *Yale L. J.* 575(1997).

30. Gordon Van Kessel, "Adversary Excesses in the American Criminal Trial," 67 *Notre Dame L. Rev.* 403(1992).

31. Gordon Van Kessel, "European Perspectives on the Accused as a Source of Testimonial Evidence," 100 *W. Va L. Rev.* 799(1998).

32. Graham Hughes, "English Criminal Justice: Is It Better than Ours?" 26 *Ariz. L. Rev.* 507(1984).

33. Greg S. Sergienko, "The Ethics of the Adversary System," *ExpressO Preprint Series*, paper 396, 2004.

34. Gregory W. O'Reilly, "England Limits the Right to Silence and Moves towards an Inquisitorial System of Justice," 85 *J. Crim. L. & Criminology* 402(1994).

35. Herbert L. Packer, "Two Models of the Criminal Process," 113 *U. Pa. L. Rev.* 1(1964).

36. Herbert M. Kritzer, "American Adverarialism," 38 *Law & Soc'y Rev.* 349(2004).

37. Illuminati Giulio, "The Frustrated Turn to Adversarial Procedure in Italy (Italian Criminal Procedure Code of 1988)," *WashingtonUniversity Global Studies Law Review*, http://ssrn.com/abstract=827964.

38. Jacqueline Hodgson, "The Investigaiton and Prosecution of terrorist Suspects in France," An Independent Report Commissioned by Home Offiece(Nov.,2006).

39. James B. Weinstein, "Probative Force of Hearsay," 46 *Iowa, L. Rev.* 331(1961).

40. Jean Pradel, "Défense du système inquisitoire," Regards sur l ́actualité, n° 300, 2004.

41. Joachim Herrmann, "Models for the Reform of the Criminal Trial in Eastern Europe: A Comparative Perspective," 1996 *St. Louis – Warsaw Trans'l* 127(1996).

42. Johannes F. Nijboer, "The American Adversarial System in Criminal Cases: Between Ideology and Reality," 5 *Cardozo J. Int'l & Comp. L.* 79(1997).

43. John D. Jackson, "Theories of Truth finding in Criminal Procedure: An Evolutionary Approach," 10 *Cardozo L. Rev.* 475(1988).

44. John Griffiths, "Ideology in Criminal Procedure or a Third Model of the Criminal Process," 79 *Yale L. J.* 359(1970).

45. John H. Langbein, "Shaping the Eighteenth – Century Criminal Trial: A View from the Ryder Sources," 50 *U. Chi. L. Rev.* 1 (1983).

46. John H. Langbein, "The Historical Origins of the Privilege Against Self – Incrimination at Common Law," 92 *Mich. L. Rev.* 1047 (1994).

47. John M. Beattie, "Scales of Justice: Defense Counsel and the English Criminal Trial in the Eighteenth and Nineteenth Centuries," 9 *Law and History Review* 221(1991).

48. J. R. Spencer, "Quashing Convictions for Procedural Irregularities," (2007) *Crim. L. R.* 835.

49. John Thibaut, Laurens Walker, E. Allan Lind, "Adversary Presentation and Bias in Legal Decisionmaking," 86 *Harv. L. Rev.* 386 (1972).

50. Jorge A. Vargas, "Jury Trials in Spain: A Description and Analysis of the 1995 Organic Act and a Preliminary Appraisal of the Bar-

celona Trial," 18 *N. Y. L. Sch. J. Intl & Comp. L.* 181(1999).

51. Kaufman, "The Philosophy of Effective Judicial Supervision over Litigation," *in Seminar on Procedures for Effective Administration*, 29 F. F. D. 207(1962).

52. Larry Heuer, "What's Just about the Criminal Justice System? A Psychological Perspective," 13 *J. L. & Pol'y* 209(2005).

53. Laurens Walker, et al., "Procedure: Transnational Perspectives and Preferences," 86 *Yale L. J.* 258(1976).

54. Lloyd L. Weinreb, "The Adversary Process Is not an End in Itself," 2 J. *Inst. for Study Legal Ethics* 59(1999).

55. Louis F. Del Duca, "An Historic Convergence of Civil and Common Law Systems: Italy's New 'Adversarial' Criminal Procedure," 10 *Dick. J. Int'l L.* 73(1991).

56. Macro Fabri, "Theory Versus Practice of Italian Criminal Justice Reform," 77 *Judicature* 211(1994).

57. Maimon Schwarzschild, "Class, National Character, and the Bar Reforms in England: Will There Always Be an England?" 9 *Conn. J. Intl L.* 185(1994).

58. Malcolm M. Feeley, "Legal Complexity and The Transformation of Criminal Process: The Origins of Plea Bargaining," 31 *Isr. L. Rev.* 183(1997).

59. Mark A. Esqueda, "Michigan Strives to Balance the Adversarial Process and Seek the Truth with Its New Reciprocal Criminal Discovery Rule," 74 *U. Det. Mercy L. Rev.* 317(1997).

60. Martin Marcus, "Above the Fray or into the Breach: The Judge's Role in New York's Adversarial System of Criminal Justice," 57 *Brook. L. Rev.* 1193(1992).

61. Marvin E. Frankel, "The Search for Truth: An Umpireal

View," 123 *U. Pa. L. Rev.* 1031(1975).

62. Matthew T. King, "Security, Scale, Form and Function: The Search for Truth and the Exclusion of Evidence in Adversarial and Inquisitorial Justice Systems," 12 *Intl Legal Persp.* 185(2002).

63. Maximo Langer, "From Legal Transplants to Legal Translations: The Globalization of Plea Bargaining and the Americanization Thesis in Criminal Procedure," 45 *Harv. Intl L. J.* 1(2004).

64. Michael Lobban, "Publication Review," (1999) *Crim. L. R.* 924.

65. Michael Pinard, "Limitations on Judicial Activism in Criminal Trials," 33 *Conn. L. Rev.* 243(2000).

66. Michael Zander and Paul Henderson, "Crown Court Study," *RCCJ Research Report No.* 19 (1993).

67. Michele Panzavolta, "Reforms and Counter – Reforms in the Italian Struggle for an Accusatorial Criminal Law System," 30 *N. C. J. Intl L. & Com. Reg.* 577(2005).

68. Mike P. H. Chu, "Criminal Procedure Reform in the People's Republic of China: The Dilemma of Crime Control and Regime Legitimacy," 18 *UCLA Pac. Basin L. J.* 157(2000).

69. Mike Redmayne, "Disclosure and Its Discontents," (2004) *Crim. L. R.* 444.

70. Mirjan Damaska, "Evidentiary Barriers to Conviction and Two Models of Criminal Procedure: A Comparative Study," 121 *U. Pa. L. Rev.* 506(1973).

71. Mirjan Damaska, "Negotiated Justice in International Criminal Courts," 2 *J. Intl Crim. Just.* 1018(2004).

72. Mirjan Damaska, "Of Hearsay and Its Analogues," 76 *Minn. L. Rev.* 425(1992).

73. Mirjan Damaska, "Presentation of Evidence and Factfinding Precision," 123 *U. Pa. L. Rev.* 1083(1975).

74. Mirjan R. Damaska, "Propensity Evidence in Continental Legal Systems," 70 *Chi. -Kent L. Rev.* 55(1994).

75. Mirjan Damaska, "Structures of Authority and Comparative Criminal Procedure," 84 *Yale L. J.* 480(1975).

76. Mirjan Damaska, "The Uncertain Fate of Evidentiary Transplants: Anglo - American and Continental Experiments," 45 *Am. J. Comp. L.* 839(1997).

77. Monroe H. Freedman, "Our Constitutionalized Adversary System," 1 *Chap. L. Rev.* 57(1998).

78. N. May, "Book Review," 19 *Law & Hist. Rev.* 675(2001).

79. Nicola Boari, "On the Efficiency of Penal Systems: Several Lessons from the Italian Experience," 17 *Int'l Rev. L. & Econ.* 115 (1997).

80. Note, "Simplicity as Equality in Criminal Procedure," 120 *Harv. L. Rev.* 1585(2007).

81. Notes, "Maintaining the Adversarial System: The Practice of Allowing Jurors to Question Witnesses During Trial," 55 *Vand. L. Rev.* 1521(2002).

82. P. Thomas, "Compulsory Process and Polygraph Evidence," 12 *Connecticut L. R.* 324(1980).

83. Patrick OConnor, "Prosecution Disclosure: Principle, Practice and Justice," (1992) *Crim. L. R.* 464.

84. Paul Marcus, Vicki Waye, "Australia and United States: Two Common Criminal Justice Systems Uncommonly at Odds," 12 *Tul. J. Int'l & Comp. L.* 27(2004).

85. Paul T. Wangerin, "The Political and Economic Roo4ts of the

'Adversary System' of Justice and 'Alternative Dispute Reslution'," 9 *Ohio St. J. on Disp. Resol.* 203(1994).

86. Peter B. Krupp, "When Jurors Speak: A Practical Guide to Jurors Questioning Witnesses in Massachusetts," *Boston B. J.* (Sept./Oct. 2001).

87. Raymond A. Belliotti, "Our Adversary System: In Search of a Foundation," 1 *Can. J. L. & Jurisprudence* 19(1988).

88. Richard D. Friedman, "Anchors and Flotsam: Is Evidence Law 'Adrift'?" 107 *Yale L. J.* 1921(1998).

89. Ricky Taylor, "Forty Years of Crime and Criminal Justice Statistics, 1958 to 1997," Home Office Statistical Bulletin, 1998.

90. Robert Millar, "The Formative Principles of Civil Procedure," 18 *Ill. L. Rev.* 1(1923).

91. Robin Auld, "Review of the Criminal Courts of England and Wales," The Auld Report, 2001.

92. Roscoe Pound, "The Causes of Popular Dissatisfaction With the Administration of Justice," 40 *Am. L. Rev.* 729(1906).

93. Rosemary Nidiry, "Restraining Adversarial Excess in Closing Argument," 96 *Colum. L. Rev.* 1299(1996).

94. Roy D. Simon, "Foo Sharing Between Lawyers and Public Interest Groups," 98 *Yale L. J.* 1069(1989).

95. Sanjeev Anand, "The Origins, Early History and Evolution of the English Criminal Trial Jury," 43 *Alberta L. Rev.* 407(2005).

96. Stefan Trechsel, "Why must Trial be Fair?" 31 *Isr. L. Rev.* 94(1997).

97. Stefano Maffei, "Negotiations 'on Evidence' and Negotiations 'on Sentence': Adversarial Experiments in Italian Criminal Procedure," 2 *J. Intl Crim. Just.* 1050(2004).

98. Stephan Landsman, "A Brief Survey of the Development of the Adversary System," 44 *Ohio St. L. J.* 713(1983).

99. Stephan Landsman, "The Rise of the Contentious Spirit: Adversary Procedure in Eighteen Century England," 75 *Cornell L. Rev.* 497(1990).

100. Stephen G. Coughlan, "The 'Adversary System': Rhetoric or Reality?" *Fall Can. J. L. & Soc'y* 139(1993).

101. Stephen J. Schulhofer, "Some Kind Words for the Privilege Against Self - Incrimination," 26 *VAL. U. L. REV.* 311(1991).

102. T. P. Gallanis, "The Rise of Modern Evidence Law," 84 *Iowa L. Rev.* 499(1999).

103. The Honorable Harry Lee Anstead, "Limitations of the Adversary Approach in our Criminal Justice System," 9 *St. Thom. L. Rev.* 493(1997).

104. Thomas Weigend, "Continental Cures for American Ailments: Eruopean Criminal Procedure as a Model for Law Reform," 2 *Crime & Just.* 381(1980).

105. Thomas Weigend, "Is the Criminal Process about Truth?: A German Perspective," 26 *Harv. J. L. & Pub. Pol'y* 157(2003).

106. Tom R. Tyler, "The Psychology of Procedural Justice: A Test of the Group - Value Model," 57 *J. Personality & Soc. Psychol.* 830(1989).

107. Tom R. Tyler, "What is Procedural Justice?: Criteria Used by Citizens to Assess the Fairness of Legal Procedures," 22 *Law & Soc'y Rev.* 103(1988).

108. William C. Jones, "A Possible Model for the Criminal Trial in the People's Republic of China," 24 *Am. J. Comp. L.* 242(1976).

109. William H. Simon, "The Ideology of Advocacy: Procedural

Justice and Professional Ethics," 1978 *Wis. L. Rev.* 29 (1978).

110. William J. Stuntz, "The Political Constitution of Criminal Justice," 119 *Harv. L. Rev.* 780(2006).

111. William J. Stuntz, "The Uneasy Relationship Between Criminal Procedure and Criminal Justice," 107 *Yale L. J.* 1(1997).

112. William T. Pizzi, "The American Adversary System," 147 *New Law Journal* 986 (1997).

113. William T. Pizzi & Mariangela Montagna, "The Battle to Establish an Adversarial Trial System in Italy," 25 *Mich. J. Intl L.* 429 (2004).

后　记

南方雪灾、汶川地震、奥运火炬传递遭遇抵制、西藏打砸抢事件、安徽儿童手口足病的传播、山东胶济铁路列车相撞事故和席卷全球的金融危机，2008 年，对于中国是“不平凡的一年”：它既是多灾多难的一年，也是人民众志成城渡过难关的一年。2008 年，也是我人生中“不平凡的一年”。在那场暴风雪中，我和爱妻历经周折回到老家，顺利地举行了婚礼，一个新的家庭宣告成立；在那场地震中，博士论文终于完成并顺利通过答辩，我的学业基本告捷。“三十而立”啦！我终于可以依靠自己的本领独立承担自己应承担的责任，也明确了自己的人生目标和发展方向。

人的成长离不开师长、家人、同学和朋友的帮助和鼓励！

恩师孙长永教授是我“三十而立”的引路人。如果没有遇到恩师，并有幸成为他的弟子，我不知道我现在会在干什么，是否敢称自己已经“立”起来了。2002 年，我考入湘潭大学，攻读法律硕士专业研究生。当时的湘潭大学法学院云集了一大批从西南政法大学引进的一流法学学者。孙老师经常对众师兄弟说，昌盛的运气很好！的确如此，虽然当时我在湘潭大学读书，但是却享受“西政待遇”。法理学由程燎原老师授课，民事诉讼法学由陈刚老师授课，刑法学由邱兴隆老师授课……对于从未系统学习过法律知识的我来说，这是多么幸运的事。更幸运的是，在湘潭大学我结识了孙老师，并从头到尾聆听了孙老师的课程。孙老师的博学、儒雅和严谨给我留下了深刻的印象。2005 年，我如愿以偿地考取了西南政法大学的诉讼法学博士，正式成为孙老师的弟子。在这三年的学习生活中，我和孙老师有了近距离的接触。我发现孙老师不仅是一位不折不扣的好老师，更是一位关爱备至的好长辈。还记得交第一篇论文给孙老师的情形，上面密密麻麻地布满了修改的痕迹，从最基本的遣词造句，到论文的格式规范，再到整篇文章的谋篇布局，事无巨细地都做了细致的修改。当时我心想，如果这样改下去，那么多学生的论文，岂不是自讨苦吃吗？后来，我从其他师兄弟那里得知，孙老师一直是这样。孙老师在以自己的行动来教育我们如何做学问，更在告诉我们如何做人。孙老师不仅在学习上对我们严格要求，而且也对我们的生活体贴入微。刚考入西南政法大学的时候，由于我没有电脑，孙老师就把编辑部办公室的钥匙给我，让我得以享受“主编”的待遇；当孙老师得知我买房子缺钱的时候，主动提出要借款给我；婚后不久，孙老师邀请我们小两口和其他师兄弟一起到他家里“耍”了一天；博士论文完成后，孙老师主动帮助联系出版社……没有孙老师的鼓励、鞭策和指导，我不可能进步得这么快；没有孙老师和师母朱宁陵女士的关怀、呵护和帮助，我也不可能按时完成这篇论文并交付出版。

我的硕士生导师刘梅湘教授是我在湘潭大学结识的另一位可敬可爱的好老师。在读研期间，当刘老师得知我想要考博时，不仅一再地鼓励我上进，而且给了我莫大的帮助。她把她在西南政法大学进修期间所获得的资料毫无保留地给了我，以供我备考之用；考试之前，她就在西南政法大学为我打点好了住处，以使我安心备考；成绩出来之后，她慷慨解囊，为我资助生活费，使我免去了生活之忧；……即使是在读博后，她每次打电话时总不会忘记询问我最近手头紧不紧。在西南政法大学读博期间，刘老师一如既往地关心着我的学习和生活，她经常在电话里教诲我为人处世和做学问的道理，并鼓励我进步。她总是为我所取得的一点点进步而欣喜不已，也会在我困惑的时候为我指点迷津。

当我在攻读西南政法大学博士学位的时候，龙宗智教授还在担任我们的校长。但是，龙老师从来没有因公务繁忙而耽误过我们一节课，每次都是准时走进研究中心为我们上课。龙老师的课别具特色，他总是把最近的新思考带给我们。就在临近开题的时候，龙老师把我们这一届学生叫到他的寓所，让我们一一说出我们的大致想法和写作框架。我非常深刻地记得，由于我当时还对博士论文的最终结论犹豫不定，龙老师恳切地指出，如果你还没有一个贯穿全文的主线，十几万字的论文可能会前后不一，自相矛盾，所以中心必须得在写作前了然于胸。我深深地记住了龙老师的教诲，并在写作的过程中始终注意如何把这一主线抓住。非常遗憾的是，龙老师没能参加我们这一届的开题和答辩。但是在答辩结束后，我曾经把论文中的一章发给龙老师，请他指教。没过几日，龙老师即回复了非常具体的修改意见。这本书最后一章部分内容的修改得益于龙老师的指正，在此致谢！

人到三十，父母老矣。我的父母是地地道道的农民，至今没有离开过那个小村庄，至今还在辛勤地操劳，至今仍在刺骨的寒风中为了每月几百元的收入打烧饼。相对于他们的付出，我的回报实在是微不足道。这本书的出版也可以视做他们几十年辛勤哺育后的结晶。爱妻郑畅博士为我写这篇论文付出很多心血。虽然她也在攻读博士学位，但是关心我的论文甚于她自己的论文。她不仅帮我从上海复印资料，督促我不要偷懒，而且还给了我很多知识上的启迪。她不厌其烦地听我唠叨她丝毫不熟悉的法学，由于她的聪颖，总是能够发现我的漏洞，并迫使我不断地修正自己的论文内容。作为一名经济学博士，爱妻使我对数字产生了敏感性，也教我学会了一些基础的数字统计方法和表格制作方法。最后一章实证研究，没有爱妻的帮助，定是难以完成的。

感谢樊崇义教授在答辩时对本书所提出的修改意见，并将我的书收录于先生所主编的文库。感谢中国人民公安大学出版社的领导和刘立梅编辑为本书的出版所付出的辛勤劳动。感谢徐静村教授、牟军教授在开题和答辩时对我的论文所提出的修改意见；感谢常怡教授、陈卫东教授、赵泽隆教授和李昌林教授在答辩时对本书所提出的修改意见；感谢在刑事诉讼法学沙龙讲座时高一飞教授对本书最后一章的点评。

在攻读博士学位期间，我还认识了很多同学，他们都曾给予我无私的帮助。感谢阜阳师范学院余为青博士、烟台大学陈海平博士、重庆市渝中区法院王彪法官和王坚律师为我校对初稿，并提出了很多有意义的修改意见，为本书增色不少。感谢施鹏鹏博士为我提供了两篇法文文献，并不辞辛劳地将其翻译成中文。感谢张吉喜博士、肖玲博士、王雄飞博士、王剑虹博士、薛竑副教授、高峰博士、纪虎博士、赖早兴副院长、李鼎楚博士在这三年来对我的关心和照顾，正是有了他们，这三年枯燥的学习才变得如此短暂。此外，还要感谢远在广东省工作的黄孝发法官和在河南省工作的谢万兵法官，为我费心找寻实证资料；感谢我的师弟姜辣法官为我提供现成的实证结果。

这本书既是我博士生涯的一个总结，也是我继续从事学术研究的起点。它是在修改完善我的博士论文的基础上完成的。对抗式刑事审判本来就是一个宏大的题目。严格说来，这本书的选题不能算作是一个合格的题目。合格的题目必须要符合命题的特征，“论对抗式刑事审判”难以视做一个命题。从选题确定到最终定稿，这本书花了我将近四年的时间。可惜的是，到目前为止，我还没有将相关的外文资料全部看完。正如我的导师孙长永教授所言，博士论文选题一定要选一个可以持续性研究的课题。这本书只能算作是我研究对抗制的起点，恳请方家指正！我也将继续把这一课题深入研究下去。

李昌盛

2008 年 12 月 31 日于歌乐山下